人文社会科学通识文丛 | 总主编◎王同来

关于**历史学**的100个故事

100 Stories of History

杨书铭◎编著

南京大学出版社

图书在版编目(CIP)数据

关于历史学的100个故事 / 杨书铭编著. —南京：南京大学出版社，2018.9重印
（人文社会科学通识文丛 / 王同来总主编）
ISBN 978-7-305-08139-2

Ⅰ.①关… Ⅱ.①杨… Ⅲ.①史学—青少年读物 Ⅳ.①K0-49

中国版本图书馆CIP数据核字(2011)第023640号

本书经上海青山文化传播有限公司授权独家出版中文简体字版

出版发行　南京大学出版社
社　　址　南京市汉口路22号　邮　编　210093
网　　址　http://www.NjupCo.com
出 版 人　左　健
丛 书 名　人文社会科学通识文丛
总 主 编　王同来
书　　名　关于历史学的100个故事
编　　著　杨书铭
责任编辑　还　星　　　　编辑热线　025-83686452
照　　排　南京南琳图文制作有限公司
印　　刷　南京玉河印刷厂
开　　本　787×960　1/16　印张 14.5　字数 284千
版　　次　2011年3月第1版　2018年9月第4次印刷
ISBN　978-7-305-08139-2
定　　价　32.00元

发行热线　025-83594756
电子邮箱　Press@NjupCo.com
　　　　　Sales@NjupCo.com（市场部）

* 版权所有，侵权必究
* 凡购买南大版图书，如有印装质量问题，请与所购
  图书销售部门联系调换

江苏省哲学社会科学界联合会
《人文社会科学通识文丛》编审委员会

主　　　任　王同来

成　　　员（按姓氏笔画为序）

　　　　　　王月清　左　健　叶南客　汤继荣
　　　　　　刘宗尧　陈冬梅　杨金荣　杨崇祥
　　　　　　李祖坤　吴颖文　张建民　陈玉林
　　　　　　陈　刚　金鑫荣　高志罡　董　雷
　　　　　　潘文瑜　潘时常

文丛总主编　王同来

文丛总策划　吴颖文

选题策划组　王月清　杨金荣　陈仲丹
　　　　　　倪同林　王　军　刘　洁

一半是科学，一半是艺术

"历史"是人们挂在嘴边的话题，借古喻今，读史可以明智。那么何谓历史？过去的事实都是历史吗？该如何了解历史，记录历史，从中发现历史的奥妙？这属于历史学研究的范畴。

胡适曾经说："历史就像一个小姑娘，你爱怎么打扮就怎么打扮。"打扮历史的任务，就是历史学的工作。追溯人类历史，会发现每个人不仅在演绎历史，也在为历史学做贡献。

公元前58年，恺撒统率大军，前往意大利北部的高卢地区，打算征服此地，扩大罗马势力。当地人不甘心接受罗马统治，接连发动起义，他们建起坚不可摧的营寨，云集二十多万起义军，决定与恺撒大军决一死战。

战役打响了，恺撒的军队人数处于劣势，只好筑起坚固的壁垒，希望这些复杂的工事能够抵挡高卢人的进攻。可是在盾牌的掩护下，高卢人一队接一队地疯狂猛扑，严重打击了恺撒军团的士气。忽然，一支利箭射中了罗马人的旗手。这时，罗马人的阵脚乱了，大家张皇失措，无心杀敌。一位年轻的士兵在慌乱中突然发现自己的主帅恺撒不见了。恺撒刚刚还站立在塔楼指挥战斗，现在那里空无一人，而且右路的骑兵已经放弃了阵地，正在全速地急驰而去。

"败了，败了！我们败了！"年轻人绝望了。

就在危急关头，高卢军队的进攻突然减弱了。冲到罗马工事附近的高卢人停下了脚步，队伍瞬间散乱。在这群散开的高卢人身后，罗马的骑兵挥舞武器，冲杀而上。原来，恺撒指挥骑兵包抄到高卢军队后方，给了他们致命一击。经过几个回合的较量，毫无准备的高卢人被打得晕头转向，不得不纷纷逃窜，最后全部投降。

恺撒以六万军队，出乎意料地战胜了二十多万高卢大军，从此彻底征

前 言

服高卢。高卢之战，是历史上最有名的战役之一，留下了不可磨灭的光辉印记。对于这段历史，恺撒曾有过撰述，这就是著名的《高卢战记》。这本书一直被看作是一流的文学作品，很多人视其为拉丁文著作中最通俗易懂、动人心弦的篇章。

由此可见，恺撒不仅亲自创造了历史，使高卢地区在此后几个世纪内完全罗马化，而且他撰写的《高卢战记》更为历史学研究留下了宝贵的资料，成为后人了解那段历史不可或缺的依据。

从恺撒到《高卢战记》，展现了历史与历史学的关系，以及历史学的特色。历史学是依赖历史而存在的，是人类精神的产物。不同的人观察历史，由于出发点、方法不同，会得出完全不同的历史结论。从这一点来讲，历史学与其他学科有着很大的不同，它一半是科学，一半是艺术。

一般来说，对于历史的专门性研究，就是历史学，简称史学，既包括历史本身，还包括在历史事实基础上研究和总结的历史发展的规律，以及多种多样的研究方法和理论。如何实事求是、公正客观地记录、分析并得出客观准确的论断，是历史学始终追求的一种原则和境界。

与其他学科不同的是，历史学的研究主体决定历史学自身具有明显的特色——注重讲故事。历史是由一连串故事组成的，同一个故事由不同的人讲述，会存在很大差异。在历史和故事之间，纪实和虚构的关系，时刻考验着人们对历史真实性的认知程度。但虚构并不等于虚假，虚构的目的是在更高层次上达到历史的本真和实在。所以，对于历史学中的故事，如何把握其叙事的虚拟维度，一直是困惑史学家们的一个难题。

本书同样采用讲故事的形式，透过100个故事来讲述有关历史学的100个问题，让你在妙趣横生的故事阅读中，不知不觉了解到关于历史学的概念、历史学的分类、历史学的研究方法、古今中外的重大历史事件，以及历史学的发展状况和未来前景。

翻开本书，就是打开了一面镜子，它会呈现给你那些古老岁月中的灿烂和辉煌，带你重返往昔神奇的时光之旅。

目 录

第一篇　走进历史学

结绳记事开启的是历史而不是历史学	2
救人还是救羊因为有着不同的历史观	4
《荷马史诗》展现了历史学注重讲故事的特色	6
一杯水喝出三种味道说明不同的视角会产生不同的历史学流派	9
来世还要做苍蝇告诉人们历史学的根本任务是什么	11
刘墉改诗解围是民间传说还是真实的历史	13
女娲补天告诉人们神话与历史的关系	15
亲吻驴屁股的新闻在历史学中的价值	18
李白脱靴揭示了野史与正史的区别	20
总统穿衣的谣言是历史学中的一部分	23
房玄龄缺乏充足的史料只好搪塞	25
牛顿的黑匣子打开遗迹遗物在史学上的地位	27
一棵倒下的"自由之树"成为激励海地人民的史学遗产	29
皇后求情求出历史以古鉴今的社会功用	31
关公月下读《春秋》读出历史对人生的意义和作用	33
历史学家的任务是做一块想飞的石头	35
齐庄公的婚外情杀成就史官们的情操表演	37
郑成功收复台湾表现杰出人物对历史的影响	39
董狐直笔写春秋是史学笔法之一	42
偏心国王无法左右历史的进展	44

第二篇　历史学分类及内容

哭泣的蜉蝣如同史学也有自己的历史	48
司马迁撰《史记》促生纪传体通史	50
第一才女班昭完成首部中国断代史	53
吕不韦一字千金表明了文学与史学的密切关联	55
沈佺期被奉为"台湾医祖"看出杂史弥补正史之憾	58
差点淹死在脸盆里的英雄登上另类历史舞台	60
最美的女人无法在科技史上绽放光谱	62

目 录

千两黄金救子不成演绎复杂的中国经济史　　　　　　　　　　64
林则徐搞笑英国人属于文化差异的史学范畴　　　　　　　　　66
南澳岛上的海盗奉献独特的地方史　　　　　　　　　　　　　68
沙龙怀念母亲让人想到世界通史　　　　　　　　　　　　　　71
可汗横扫亚欧大陆谱写了蒙古民族史　　　　　　　　　　　　73
萧何进长安不要财宝要典籍,显示典籍户簿在历史学中的地位　76
骗马贼悔过是社会历史学的杰作　　　　　　　　　　　　　　78
我思故我在的哲学与历史学渊源　　　　　　　　　　　　　　80
楚河汉界沟通历史与地理学　　　　　　　　　　　　　　　　83
拓跋弘改姓属于史学中的姓氏研究问题　　　　　　　　　　　85
"既生瑜何生亮"的追问表现了年谱在历史学中的作用　　　　87
刘氏父子奉命校书为历史文献学做出了贡献　　　　　　　　　90
三千年前的防腐材料验证了考古学与历史学的密不可分　　　　92
一块铁饼复兴奥林匹克体育史　　　　　　　　　　　　　　　94

第三篇　历史学研究方法和理论

孔夫子撰写《春秋》奠定儒家修史的几大原则　　　　　　　　98
刻石立碑的惨案为后世留下史学研究　　　　　　　　　　　　101
不知道速度怎能知道时间,说明分析比较在历史学研究中的作用　103
关于土拨鼠的争论说明事实历史的局限性　　　　　　　　　　105
司马迁游山川为的是搜集真实的历史材料　　　　　　　　　　107
司马光采用考异之法编撰史学巨著《资治通鉴》　　　　　　　109
《左撇子》诞生记让人想到图画在历史学研究中的地位　　　　112
打落牙齿藏怀里为的是保留证据　　　　　　　　　　　　　　114
赤裸裸地记录往事是普鲁士兰克学派特色　　　　　　　　　　116
跳上天去自杀者揭示辩证法的缺陷　　　　　　　　　　　　　118
"铁血宰相"俾斯麦支持下兴起的新史学派　　　　　　　　　120
"美国人类学之父"博厄斯开创了历史批评学派　　　　　　　122
比尔·盖茨整理"站错队"的图书,表现计量学方法在历史研究中的作用　124
喝洗手水的温莎公爵懂得心理学方法与历史研究渊源　　　　　126
为历史辩护的年鉴学派　　　　　　　　　　　　　　　　　　128

目录

追求自由之精神的陈寅恪研究历史的"有无"观　　130
偷窃自己的人解说逻辑与历史学的关系　　132
另类成功让你看到系统分析法在史学研究中的好处　　134
从尼德兰革命了解历史分析法公式　　136

第四篇　中国历史发展及贡献

从盲史官释《春秋》到"史学祭酒"说明中国历史学的悠久长远　　140
黄帝问路问出中国历史植根于民间的特色　　142
仓颉造字原来是史官在文字史上的贡献　　144
成汤革命演绎夏商周上古历史　　146
火烧绵山烧不掉春秋战国留在人们心中的战争史　　148
孟姜女哭倒长城却哭不倒秦始皇留下的封建伟业　　150
张骞通西域通出千古丝绸之路　　152
桓温专权不能摧折魏晋时期的风骨精神　　154
夹领小袖违反民族融合的主流　　156
《世说新语》以家史的形式展现史学研究的多样化　　158
刘知几带领史学进入隋唐繁荣期　　160
皇帝把史馆搬回家促发大规模修史现象　　162
唐三藏西游是中国佛学史上的辉煌篇章　　164
王安石与司马光论争为史学巨著《资治通鉴》的诞生添光彩　　166
朱熹为自己开脱是理学在史学中的表现　　168
黄宗羲的气节折射浙东学派的史学精神　　170
罗贯中演义历史使史学趋向复杂化　　172
梁启超将日文中的"历史"这一概念引入中国史学　　174
从黑格尔的赞语到当代中国史学发展趋势　　176

第五篇　世界历史发展及贡献

庄周梦蝶还是蝶梦庄周正是人类起源的自然说　　180
曼德拉永久性退休再次提醒人们历史学不应当热衷于民族主义　　182
尼罗河馈赠的厚礼造就古埃及文明史　　184
柏拉图和苏格拉底的谈话代表古希腊文明的历史特色　　186

3

目 录

永远的特洛伊战争、永远神人不分的古希腊历史	**188**
迦太基女王的爱恨情仇与古罗马史	**190**
美丽的空中花园带你走进古巴比伦文明史	**192**
亚历山大东征促使第一部世界《通史》诞生	**194**
阿育王皈依古印度的繁华时期	**196**
诞生在马厩的孩子创建基督教	**198**
神魔合体的奥古斯丁创立世界史理论	**200**
《一千零一夜》让人了解到信奉伊斯兰教的阿拉伯帝国	**202**
东天皇与西天皇印证中日交往史	**204**
巴里卡卡发明灌溉的故事揭开美洲古代史一角	**206**
史诗性电影画面是欧洲战争胜利的结束也是刚刚开始	**208**
文艺复兴刺激史学走上新台阶	**210**
查理一世被绑上断头台的欧洲革命运动	**212**
差点被吊死的伏尔泰创作第一部真正的世界史	**214**
华盛顿的独立之路让美国屹立于世界之巅	**216**
君子之争抗议希特勒发起的世界大战	**218**
照片风波表现了联合国在世界的作用	**220**

第一篇

走进历史学

结绳记事开启的是历史而不是历史学

> 历史是指自然界和人类社会发生、发展、变化的过程。历史学与历史的概念相对应,是一门研究物质变动的学科,一般简称史学。历史是客观存在或者曾经发生的事实。真相具有唯一性,而历史学是对历史事件的记录、分析和判断,具有很强的主观性。

在很多年之前,人们还没有发明文字,更没有数字。那么用什么方法来计数呢?聪明的祖先想到了结绳记事。

有一次,一个部落的首领要统计一下这个部落的人口,以便于日后的管理。然而令他头疼的是没有一个合适的计数方法,因为当时并没有发明数字,也没有文字。为了解决这个难题,首领苦思了很长时间都没有对策。后来,他召集了全部落的人开会,希望依靠大家的智慧想出一个解决的办法。

大家都踊跃地发表自己的意见,有的人说用手指来计算,有的人说用脚趾来计算,反正什么建议都有,但是好像都不太实用,因为一个人只有十个手指和十个脚趾,肯定是不够用的。正当人们议论纷纷之际,一个孩子突然想到了一个好主意,他对部落首领说:"我们有藤条做的绳子,为什么不用它来计数呢?绳子打一个结就代表一个人,只要这个结不被解开,这个人就是存在的;在这个人死了以后就把代表他的那个结解开,如果有孩子出生的话就多打一个结。而且用这种藤条计数还能区分出大人、孩子和老人。用红色藤条做的绳子可以用来代表孩子,用绿色藤条做的绳子可以用来代表大人,用灰色藤条做的绳子可以用来代表老人,这样问题不就解决了吗?"

首领听了这个小孩的话,觉得非常有道理,于是就用这个方法统计了部落的人口数目。从此,结绳记事的方法被流传了下来。

结绳记事,是人们记录事件的一种方法,也是在文字发明前,人们用来对事件进行回忆的唯一线索,具有一定的时效性和局限性。因为古人要记住一件事,就要在绳子上打一个结,以后看到这个结,他就会想起那件事。以此类推,如果要记住两件事,就要打两个结;记三件事,就要打三个结……如果在绳子上打了很多结,恐怕想记的事情也记不住了,所以这个办法虽简单但不可靠。

结绳记事这种方法并不属于历史学范畴,它与历史学还有着本质的区别。

历史是过往的一切,是已经发生过或存在过的事情,是时间的产物。历史学与之相对应,是历史学家人为创造出来的,是对事物的客观存在、发展过程及其规律进行描述、探索和研究的一种意识活动。它与历史的区别主要表现在主观性和客观性上。

由于历史学属于人类精神产品,所以,历史学家观察历史的角度、出发点和方法不同,所得出的历史结论也不同。因而从严格意义上来说,历史学一半属于科学,一半属于艺术。对此,胡适曾有过精彩的描述,他说:"历史就像一个小姑娘,你爱怎么打扮就怎么打扮。"即便如此,如何实事求是、公正客观地记录、分析并得出客观准确的论断,始终是历史学追求的目标。

由此可知,历史学是从历史中脱胎而来的一门学科,它必然要依赖于历史而存在。历史是本体,历史学是客体,离开了历史的真实性,历史学必然陷入荒谬之中。所以,一切历史学都是历史的观照方式。

小知识

胡适(1891~1962)

字适之,现代著名学者、我国自由主义的先驱,以倡导"五四"文学革命闻名于世。他一生著述丰富,在文学、哲学、史学、考据学、教育学、伦理学等诸多领域都有深入的研究。曾历任北京大学文学院院长、北京大学校长、普林斯顿大学教授。

救人还是救羊因为有着不同的历史观

> 历史观又称"社会历史观",是人们对社会历史的根本观点和总的看法。因为历史观的基本问题是社会存在与社会意识的关系问题,所以形成了两种根本对立的历史观:唯物主义历史观和唯心主义历史观。

费雷泽是一名哈佛大学的学生,主修社会学。

毕业之后,费雷泽决定从事慈善事业,这一直是他所追求的理想。

一天,他拿着自己的简历去一家慈善机构应聘。在路上,他突然不由自主地停住了脚步,因为他前面有一群人正在围观着什么。在好奇心的驱使下,费雷泽挤进人群,映入眼帘的是一家烧烤店的厨子正要屠宰一只活生生的小羊。那只小羊被吊在一个铁架子上,活像绞刑架上的犯人。当看到厨子凶神恶煞的表情和他手中那把闪闪发光的刀子,相信那只小羊也预知到了自己的命运,它那"咩咩"的叫声已经越来越低沉了。眼看刀子就要逼近小羊的脖子了,围观的人们有的开始尖叫起来,有的用手蒙住了双眼。费雷泽很同情那只可怜的小羊,就走到厨子面前来阻止他。

厨子说:"我要生活就得开烧烤店,要开烧烤店就必须宰羊,我不宰这只羊也会去宰另外一只羊,你觉得你救得了天下所有的羊吗?"听了厨子的话,费雷泽觉得很无奈,最后拂袖而去。

因为在路上耽搁了很长一段时间,费雷泽不知不觉加快了脚步。在走到慈善机构门口的时候,他被一个流浪的老人给拦住了。费雷泽看了一下时间,已经迟到了,于是一把推开老人慌忙地走进了慈善机构的大楼。

当费雷泽气喘吁吁地走进办公室的时候,发现主考官已经到了,并且显得很生气。费雷泽连忙道歉,并讲述自己在路上如何碰到一只可怜的小羊,如何努力救下它。令费雷泽不解的是,主考官听完他的讲述,却冷冷地说:"你并没有救下那只羊,而且,一个真正需要你帮助的老人也被你无情地推开了。"说完,主考官示意费雷泽走到办公室的一个落地窗前,原来透过这扇窗子可以看到外面的一切,包括那个宰羊的地方和那个流浪老人的身影。最终,费雷泽也没能如愿进入这家慈善机构。

不同的人有不同的历史观,就像费雷泽看到的那只羊一样,在不同人的眼里,会有不同的态度和不同的对待方式,结局自然不同。历史就是那只羊,历史观就是人们对待那只羊的态度,历史观不同,得出的历史学结论往往会千差万别。

在史学史上,一直存在着两种历史观的争议,一种是唯心主义的历史观,一种是唯物主义的历史观,但很难说清哪种历史观更能准确地把握历史的脉络,更适合人们认知历史。

人们历史观的形成,取决于众多因素的影响,包括宗教、哲学、道德、政治、法律、生活习俗、文学艺术等等。在历史观形成的过程中,人的主观意识往往受到来自各方面的影响,从而左右人们观察历史的立场、角度和方法,在此基础上形成的历史观,必然带有主观唯心主义的色彩。但是,任何社会的发展,都是通过人有意识、有目的的活动形成并发生作用的,而人的活动是以物质世界为基础的,这就为历史观打上了唯物主义的印记。所以,关于历史观的唯物性和唯心性之争,必然是个没有最终答案的问题。

对于个人来说,拥有什么样的历史观,会对自己如何看待历史有着决定性的作用。人们对历史的取舍,来自自己的思想动因和意志,就像费雷泽为了表达自己的慈善之心而要救下一只被屠宰的羊,而厨子却告诉他,羊的命运就是被用来屠宰的一样,不同的历史观会让你看到不同的历史。

小知识

希罗多德(约公元前484~前425)

被誉为古罗马"历史之父",这个名称也一直沿用到今天。所著《历史》一书,共9卷。第1~5卷主要叙述西亚、北非和希腊地区的历史、地理、民族习俗、风土人情和权力斗争。从第5卷的第29章起,主要叙述波斯人和希腊人在公元前478年以前数十年间的战争,带有很强的文学色彩。

《荷马史诗》展现了历史学注重讲故事的特色

> 讲故事是历史学的重要内容和方法,是建立在客观事实基础上,对过去事件的系统叙述。历史学就是通过讲故事来再现历史、还原历史,以便人们更好地了解历史,是一种如实的叙述和合理的想象相结合的产物。

在古代希腊,有一位双目失明的老人,他经常背着七弦竖琴四处游历,然后把自己写的诗吟唱给大家听。他所讲述的都是希腊光辉灿烂的历史事迹、神话和传说。

有一次,盲诗人给围观的民众讲述了希腊联军围攻特洛伊的故事:希腊联军与特洛伊人的战争已经打了十年,厌战的情绪开始在军营内部蔓延,大家都好像失去了耐心,原本很小的事情,说话稍有不慎就会激起一场怒火。

这天,阿波罗的祭司克律赛斯来到军营,找到了阿伽门农,请他归还自己的女儿。阿伽门农拒绝说:"我这里哪有你的女儿?我这里只有卑贱的奴仆,她生是我的奴仆,死了还是,想让她跟你回去?哈哈,你还是死了这条心吧,别做美梦了!"

克律赛斯没想到阿伽门农会如此狂妄。无奈之下,他只得去求助阿波罗,请求太阳神帮助自己要回女儿。对于自己的祭司,阿波罗当然愿意帮忙了,他说:"你放心吧,我会狠狠地惩罚这个狂妄的人。"

于是,阿波罗朝军营射了几支箭,这些箭上都带有瘟疫。很快,瘟疫就在军营里蔓延开来,战士们一个接一个死去,给本来就压抑的气氛更增添了一片阴霾。

荷马在唱诗

《荷马史诗》展现了历史学注重讲故事的特色

不能眼看着士兵们就这么死去，阿喀琉斯找来预言家进行占卜。预言家说："这场瘟疫是太阳神阿波罗给你们的惩罚，因为你们霸占了祭司的女儿，要想解除这场瘟疫，办法只有一个，那就是放了祭司的女儿，让她返回故乡。"

"这很好办，让阿伽门农把人还给祭司就是了。"大英雄阿喀琉斯觉得这不是什么大问题。

"不，你这个满口胡言的家伙，你从来就没有说过什么有用的话，凭什么说是我给大家带来了瘟疫？"阿伽门农当然不想放走祭司的女儿，他怒不可遏地指责预言家。

"可是，你留着这个女人做什么呢？你为了打赢这场战争甚至不惜牺牲自己的女儿，难道你忘记了吗？"阿喀琉斯还想竭力劝说阿伽门农。

"好啊，你们串通起来对付我，还说是因为我使士兵染上了瘟疫！要我归还祭司的女儿也可以，但不能让我白白付出，总得给我点补偿吧！"

"我们现在没有什么可补偿给你的，那些战利品都分下去了，不能再收回来。如果今后再有战利品，我会加倍补偿你，我说到做到，行不行？"阿喀琉斯强压心中的怒火，依然很耐心地劝说阿伽门农。

"说得轻松，你那里不是有一个女人吗？你为什么不把她给我呢？"阿伽门农此时几乎就是一个无赖。

"你这个混账东西，我从遥远的希腊跟随你来打仗，我得到什么好处了？打仗时我冲在最前面，分战利品时你得到的最多，我凭什么给你帮忙啊？难道特洛伊人得罪我了吗？没有，他们只是抢走了你们家族的女人，与我有什么关系呢？"阿喀琉斯拿着宝剑指着阿伽门农的鼻子说："好吧，既然你想要我的女仆，那我就给你，不过你记住了，以后无论遇到什么困难，都不要来找我，就算你们所有的人被特洛伊人杀死，都不要来求我。如果敢踏上我的船，就别怪我的宝剑不长眼睛了。"

就这样，阿喀琉斯退出了战争。由于没有了这个半人半神的英雄相助，希腊联军被特洛伊人打得溃不成军，很多勇敢的灵魂被打入了哈迪斯的冥土。

阿伽门农此时才开始后悔自己的举动，于是前去求和，但遭到了拒绝。后来，阿喀琉斯把母亲忒提斯女神请匠神制造的盔甲借给了好友帕特洛克罗斯，让他前去迎敌。让他失望的是好友战死沙场，盔甲也丢了。这时候，阿喀琉斯才同意与阿伽门农和解，最终希腊联军在他们的带领下取得了胜利。

这个盲诗人就是希腊的著名诗人荷马，他所讲述的故事被后人称做《荷马史诗》，而这些故事也成了研究希腊历史的重要依据。

历史学是人们对往事的追忆以及对追忆方式方法的研究，它一半是科学，一半是艺术。它的科学性表现在真实性上，它的艺术性则表现在讲故事的方式方法上。

7

希腊联军统帅阿伽门农利用权势将英雄阿喀琉斯的女俘据为己有,阿喀琉斯遂愤而退出战争。《伊利亚特》就是以歌唱阿喀琉斯的愤怒作为开篇的,将之视为残酷命运开始的标志

人们要认识过去的事情,对过去的事情进行研究,首先要对过去的事情进行还原,为此,讲述事情经过是必不可少的,这就注定了历史学必须要讲故事。

《荷马史诗》就是这样一部通过讲故事来再现历史的史学巨著。通过这部作品,人们会清楚地认识历史学讲故事的特色。但是,历史学中的讲故事与文学作品中的讲故事有一定的差别。历史学所讲述的故事,必须是客观真实的,人为想象的部分也是建立在历史真实的可能性上,具有很强的逻辑性和合理性。对故事的认识和描述,要依赖历史事件的证据,遵循客观准确的原则。

当然,历史学不是一门实证科学,无法对它讲述的故事进行可控制的实验来检验故事内容的真伪,这就造成了历史故事的可塑性。不同的史学家叙述的同一个历史故事,往往会有很大的差异。在历史和故事之间,纪实和虚构的关系,时刻考验着人们对历史真实性的认知程度。虚构并不等于虚假,虚构的目的是为了在更高层次上达到历史的本真和实在。所以,对于历史学中的故事,如何把握其叙事的虚拟维度,一直是困惑史学家们的一个难题。

历史学就是由一个个曾经发生的故事串联起来的,从这些生动的故事里,人们能够直观地回顾历史,从中认清人类社会发展的基本脉络和进程。

小知识:

荷马

　　古希腊盲诗人,生平和生卒年月不详。相传著有古希腊长篇史诗《荷马史诗》,包括《伊利亚特》和《奥德赛》两部分,记述了公元前12～前11世纪特洛伊战争和有关海上冒险的故事,反映了当时的社会情况和迈锡尼文明,在历史、地理、考古学和民俗学方面为后世提供了很多有价值的数据。

一杯水喝出三种味道说明不同的视角会产生不同的历史学流派

> 史学流派是指站在不同立场选择史料，以不同的史学观进行历史研究的学派。当代最有影响力的史学流派是美国的新史学派、法国的年鉴学派、德国以及其他运用社会科学理论和方法进行研究的社会史学派、马克思主义史学派等。

班上即将调来一名新的任课老师，在他还没有到来之前，学生们就已经开始猜测他的长相。有的学生说他是一个严厉苛刻的老头，有的学生说他是一个刚刚大学毕业的年轻人，有的学生还说他是一个中年已婚的男子，头发稀疏，眼角布满鱼尾纹。一直到新的任课老师来了之后，学生们才发现他是个年轻人，充满了活力，还很幽默风趣。

他在进行自我介绍的时候给同学们留下了深刻的印象。介绍完毕，他开始了在这个学校的第一堂课。年轻教师首先从随身带来的盒子中取出一些不知名的粉末，展示给学生看。有一个按捺不住好奇心的学生问："老师，您带来的是什么秘密武器啊？"老师看了一眼那个学生，意味深长地笑了一下，并没有说什么。这更让学生们觉得神秘了，一个个睁大眼睛看着老师下一步会怎么做。

只见老师拿出了一个玻璃瓶，把里面的液体全部倒进烧杯中。接着，他又开始摆弄那些白色的粉末，并且迅速地捏了一点粉末放进烧杯里。在学生们看来，那不是普通的粉末，而是神奇的催化物。

老师用玻璃棒将烧杯里的液体搅动了几下，在确定粉末已经融化之后，他就把一根手指放进液体里，然后用舌头舔了一下自己的手指。随后，他微笑地点了点头。这让学生们觉得更加神奇了，到底是什么东西呢？大家都在揣测。

有的学生忍不住问老师："到底是什么味道啊？"

"你们可以自己上来确认一下。"于是，他就按照座位的顺序让每一个同学都上去尝一下。第一个学生说："是咸的，好咸！"第二个学生说："是涩的，好涩！"接下来一个学生摇着头说:"我怎么觉得是酸的呢?"此时,班里已经乱成了一团,学生们彼此争论开来。

下课的时候,老师向学生们揭晓了谜底:"孩子们,其实这个杯子里面的水就是我们平时喝的自来水,无色无味。那些粉末是精盐,但我并没有把它放进水中,只是大家的视角不一样而已。"

同样的一杯水,三个学生竟然喝出三种味道。历史学也是如此,在不同人眼里,会出现不同的历史。为此,研究历史的历史学,从古至今涌现了很多流派。

传统的史学中,根据讲述历史的内容、方式和时间跨度不同,一般有以下几种叙述历史的方式:通史、传记、国别史、地方志和历史哲学等。传统的历史学研究方法又分为计量史学和年鉴学派两种:计量史学是用统计学的方法分析历史事实,进行历史研究。年鉴学派通过跨学科的综合研究,拓宽历史研究领域,从而揭示自然、经济和社会对人类历史发展的影响。

当代史学流派,主要指那些"新史学"流派,这些流派是对历史研究中的兰克模式的一种突破。在这些学派中,最具有影响力的是美国的新史学派、法国的年鉴学派、德国以及其他运用社会科学理论和方法进行研究的社会史学派。这些流派的共同性,都反对把历史科学和自然科学同等对待,强调史学主体的作用。

史学家不可能通过对史料的批判来完全如实地再现历史,而要更注重历史研究的实证性,把事实的实证研究放在第一步。史学家要做的只是解释和评价,强调史学的社会功能,强调史学与现实社会的关系。为此,出现了社会史、心理史学、口述史、计量史学、新政治史学和解构主义史学等众多的与现实社会紧密相关的史学方法流派。

小知识:

修昔底德

古希腊历史学家,开创了"范例历史学"的先河。著有《伯罗奔尼撒战争史》,通过叙述伯罗奔尼撒战争给希腊世界造成的影响,以及雅典等城邦在战争前后的成败兴衰的变化过程来垂训后世。

来世还要做苍蝇告诉人们
历史学的根本任务是什么

> 历史学的根本任务就是整理历史事实，从中寻找到它真实存在过的证据，并通过理解这些事实，寻找到历史不断进步的原因。因此，它的首要任务是如实叙述，其次是揭示事物发展的内在规律。

从前，有一只苍蝇，每天快乐地生活在一片垃圾堆里。在这里，有苍蝇喜欢的各种各样的食物，而且几乎每天都会有新的食物源源不断地运来，而且这里有它的父母和兄弟姐妹，可以时刻生活在一起。父母教育它说："垃圾场是苍蝇最好的安身立命之地，只有在这里，苍蝇家族才能够生存和繁衍。一旦离开了垃圾场，就有可能发生不幸。"一天，一只蜜蜂偶然飞过，当苍蝇看到蜜蜂美丽的肤色、纤细的腰和轻盈优美的舞姿时，就想象着自己离开了垃圾场也可能会变成如此美丽的模样。

于是，它开始飞向远方。在那里，它看到了美丽的花丛，干净的街道，各种结满了果实的果树。但是它好像并不是很受人类和其他动物的欢迎，不管它从哪里飞过都会有人喊打，这让它的心里十分不平衡："凭什么蜜蜂可以拥有那么好的身姿和那么优美的生存环境，而一只苍蝇却不能够拥有这样的一切呢？"于是，它决定找上帝理论。

在天使的帮助下，它见到了上帝，并要求上帝将自己变成一只蜜蜂。上帝被苍蝇的勇气所感动，便答应了它的请求。苍蝇看着自己瞬间的变化，不由得喜出望外，它哼着歌，迫不及待地飞向了花丛。它一路上快乐地与蜜蜂们打着招呼："你好！你好！"蜜蜂们也友善地回应着它，但它们似乎都很忙碌。

原来，这些蜜蜂正忙着采集花粉。从此，苍蝇也开始学着做一只真正的蜜蜂，每天一刻不停地采集各种各样的花粉送到蜂房中。它虽说变成了一只可爱、漂亮的蜜蜂，也过上了采蜜的生活，但时间长了，就觉得每天过得都很疲惫，于是开始怀念自己从前做苍蝇的生活了。

然而，一切都太晚了，昔日生活的垃圾场已经容不下它了。于是苍蝇又去找上帝,上帝说:"苍蝇,你要记住,每一个生灵都有各自的任务、各自的生存价值,你既然已经决定变成了蜜蜂就永远都没有回头路可以走了。"最终,苍蝇饿死在了垃圾场附近。

苍蝇为什么来世还要做苍蝇呢?这就是历史学家要研究的问题,也是历史学的根本任务。历史学要做的就是整理历史事实,从中寻找到它真实存在过的证据,并通过理解这些事实,寻找到历史不断进步的原因。苍蝇来世还要做苍蝇,就是由历史发展的真实规律决定的,如果苍蝇来世做了蚊子,那就说明历史学是虚妄的,它对历史事实的整理是不真实和不准确的。

如实叙述,写出历史的真实,才能完成社会赋予历史学的根本任务。正是司马迁如实地叙述了汉初的历史事实,才能让今人准确地了解汉初的社会全貌。

历史学的任务不外乎以下两种:一是通过对历史事实的整理,总结、揭示世界各个民族和国家的历史发展不同的规律和特点;二是通过历史研究探讨人类社会未来发展所应该具备的规律。说白了就是总结过去,展望未来,其目的就是对人类未来命运的终极思考。

怎样做到这一点呢?首先,历史学研究的对象必须是客观实在的东西,只有客观实在,才可能有它内在的发展规律。其次,认清历史学是人类的一种认识活动,所以它的方法论又带有很强的主观主义色彩。

小知识:

盖乌斯·尤利乌斯·恺撒(公元前 102~前 44)

罗马共和国末期杰出的军事统帅、政治家。著有《高卢战记》和《内战记》,这两本战争回忆录是难得的历史史料,具有极高的史学价值。

刘墉改诗解围是民间传说还是真实的历史

> 民间传说中的事件有具体的人物、时间和地点,人物活动或事件发展也常与某些历史事件相吻合,因而容易给人以真实历史的错觉。但民间传说与历史有着本质的区别,它是一种艺术创作,属于艺术范畴,而不属于历史学范畴。

　　沧州冬枣是乾隆皇帝的最爱。尤其是每年冬枣采摘前夕,乾隆隔三差五就要询问一下沧州的贡品送来没有,一旦送来,乾隆总是迫不及待地品尝一番。沧州冬枣色泽诱人、核小肉丰、爽甜可口。兴致高时,乾隆免不了赏宠妃和贴身太监几颗,引来一连串"谢主隆恩"的呼声。

　　这一年,又到了冬枣采摘的季节,恰逢乾隆七十大寿,六世班禅罗桑华丹益希从西藏来热河避暑山庄为乾隆皇帝祝寿,乾隆便下令采集上好的冬枣,以便回赠给班禅大师。

　　在热河的行宫,乾隆隆重接见了班禅大师,并命人手捧一个镶金的玉盒,恭敬地递给班禅。乾隆说:"这里面是上好的沧州冬枣,算得上是果类中的极品。"

　　班禅大师连声称谢,可是他身边的随从图克图却不以为然:"为了大清国和睦,我们历尽千辛万苦,走了一年多,行程两万里,才来到承德避暑山庄。作为一国之君,你不赏金银财宝,反倒弄几颗破枣来糊弄人,真是雪山顶上朝下望,把人看小了。换作是我,早将这些枣子扔到一边

六世班禅

去了。"

恰好图克图身边的桌子上有笔墨,他就随手写了几行字,递给身旁的刘墉。当刘墉看到图克图写的这些字时,不禁倒吸了一口凉气。图克图写的虽是藏文,刘墉却也都认得,如译成汉文是这样的:几颗枣儿情义大,大清珍宝放光华;万里来拜获此宝,我辈应当兴兵马。

刘墉一向在大事面前能够力挽狂澜,有化干戈为玉帛的能力。见势不妙,他赶紧拿起笔,把图克图写的文字做了一个小小的修改。乾隆看到刘墉在一边写写画画,心生愠怒,便问道:"刘爱卿,朕在这里招呼远方的贵客,你却在一边舞文弄墨,不觉得失礼吗?"

"回禀万岁,我在看图克图写的诗。"

"写了什么?拿来我看看。"

刘墉把那首诗呈给了乾隆,乾隆接过,低声吟诵:"几颗枣儿情义大,大清珍宝放光华;万里来京获此宝,深感帝恩备有佳。"

乾隆大喜,连声称:"奇才,奇才,图克图乃奇才也。"

图克图听到后不由得一愣,想不到刘墉几笔,就改变了诗的原意,把一首充满讽刺与杀气的诗改成了赞美诗,简直如和煦的春风,温暖了在场每个人的心窝。

刘墉改诗解围,既是民间传说,也有一定的史实依据,是演绎的历史真实。民间传说与历史真实有着千丝万缕的联系。民间传说一般是以真实的事件和生活的故事为基础,把这些事件和故事附加到"箭垛式"人物身上,然后进行加工整理,用来记录流传历史的一种方式。

民间传说对于历史学来说,有特殊的作用和意义。民间传说是由一些与历史事件、历史人物、地方风物、生活习俗和风土人情等相关的故事构成的,这一特性间接为历史学提供了历史研究的线索和部分史料。民间传说区域性、民族性、历史性的特点为历史学提供历史真实性左证,是对真实历史史料的必要补充。

民间传说多以口头传说的方式流传,这就使其真实性大打折扣,虽然故事情节与社会现实有直接的联系,其发展也合乎事物发展的内在逻辑,但它的艺术再创造特性使它更多属于艺术创作的范畴,与历史真实已相去甚远。所以,在历史学研究中,民间传说不能作为历史史料来使用,要对传说的纵向性和横向性进行对比研究挖掘,多角度、多元化看待传说提供的信息才能去伪存真,使之发挥出应有作用。

历史的真实性与历史学叙述的历史真实性,也是有很大的差别的,历史学叙述的真实,是局部、片面的,带有主观人为色彩。正因为如此,民间传说对历史学的补充和左证作用就显得非常有价值,是全面还原历史真实的有益组成部分。

女娲补天告诉人们神话与历史的关系

> 神话是指叙述人类演化初期所发生的单一事件或者故事,并且传承者对这些事件和故事深信不疑。神话是对历史的一种假设和演绎,蕴含着历史的素材和信息,但却不是历史,最主要的原因是它不能够如实、准确地讲述事情的真实全貌。

盘古开天辟地之后,人间渐渐有了秩序,日月星辰负责给地球照明、取暖,云朵负责为地球输送水气。世间在几万年的变化中,渐渐有了各种各样的生物,地球呈现出了一片祥和的景象。

在所有动物都出现之后,天地间出现了一位女神,她的名字叫女娲。谁也不知道她从哪里来,只知道她的下半身是蛇,而她的脸却美艳动人,世间最美丽的花朵儿见了她都会自惭形秽。

世界这么大,却只有女娲一个人,女娲觉得很寂寞。她走到河边,看见自己的倒影时,恍然大悟,原来地球上少了人类的存在!

想着想着,女娲就从河边挖起一团湿泥,捏成和自己形状一样的小人偶,这小东西非常聪明,落地就能讲话,很乖巧地趴在女娲膝头,叫她"妈妈"。

女娲兴奋极了,为了让人间有更多的生机,她就日夜不停地捏小人,孩子们在她身边叽叽喳喳的,别提多热闹了。

可是捏着捏着,女娲就累了。后来,她想出了一个绝妙的办法:从悬崖边上扯下一根藤条,蘸着泥水,往地上一洒,泥点接触到地,也变成了小孩,依然围着她叫妈妈。过了不久,地球上就有了很多人,他们学着采集果实以充饥,编织衣服以御寒,每人找了一块地方过自己的日子,大地因此呈现出生机勃勃的景象。

但是好景不长,共工与颛顼争帝位,在打斗中把天柱给碰折了,天从东方向西方急剧倾斜,地也开始塌陷,天河之水注入人间。女娲的子女们被洪水和火山所苦,流离失所。

女娲看到她的子民们陷入巨大灾难之中，十分关切，决心炼石以补天。于是她周游四海，遍涉群山，最后选中了天台山。天台山是东海上五座仙山之一，五座仙山分别由神鳌用背驼着，以防沉入海底。女娲之所以选择天台山，是因为只有天台山才出产炼石用的五色土，是炼补天石的绝佳之地。

女娲在天台山上找到了五色土，又用巨石堆砌成一口大锅，再找太阳神借来火种，炼了九天九夜，终于炼成了 36 501 块巨石。她用其中的 36 500 块补天，还剩下一块多余的就留在了天台山上，这块石头在曹雪芹的笔下，历经沧桑变成了宝玉。至今，天台山上还留有女娲炼制巨石的大锅和那颗无用的五色石。

天是补好了，可是还有一个问题，就是还没有找到支撑四极的柱子。要是找不到合适的柱子，天就会塌下来。情急之下，女娲娘娘想起了天台山下的神鳌，神鳌有四只脚，可以砍下来支撑四极。可是天台山要是没有神鳌的负载，就会沉入海底，于是女娲将天台山移到东海之滨的琅琊。

女娲成功补天后，人们建起了女娲庙，逢年过节就去祭拜这位伟大的女性，以感谢她对人间作出的巨大贡献。

伏羲、女娲为中国神话中人类的始祖，相传二人为兄妹，结合之后而有人类

女娲补天，是一个美丽的神话。听上去，这个神话就像讲述人类起源的历史，具有一定的史学特征，但实际上，这不是历史，而是一种文学创作。

那么什么是神话呢？神话是指叙述人类演化初期所发生的单一事件或者故事，并且传承者对这些事件和故事深信不疑，将其当作历史事件来认真对待。它必须具备以下特点：必须是人类演化初期的故事；必须是单一事件；叙述神话的传承者必须对此信以为真。正因为上述原因，神话才容易与历史混淆。

实际上，神话是对历史的一种假设和演绎。由于人类早期生产力水平低下，不能全面认识和科学解释自然现象、人类起源等诸多问题，便以贫乏有限的生活经验为基础，通过想象和幻想，把自然力和客观世界进行拟人化描述，本质上是人类早期不自觉的一种艺术创作活动。

神话的内容，蕴含着历史的素材和信息，但神话却不是历史，最主要的原因是它不能够如实、准确地讲述事情的真实全貌。

　　神话的产生和发展,既与人类早期的思维方式有关,也与它口耳相传的传播方式和途径有关。就中国神话来说,由于古人较早开始用文字记事,重视书面记录,历史意识的产生和成熟较快,史学比较发达,强化了客观叙述和理性思维,从而抑制了神话的发展。所以,神话在中国上古历史中并没有获得足够的地位,而显得支离破碎,无足轻重。

小知识:
普鲁塔克(约 46~120)
　　罗马时代的希腊作家、历史学家,著有《道德论集》和《传记集》。他的著作对后世产生了巨大的影响,对文艺复兴时期人文主义思潮的勃兴有着重要的启迪作用。

亲吻驴屁股的新闻在历史学中的价值

> 新闻的基本特点是真实性、实时性、准确性和简明性。它与历史的共同点就是真实性,不同点在于它的新鲜性。真实性,使新闻有很高的史学价值;新鲜性,使它又区别于历史。历史学对新闻的使用,更多是将其作为线索和史料素材来看待。

被评为NBA历史五十大球星之一的巴克利在美国篮球史上以口无遮拦而闻名。这是他在球员时代就有的毛病,正因为自己的一张臭嘴,他不知得罪了多少人。但在退役之后,巴克利也恰恰凭借这一项"本领"混饭吃,在TNT电视台担任NBA节目的评论员。谁也没有想到,巴克利居然因为自己的臭嘴在全国直播的节目中出丑。而这次"臭嘴"事件和中国篮球运动员姚明有很大的关系。

巴克利对姚明这位外籍选秀状元一直不看好,在休斯顿火箭队主场迎战金州勇士队的比赛开始前,巴克利就扬言,只要姚明能在比赛中拿到19分以上,他甘愿亲吻姚明的屁股。可惜的是,姚明在那场比赛中只得到可怜的3分,这让巴克利十分得意。

在一次TNT的脱口秀节目中,巴克利对自己的评论搭档肯尼·史密斯说:"假如姚明能够在本季赛的任何一场球赛中拿到19分的话,我就亲吻你的屁股。"结果,巴克利这次搬起石头砸了自己的脚。仅仅一星期后,在火箭队与湖人队的比赛中,姚明一举拿下了20分。

所有的人都在等着巴克利兑现自己的承诺——亲吻他的搭档肯尼·史密斯的屁股。当然,一向很欣赏姚明的肯尼·史密斯也很期待巴克利能够言出必行。但是史密斯又给巴克利出了一个难题,史密斯叫苦不迭地坏笑道:"让他亲吻我身体的任何一个部位我都难以忍受,更别说是屁股了,所以我只有想其他办法了。"后来他又说:"我试想了一下,如果找来一张我的画像,让他亲吻行不行?但我找不到一个与我同样大小的全身画像,这个办法只有放弃。"最后,肯尼·史密斯决定租一头驴子当作自己的替身。于是在亚特兰大的TNT节目直播现场,一头驴子在主人的牵引下步入现场观众的视野。

人们都以为巴克利会临阵退缩,但他却在这种尴尬的时刻显示出自己的"英雄气概"。在全美国直播的电视节目中,巴克利履行了自己的诺言,俯身亲吻了这头驴的屁股。

巴克利亲吻驴屁股是个新闻事件,随着时间的推移,这个新闻事件又会成为历史学史料。新闻为历史学提供了部分线索和素材,具有重要的史学价值。但新闻并不是历史,这是由新闻和历史学各自不同的作用和特点决定的。

新闻的基本特点是真实性、实时性、准确性和简明性。包括六个要素,即时间、地点、人物、事件的起因、经过和结果;要求立场鲜明,内容真实具体,反应迅速实时,语言简洁准确。它与历史的共同点就是真实性,不同点在于它的新鲜性。正因为其真实性,所以新闻有很高的史学价值;又因为其新鲜性,它又区别于历史。

在1993年6月,巴克利率领费尼克斯太阳队闯入NBA总决赛,但不敌迈克尔·乔丹领衔的芝加哥公牛队,然而巴克利与乔丹的决战成为了篮球历史上的经典对抗之一

新闻贵在一个新字,而历史学则是对往事的回忆,注重过往。新闻的"新"表现在它必须是新近发生和新近发现的事实,这就是它成为不断消除历史学盲点,为历史学源源不断提供最前沿线索和素材的管道。

巴克利亲吻驴屁股事件,在当时是新闻,现在已经成为了历史,成为历史学的一个重要史料。人们根据这则史料,还能够准确地回忆起事情发生的起因、经过和结果,这就是新闻对历史学的贡献。

历史学不要求对事件叙述的实时性和简明性,只强调真实性和准确性,这一要求,又使得新闻不能满足历史学对过往事情更多的条件需求,例如其全面性、详细性和深刻性。因此,历史学对新闻的使用,更多是将其作为线索和史料素材来看待。

小知识:

塔西佗(约55~120)

古罗马最伟大的历史学家。他在罗马史学上的地位犹如希罗多德在希腊史学上的地位。他的著作,保存下来的有《对话集》、《阿格里科拉传》、《日耳曼尼亚志》、《历史》、《编年史》。

19

李白脱靴揭示了野史与正史的区别

> 野史是相对于正史而言的,一般认为是指古代私家编撰的、与官修史书不同的另一种史书。野史是对正史的补充和存异,是一种原始的史料,更具有原始性和真实性,不足之处是不如正史更具有权威性。

天宝初年,名满天下的诗人李白来到了长安城。有一个叫贺知章的官员在唐玄宗面前说,长安新来了一个大诗人,名叫李白,是个天才,无论作诗或写文章,都十分出色。唐玄宗也早就听说过李白的名声,就吩咐贺知章通知李白进宫。

李白进宫朝见那天,唐玄宗降辇步迎,"以七宝床赐食于前,亲手调羹"。当皇帝问到一些当世事务时,李白凭借自己过人的学识及长期对社会的观察,胸有成竹,对答如流。

唐玄宗大为赞赏,随即令李白供奉翰林,草拟文告,陪侍皇帝左右。从这以后,每有宴请或郊游,唐玄宗必命李白侍从,利用他敏捷的诗才,赋诗纪实。虽非记功,也将其文字流传后世,以盛况向后人夸示。

一天,唐玄宗带着杨贵妃去花园赏花,杨贵妃非常高兴,想找人作诗助兴。这时,唐玄宗想到了李白,认为他是最适合的人选。可是李白生性高傲,对当时官场上的腐朽风气十分看不惯,更不想摧眉折腰侍权贵。当听到唐玄宗让他进宫为杨贵妃作诗的消息后,李白并没有理会皇帝的命令,而

《太白醉酒图》

是上街喝酒去了。

　　太监们费了九牛二虎之力才在一个小酒馆的门口找到了李白。此时的李白已经喝得酩酊大醉，根本不明白太监们说的是什么。太监们找来了一盆水泼在他的头上，依然没有任何效果，于是就把他抬到了皇宫里。见了唐玄宗，李白才稍微清醒了一点，他挣扎地从地上站起来行了一个礼，而唐玄宗也没有责怪他，只是催促他快点写诗。

　　这时候，太监慌慌忙忙地把笔墨纸砚备好，让李白坐下。李白睁开迷离的醉眼，含含糊糊地说："我现在已经醉得不行了，希望陛下允许我不拘礼节，才能把诗写好。"唐玄宗说："不用拘于小节，你只管写就是。"

　　李白将茶杯里的水倒在手心，往脸上一抹，好让自己清醒清醒，然后拿起毛笔，摆了个架势刚要落笔，突然又想起什么来，伸出一条腿对站在一边的高力士说："劳驾公公帮我脱去靴子。"

　　"简直是岂有此理！"高力士平时仗着皇帝的宠爱，在朝臣面前作威作福，现在一个小小的翰林学士居然命令他脱靴，简直气昏了。但是皇帝和贵妃此时正在旁边等着李白写诗，如果让皇帝扫兴，就会吃不了兜着走。于是他强忍怒气，装出满不在乎的样子说："唉，真是喝醉了酒，拿他没办法。"说着，就跪着给李白脱了靴子。

　　李白这才提起笔来，一挥而就写下了《清平乐词》赞美杨贵妃和牡丹花，诗句优美清新，唐玄宗和杨贵妃高兴极了。

　　别看高力士虽然只是个太监，但在当时可是个鼻孔朝天了不得的人物。李白借着醉意让他为自己服务，这招看似高明，实则有些冒险，高力士岂是一个随便让人耍的呆子！

　　一次，高力士听到杨贵妃吟诵李白的《清平乐词》，便故意装作吃惊的样子说："我原以为贵妃无端受了李白的侮辱，一定对其恨之入骨，没想到竟如此喜欢这首诗！"杨贵妃不解地问道："李学士的大作有何不妥？"高力士冷笑道："诗中有'借问汉宫谁得似，可怜飞燕倚新妆'两句，正是以飞燕比

清代画家苏六朋所作的《清平乐图》，描绘的就是唐天宝年间，玄宗召李白作"清平调"的故事

21

拟娘娘,可见其存心不良。"杨贵妃听后,当即变了脸色。原来汉朝宫廷里的赵飞燕,乃歌女出身,后来虽然立为皇后,但作风不正还是被贬为了庶人。加之唐代妇女以丰满为美,杨贵妃更是一个胖美人,而汉代妇女自赵飞燕始,以纤瘦为美,汉成帝生怕大风将赵飞燕吹走,还专为她建了一座七宝避风台。杨贵妃受高力士挑拨,认为李白作诗嘲讽自己体形偏胖,不由得忌恨起李白来。

从这以后,唐玄宗几次想提拔李白,都被杨贵妃阻止了。

高力士为李白脱靴这件事被记载在野史里。野史是相对于正史来说的一种史书,指中国古代那些私家编撰的史书,是一种个人修史行为,与官修的正史不同,是对正史的补充和存异。但为何会出现正史和野史两种史学现象,却是一个非常有趣的问题。

在古代中国,正史和野史的界限比较明显,常常以正史为正统,认为正史更可靠,更具有权威性。这在世界史上,还是比较独特的一种史学现象。之所以会出现正史和野史两种修史方式,与中国古代的政权统治特性有关。在封建集权制的权力背景下,政权的统治者往往会凭借专制权力,干预史书的编纂,控制本朝史书的著录,要求史书的编纂工作必须纳入统治者的管理范围,要修所谓的正史,以防出现对权力构成威胁和不利的历史内容出现。这种情况下,很多野史就会自然而然地出现了。

野史常常是民间人士秘密所著,不像正史那样要经过官方多层审定、雕饰、润色和增删,而是一种原始的史料,更具有原始性和真实性。

野史中所写的人物和事件,大多是真人真事,不像《史记》、《汉书》等记传史书那样,以帝王传记为纲领,由宫廷史官记录。野史的记录对象比较庞杂,任何身份和地位的人都可以成为被记录的对象。这一特点大大提高了野史的价值,使野史成为不可替代的一种史学资源,其对正史的补充和存异,更有利于揭示历史的真相。

小知识:

爱德华·吉本(1737~1794)

英国作家、历史学家,启蒙运动的杰出代表之一。1776年,《罗马帝国衰亡史》第一卷出版,立即取得成功;1781年,《罗马帝国衰亡史》第二、三卷也相继出版。该著作包含许多详尽的考证,后来许多历史学家都引用这部书中的材料。

总统穿衣的谣言
是历史学中的一部分

> 在历史学上,谣言首先是一个叙述文本,是一种历史叙事,是历史学中重要的组成部分。历史学在面对谣言时,往往会把谣言的真实简化成事实的真实。谣言的价值不仅在于能否印证客观真实,还包含着对事件的追索、解释和价值评判。

美国第三届总统托马斯·杰斐逊是美国史上一位伟大的总统,他永远把自己看成是平民的一员。杰斐逊最热爱的运动是骑马,而且他自己也是一个相马专家,拥有几匹上等的马。在担任总统期间,他每天下午都会骑马到华盛顿的郊区去,既锻炼,更重要的是去接触人民群众。

一天,杰斐逊在华盛顿的一个郊区骑马。当他来到一个十字路口时,碰上了一个知名的赛马师。这位骑师实际上是个做马匹买卖的生意人,叫钟斯。钟斯看到杰斐逊穿着平平却骑着一匹好马,以为杰斐逊是个马贩子。鲁莽、冒失的钟斯径自走上前来,和骑马人搭讪,并用行话评论起马来:品种的优劣、年龄的大小以及价值的高低,还表示愿意换马。

钟斯对杰斐逊说出了各种听起来十分优越的条件,但是杰斐逊丝毫没有对他的话感兴趣,这让钟斯十分反感。他心想,自己还从来没有遇见过这么固执的人,将如此多的现金放在面前都无动于衷。于是他对杰斐逊的态度开始变得不礼貌起来,但是偏偏杰斐逊是一个脾气特别好的人,无论钟斯怎么无礼,他都不生气。

接下来,两个人又比起了赛马技术,结果发现二人的骑马技术都已经相当精湛了。于是,他们相互欣赏起来,产生了一种"相见恨晚"的感觉。后来,两个人谈着谈着就谈到了政府。作为一个联邦制的坚定拥护者,钟斯开始大肆攻击杰斐逊以及政府的政策。杰斐逊加入了谈话,并鼓励他就一些事情发表自己的看法。

钟斯对杰斐逊说:"现在新上任的总统太奢侈了。"

杰斐逊十分惊异地问:"真是这样的吗?"

钟斯说:"你看看自己穿的衣服,再想一想总统穿的衣服,听说他花钱大手大脚,衣服一天换三次,而且每个手指上都戴着戒指。如果我拥有他的几件衣服,就可以买下一片养马的大牧场。"

杰斐逊听了哈哈大笑:"总统不是你想象的那么奢侈,他也穿得像一个普通人一样出去骑马。"

钟斯说:"总统才不会穿我们这样的衣服呢!"

杰斐逊说:"那我带你去见见他,你就明白了。"

钟斯真的去了白宫,还没进门就听见有人喊:"总统先生,您好!"钟斯惊讶得不知该说什么了。

关于杰斐逊花钱大手大脚,每个手指都戴着一枚大戒指,卖了衣服就能买一个牧场的叙述,显然是个谣言。如果这种叙述被记录在史书中,就将掩盖历史的真相,创造出由谣言重新开启的历史学真相,并进而影响真实历史的进程。

谣言历来都是历史学中重要的组成部分,从谣言进入历史的角度上来说,历史就是一定程度上的谣言。所谓谣言,就是没有事实存在而捏造出来的虚拟事件,这种事件只存在于叙述当中,这与历史学如实叙述的原则相违背。正因为如此,谣言要比事实真相具有更大的力量,更能够影响或改变真实历史的走向。

众多的史书都是谣言和真实参半。历史学在面对谣言时,往往会把谣言的真实简化成事实的真实。谣言的价值不仅在于能否印证客观真实,还包含对事件的追索、解释和价值评判,就像发生在杰斐逊身上的谣言一样,一旦进入历史叙述,就将改变他人对杰斐逊总统的整体认知和评价。

在历史学上,谣言首先是一个叙述文本,是一种历史叙事。没有人有能力彻底拒绝谣言参与历史叙事。也就是说,历史学必须无条件、被动地接受谣言参与历史叙事的事实,它所要做的就是不断地寻找证据揭开谣言掩盖的事实真相,但它无法消除谣言对历史进程已经形成的影响。历史学面对谣言,更像是哑巴吃黄连,有苦说不出。

> **小知识:**
>
> **萧子显(487~537)**
>
> 字景阳,南朝梁代史学家、文学家。撰有《晋史草》、《齐书》、《普通北伐记》、《贵俭传》、《南齐书》等历史著作。但除《南齐书》外,均失传。

房玄龄缺乏充足的史料只好搪塞

> 史料,就是历史学界编纂史书和研究历史所用的资料。从来源上说,分为第一手史料和第二手史料两种;从性质上说,又分为文字史料和实物史料两大类。由于历史的过去性和不可再现性,导致历史学只能透过史料记载或史料折射来认识历史。

前秦有个叫苻坚的皇帝,关于他的身世一直很扑朔迷离,甚至史书上记载的也都是缺乏历史依据的道听途说。

早在苻坚出生之前,他的父亲苻雄就去世了,其母苟氏当时还年轻,耐不住独守空房的寂寞,便在皇宫里惹出了一些风流韵事。那时朝廷有个叫李威的将军,打着商讨国事的幌子,与苟氏来往密切。渐渐地,李威的胆子越来越大,最后有恃无恐,常常明铺夜盖,搞得不清不白。俗话说,世上没有不透风的墙,时间一长,就闹得宫廷上下人尽皆知,成了公开的秘密。由此一来,大家自然怀疑到了苻坚的身世。

后来苻坚登基以后,突然有一天想起查查自己的身世,翻开史册,找到了关于自己出身的这一段史料,发现里面记载的全是母亲与李威苟合的越轨之举。一个皇帝怎么能够让自己的出身有污点呢?他一怒之下,下令焚烧了这一段的史书。此时,由于编撰历史的两位作者都早已经离开人世,所以关于苻坚的身世就成了历史上一个解不开的谜团。

缺失的这一段历史给后人的编撰造成了麻烦,特别是唐朝开国宰相房玄龄在编写《晋书》时,就遇到了这个难题。当时的历史已经是东拼西凑不能再还原了,更无法完整地叙述下来。想来想去,房玄龄灵机一动,因为当时世间流传着苻坚是神的儿子的说法,房玄龄想不如就给他来个瞒天过海,以假乱真。

于是,房玄龄给苻坚编写了一段离奇的身世:一次,苻坚的母亲听说漳水附近有个西门豹祠堂,占卜很灵验,所以就独身前往漳水。看似游玩,意在求子。回到家里以后,苟氏就做了一个很奇怪的梦,梦里一个神仙来到了自己的床前,此人生得清新俊逸,凡人没有此相,而这个人在梦里与苟氏有了男女之事。不久,苟氏发现自己怀孕了,并在年底生了一个儿子,取名叫苻坚。

在《晋书》中,关于苻坚的身世就是这样描写的。

房玄龄在写《晋书》时,因为缺乏史料,对苻坚的出身搪塞了事,这就使这一史实缺乏完整性和准确性,由此可见史料在历史学中的重要地位和作用。所谓史料,就是历史学界编纂史书和研究历史所用的资料。一般分为第一手史料和第二手史料两种。

一般意义上的史料,大多是指第一手史料,就是指在历史发生当时和现场所产生、接近或直接能够反映历史事件的资料,可以直接作为历史根据来使用的史料。第二手史料也叫间接史料,是后人利用第一手史料所做的研究、挖掘和诠释。

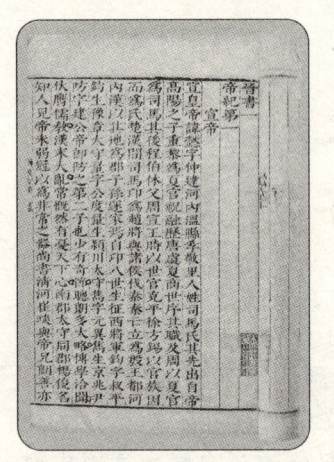

《晋书》问世后,"言晋史者,皆弃其旧本,竞从新撰",但它也有明显的缺点,突出表现在书中记述了一些神怪故事和小说材料,而这些是不应该被当作史实来看待的

史料从性质上说,又分为文字史料和实物史料两大类。文字史料包括史书、档案文书、思想学术著作、文学作品、日常生活文字遗留、报刊杂志、口述史料、墓碑、墓志、家谱等等相关文字记述的历史事实。其中史书是最为重要的史料,对研究史书所记载的时代有重要的意义。实物类史料包括建筑、器物、家具、工具、衣物、钱币、墓葬、绘画、壁画等历史遗存,其中很大一部分是由考古发掘出来的。

为什么说编纂历史和研究历史离不开史料呢?过去性和不可再现性是历史的主要特征,这一特征使人们无法看到历史的本体,只能透过史料记载或史料折射来认识历史。这就导致历史和历史学这一对主客体始终处于时空上的异位和分离,使历史学必须借助史料这一媒介去还原感受历史和认识历史,从而认清历史的事实和规律。

> **小知识:**
> **房玄龄(579~648)**
> 别名房乔,字玄龄(一说名玄龄,字乔松),唐代齐州临淄(今淄博市临淄区南马坊村)人,是唐朝的开国宰相。他博览经史,曾受诏重撰《晋书》。后世以他和杜如晦为良相的典范,合称"房谋杜断"。

牛顿的黑匣子打开遗迹遗物在史学上的地位

> 遗迹遗物,包括古建筑、衣物、钱币、武器、工具等,属于实物类史料,有考订史实、印证史论、增加研究者想象力的作用。

1727年,伟大的科学家牛顿去世引起全世界人们的哀悼。一位著名诗人总结世人的评价,为牛顿撰写墓志铭:自然和自然规则在黑夜中躲藏,主说,让人类有牛顿!于是一切被光照亮。

这是世人对牛顿的认识,人们把他看作最伟大的人——一位理性主义者,站在理性道路上思考的人。可是这位伟人的内心世界到底是什么样的呢?与人们的认识是否一致?随着一个神秘匣子的打开,所有人大吃一惊。

当年,牛顿在剑桥大学工作时曾经留下了一个匣子,里面存放着大量没有面世的著作。这些珍贵的材料到底讲述了什么,很多人都试图了解。

第一位检查匣子的人叫毕肖普·霍斯利,他奉命打开匣子,希望出版里面的著作。可是当他看了其中的内容后,竟然惊慌失措,匆匆忙忙盖上了匣子,并且再也没有打开过。

匣子被继续保存下来,成为全世界人们心中的谜团。100年后,又有人来到匣子旁,如愿以偿地打开了匣子。此人叫戴维·布鲁斯,当他看了匣子里的东西后,像霍斯利一样惊慌。不过他没有慌张地盖上匣子,而是"聪明"地摘录了几段内容予以发表,仿佛这就是牛顿留下来的东西。实际上,他用几个严肃的小谎言掩盖了匣子里面的真相。

然而,事实终归是事实,谎言无法永久地隐瞒下去,牛顿"黑匣子"的秘密最终大白于天下。当所有真实的材料公布于世时,这些证据明白无误地告诉人们:当年牛顿潜心研究的是如何制造长生不老药,如何把废金属转化为黄金,还有光和颜色如何变魔术,以及《圣经》中的隐义。他用了大量时间研究这些东西,还关注所罗门神殿的力量、圣经启示录、丹尼尔之书以及教会历史,并留下了数百页论文。

这一切都在表明,牛顿不是人们心目中的理性伟人,而是一位魔法家,一位玄奥的巫师。事实上,他天性隐蔽、难测、神经过敏。他的后继者惠斯顿曾经这样描述他:"牛顿的性格是最惧怕、最小心和多疑的。"如今黑匣子的存在证明了这一点,也从另一个角度回答了牛顿一生都在疏远女性,一直没有结婚的真正原因。

黑匣子揭开了秘密,让人们看到了牛顿理性之下的内心挣扎,了解到了一个更真实、更全面的牛顿,这对科技史以及科学家们的历史研究都有非常重要的价值。可以说,黑匣子作为伟人的遗物,有着见证历史的作用。

遗物和遗迹,是一种实物类史料,包括古建筑、衣物、钱币、武器、工具等,它们大部分来自考古发掘,比如古代居址,可以提供当时社会生产力发展和生活状况方面完整的、重要的数据,让后人能够直观地了解古代社会的发展史。

不管是遗物还是遗迹,都是人类活动遗留下来的,通过它们既可以了解过去状态下社会间的互相影响和传播关系、文化在不同时期的继承发展

牛顿发现光的色散现象

规律、特定人物的性格问题等,又能够预测未来,认识将来的社会动向、人类的生活变化等。所以它们是帮助人们学习历史、研究历史、认识历史的好工具。

在实践中,作为实物类史料,遗迹和遗物的客观性可以弥补历史文献、文学作品的主观性、口述材料的随意性,更准确地反映过去的某种状态。它们的作用可以归纳如下:

① 考订史实。历史的真实性必须通过史料反复比较、考订、统计,才可以得到确定。实物类史料可以与文字、图像、风俗等一起充当考订史实的证据。

② 印证史论。在对历史进行研究时,有了某种理解、看法和主张时,需要进行印证。通过实物类史料的印证,这些观点正确与否会得到一定的鉴别或者某种升华。

③ 可以增加研究者对历史的想象力。实物类史料的存在,会给人回归过去的真实感,让人更容易站在古代人的立场上审视历史、审视未来,从而获得不一样的感触。这种作用也表现出对历史的态度问题,应该"敬重"和"宽恕",而不是一味批评或者赞颂。

一棵倒下的"自由之树"成为激励海地人民的史学遗产

> 史学遗产是历史遗产的重要部分,是历史发展到一定阶段自然而然留下的有关历史学的各种产物。它是历史学发生、发展所带来的各种成果,有丰富的史学撰述内容、不同的表现形式、多种多样的历史理论和强烈的史学意识。

1791年8月,杜桑、克里斯托夫、德萨莱纳等人联手领导黑人发起暴动。他们这次吸取以往失败的经验,做了充分的准备。他们率领民众高喊着"宁愿死也不当奴隶"的口号,潮水一般地涌向白人的咖啡园和高档别墅,并把那里变成一片火海。战火迅速蔓延,很快就燃遍了整个海地。

在这场战争中,杜桑一边乘胜追击并扩大自己的势力,一边刻苦学习,使自己能够接受当前最新的思想,以便巩固来之不易的胜利果实。终于在1793年,他统一了海地,并建立了独立政权。

然而,好景不长,殖民者的魔爪再一次伸向了渴望独立的海地人民。拿破仑召见他的妹夫黎克勒,命令他远征海地。这是一场更加残酷的战争,在应战之前,他们都庄严地宣誓:誓死保卫自由,保卫家园。

海地人在法军登陆的地方烧毁了那里可以利用的一切,并在附近的水里下了毒。很快,饥渴难忍的法军失去了斗志,在战争中节节败退,死伤无数。苦于无法

杜桑将军画像

向拿破仑复命的黎克勒便给杜桑写了一封信,信里说道:"法国和海地一直以来都是和平相处,相信今后也会一直这样下去。也许我们之间存在什么误会和分歧,所以我诚恳地邀请你前来,共同商讨解决的办法。请相信我,我绝对保证你的安全。"

黎克勒在信里的态度诚恳,流露出和平谈判的意愿,而杜桑也本着和平共处的愿望只身前往,却不料这是黎克勒精心设计的一个骗局。当黎克勒听到士兵报告

杜桑到来的时候,心里暗自高兴。他想:既然你自己送上门来,就别怪我不客气了。于是他当即向士兵下令:"立刻逮捕他!"

发现自己上当受骗的杜桑愤怒地大骂起来:"你们这群不守信用的无耻之徒,海地人民是不会放过你们的!我是一棵自由之树,但身后还有整片的森林,你们是永远也砍不尽、杀不绝的!"

黎克勒和他的士兵对杜桑的辱骂却不以为然,反而哈哈大笑起来。1802年5月,杜桑被押送到法国,拿破仑下令将他送进监狱。1803年4月,这位杰出的黑人领袖死在法国监狱中。

杜桑的死激起了海地人民的愤怒,为了完成杜桑未了的心愿,克里斯托夫、德萨莱纳又带领海地人民继续抗击法国殖民者。

杜桑虽然死于狱中,但他却把可贵的自由精神留了下来,成为激励海地人民追求自由民主、平等独立的精神财富。这一精神财富也是研究海地独立运动的史学遗产。

史学遗产是历史遗产的重要部分,是历史发展到一定阶段自然而然留下的有关历史学的各种产物。它是历史学发生、发展所带来的各种成果,包括各种史学家的观点、历史文献收集整理、史书编纂、历史文学、历史研究等史学成果。

战场上的拿破仑

了解史学遗产不妨从几个方面入手:

① 史学遗产有丰富的史学撰述内容,各种国家史、民族史、地方史、人物史等不同类型史书数不胜数,各种关于史学研究的书籍资料也多如牛毛,形成了一座珍贵的史学遗产宝库。

② 史学遗产有多种多样的表现形式,例如编年体、纪传体、典制体、学案、评论体史书、史注等多种体裁,表现方法也是各有所长、互相补充,形成了对客观历史多角度、全方位、纵横交错、详略有致的呈现,突出了历史内容的价值。

③ 史学遗产包括大量的历史理论,这些史学理论为人们加深对历史的客观认识提供了丰富的方法论和理论依据。

④ 史学遗产还有一个重要的内涵就是史学意识的累积沉淀,这对历史学发展以及历史学和社会的关系具有很大的促进作用。

皇后求情求出历史
以古鉴今的社会功用

> 历史学的社会功用,表现在多方面,是各种政权进行重大决策时的主要参考,能够使人更好地认识现实,厘清人与社会、人与自然、人与历史的关系,增长其文化知识。

唐太宗手下有个谏议大夫叫魏征,有才干又为人耿直,经常对唐太宗的一些不合理的想法和行为提出指责和反驳。在17年间,他所谏奏的事,有史籍可考的达200多项,内容涉及政治、经济、文化、对外关系和皇帝私生活等等,全都是知无不言,言无不尽,甚至经常弄得唐太宗下不了台。

一天,在宫里闷了很久的唐太宗突然心血来潮,想带领自己的一群护卫出去围猎。围猎需有娴熟的骑射技术,有高超的骑射技术的唐太宗自然是其中的佼佼者。在外出围猎时,左右有猎手陪同,名曰"百骑"。他们穿着画有走兽的衣衫,持着弓箭在御马前助帝狩猎,形成一个极为壮观的场面。这个消息不知怎么就被魏征知道了,他对唐太宗围猎持反对态度:一是为皇帝的安全考虑,二是认为围猎扰民。可是围猎队伍的行装都已准备妥当,唐太宗却迟迟未能成行。后来,魏征问及此事,唐太宗笑着答道:"当初确有这个想法,但害怕你又要直言进谏,所以很快又打消了这个念头。"

在一次上朝的时候,魏征与唐太宗争得面红耳赤。唐太宗实在听不下去,想要发作,又怕在大臣面前丢了自己善于纳谏的好名声,只好勉强忍住。回到后宫,唐太宗依然怒气未消,见到妻子长孙皇后,气冲冲地说:"总有一天,我要杀死那个乡巴佬!"

长孙皇后很少见丈夫发那么大的火,就小心翼翼地问道:"不知陛下想杀哪一个大臣?"

"就是魏征!他总是当着群臣的面让朕难堪。"

长孙皇后听了,一声不吭,回到自己的内室,换了一套朝见的礼服,向太宗下拜:"恭喜陛下!"

唐太宗惊奇地问道:"你这是干什么?有什么事可恭喜的?"

长孙皇后说:"我知道只有明辨是非的君主才会有敢直言相劝的大臣,魏征的行为恰恰说明您是一个明君,这难道不该恭喜吗?"这一番话就像一盆清凉的水,把唐太宗满腔怒火浇灭了。

643年,直言敢谏的魏征病死了。唐太宗很难过,他流着眼泪说:"一个人用铜作镜子,可以照见衣帽是不是穿戴得端正;用历史作镜子,可以看到国家兴亡的原因;用人作镜子,可以发现自己做得对不对。魏征一死,我就少了一面好镜子了。"

长孙皇后劝谏唐太宗,没有直接提到魏征,而是借古讽今,说古代只有明主才会有直臣,意思很明显:因为你是明主,所以才会有魏征这样的直臣;你杀了魏征,就说明你不是明主。唐太宗当然想当明主,自然就会放过魏征了。以古鉴今,借古讽今,就是历史学的重要社会功用之一。

历史学的社会功用,表现在多方面,最重要一点就是它的借鉴和启发作用。

唐太宗李世民

首先,历史学历来都是当政者对社会进行统治管理、进行重大决策时的主要参考。

其次,历史学对人们更好地认识现实、明辨是非、提高处理问题和解决问题的能力、增强修养都有很大的促进作用。

再次,历史学能帮助人们更好地认识自我,厘清人与社会、人与自然、人与历史的关系,认清自己在社会中所处的位置,知道如何协调与自然界的关系,明了人类的过去,看清自己的未来,从而使自己的人生有明确的目标和准确的定位。

最后,历史学可以增长人们的文化知识,能够帮助人们汲取中外丰富的优秀文化,促进智力水平的提高。

人是背着历史书包的动物,与历史有着割舍不断的联系,这种联系会使人们不断从中获得前进的动力。所以,从这个角度说,人类智慧是历史的产物。

小知识:

班固(32~92)

东汉史学家、文学家,班彪之子。所著《汉书》是在班彪续补《史记》之作《后传》基础上编写的,开创了正史地理志的先例,记录了大量的自然和人文地理数据。

关公月下读《春秋》读出历史对人生的意义和作用

> 历史与人生有着密切的关系,作为展示历史的历史学,其存在价值和意义在于它对人类社会、对人生产生了怎样的影响,发挥了怎样的作用。如果历史学在不断地促进人生的完善和美好,那么它就是值得肯定、有积极价值的事物。

200年,曹操率领大军征讨刘备。徐州一战,刘备的军队被打得落荒而逃,曹操不仅大获全胜,还俘虏了刘备的两位夫人和战将关羽。

关羽是刘备手下的一员得力战将,自从桃园三结义之后就追随义兄刘备,曾因在氾水关前斩华雄、虎牢关前战吕布而名扬天下。曹操求贤若渴,他想,若能把关羽争取过来为自己效力,统一天下的大业便指日可待。为了能让关羽归降,曹操每日对关羽盛宴款待,不仅封他为偏将军,还赐给他房屋宅第。可是这一切都没有动摇关羽的信念,他依然盼望能够带着二位嫂子平安回去与刘备团聚。

一计不成又生一计,为了强行留住关羽,一天晚上,曹操故意安排关羽和两位嫂子同居一室。他知道关羽和刘备是结义兄弟,一旦传出与嫂子之间有暧昧之情,便难以再回去面对刘备,那时候只得留在曹营,为自己效力了。

关羽识破了曹操的诡计,心里暗自骂道:"这个诡计多端的贼子,想引我落入圈套,这怎么可能呢?"

安顿好两位嫂子以后,关羽便在门外踱步。夜渐渐深了,关羽满腹心事,丝毫没有困意,皎洁的月光洒在地上,更增添了他对哥哥的思念之情。

思讨良久,他拿出一本书,借着月光观看。这是一本《春秋》,为了表明自己的信念,也为了让曹操对自己死心,关羽竟大声朗读起来:"士不可以不弘毅,任重而道远。仁以为己任,不亦重乎?死而后已,不亦远乎?"意思是说,有着远大抱负的人不可以不刚强,因为他负担沉重,路途遥远。以实现仁德于天下为己任,不是很沉重吗?到死方休,不是很遥远吗?

而曹操一直在隔壁偷偷观察关羽的举动,听到关羽朗诵此文,立刻就明白了关羽的心事,他一声叹息:这才是真英雄啊!

后来,曹操多次挽留,关羽始终不为所动。曹操只得下令放了关羽。临走时,关羽在竹叶上写了一首诗赠给曹操,诗中写道:"不谢东君意,丹青独立名,莫嫌孤叶淡,终久不凋零。"关羽在诗中借竹子抒发自己不为高官厚禄以及美色所动的高尚情操。

有了关羽月下读《春秋》一事,曹操更加佩服他的人品与气节了。而这段故事也广为流传,一直激励着后人。

关公读的《春秋》就是一本历史学著作,可见历史比他手中的青龙偃月刀更有分量,更有威力。关公月下读《春秋》的故事多少让我们窥视到历史对人生的作用和影响。

明代画家商喜所绘制的《关羽擒将图》,现藏于北京故宫博物院

历史与人生有着密切的关系,作为展示历史的历史学,其存在价值和意义,显然不在于它写出了多少卷史书、保留了多少历史的文献,而在于它对人类社会、人生产生了怎样的影响,发挥了什么作用。如果历史学在不断地促进人生的完善和美好,那它就是值得肯定、有积极价值的事物。

历史学拓展了人生的视野和阅历,丰富了人类文化知识,为人们提供了理想生活的标杆和风范,使人们能够借助历史提供的思维方式和精神动力发挥个人的才能,并进行创造性工作,以便更好地焕发生命的活力。

历史学为人们提供了一个又一个历史文本,通过阅读这些文本,人们就可以了解自我、了解人性、了解社会、了解置身其中的传统文化氛围,并从中获得生活的感悟和生命的启发。对于塑造个人的人生观和价值观有着非常直接的影响和作用。

历史就在我们的身边,它通过有形的历史学和无形的渗透力规范并左右着每个人的人生轨迹,使每个人都无法摆脱历史规律的制约,都将被历史所成就或被历史所淘汰。

小知识:

陈寿(233～297)

字承祚,巴西安汉(现在四川南充)人,西晋史学家。所著的《三国志》,是一部记载魏、蜀、吴三国鼎立时期的纪传体国别史,记载了从魏文帝黄初元年(公元220年)到晋武帝太康元年(公元280年)六十年的历史。《史记》、《汉书》、《后汉书》和《三国志》合称前四史,被视为纪传体史学名著。

历史学家的任务是做一块想飞的石头

> 史学家通过重现历史、分析历史的境况,对历史的本初经验进行推测和复原,以便引起人们的共鸣。这是一个创造新的第三世界的工作,这个世界,正是历史的传承和历史对未来的强大推动。

有一块石头,终日躺在深山里,每天呆望着天空:周围的树木每到冬天,叶子便落光了,与它一样孤零零地守在大山里。可是春天一来,大地回暖,万物复苏,这些树木便又重新焕发生机,重现生命的光彩。到了秋天,它们又结出丰硕的果实,引得一些小鸟啄食。

鸟儿飞过的时候,石头羡慕地望着它们的身影。一阵微风吹过,石头屏气凝神倾听着树叶的声响,希望有一天能像它们一样,让自己的生命绽放出夺目的光彩。

一只来啄食的小鸟停在了石头上,问它:"你天天待在这里,难道不寂寞吗?"

"我也不想这样,我的理想是有一天能像你们那样飞在高高的天空。"

小鸟说:"那怎么可能呢?你又没有翅膀,别异想天开了,天空是属于我们的。"

石头不理会小鸟的话,依然满怀希望期待着有一天理想能变成现实。

这天,庄子路过这里,石头知道他是一位智者,能够理解自己,就把心事和庄子说了。庄子告诉他:"通向理想的道路可不是一帆风顺的,充满了坎坷与磨难,你有这个毅力吗?"

"我不怕吃苦,也有毅力。"

"那好,如果你有毅力,那么你就努力使自己长成一座高山吧。"

于是,石头便开始努力承受霜雪严寒的磨练,努力汲取日月的精华。日复一日,年复一年,花开了又谢了,候鸟来了又走了,不知历经了多少时光,终于有一天,它长成了一座高山。

这时,庄子来了,他让大鹏用坚实的翅膀撞击高山,顿时,天空乌云密布,电闪雷鸣,石头知道自己的生命很快就要绽放了,不由得热泪盈眶。

果然,一声巨响后,石头炸开了,无数颗小碎石飞向了蓝天。那一刻,石头觉得自己离太阳是如此的近,伸手就可以摸到云彩。它飞得像小鸟一样高,甚至听得到鸟儿的对话:"这不是那颗石头吗?它真的飞起来了。"

听了这话,石头高兴极了。

不一会儿,这些小碎石便从空中纷纷落了下来,变回了原来的模样,躺在原来的地方。

庄子走过来问:"你后悔吗?"

"不,我一点也不后悔!因为我曾经努力长成了一座高山,并且飞翔过,我的生命中没有遗憾。"

石头因为一次飞翔而快乐异常。显然,飞翔改变了它的命运,即便又落回了原处,但它已经创造了一个有别于原来世界的新世界。历史学家就如同这块石头,通过重现历史,分析历史的境况,对历史的本初经验进行推测和复原,以便引起人们的共鸣,从而创造了一个新的第三世界。

历史学家对历史真实境况的理解,往往是决定其能否"飞翔"起来的关键。历史学家对历史真实境况的分析,是一种历史猜测,其猜测有多大程度接近历史境况的真实,与他根据自己收集的证据、整理客观论据来证明或者反驳自己的推测能力有着直接的关系。这种能力不仅取决于历史学家的历史观,还与他占有的史料以及处理这些史料的综合素质有关。

人们通过历史学家对历史境况的分析而模拟出的历史境况来认识历史,与历史经验达成共鸣。这一过程,实际上很大程度是在与历史学家共鸣,所模拟的历史境况已经是一个新的世界。因此,历史学家在为我们开启一扇与历史精神共鸣的大门,但这种共鸣已经是为了适应当下的境况,并对当下的境况施加作用的一种力量。

历史学家试图把人们重新引回到历史的经验之中,但不知不觉间,人们已经跟随历史学家来到了一个新的世界。这个世界,正是历史的传承和历史对未来的强大推动力。

小知识:

司马光(1019~1086)

北宋时期著名政治家、史学家、散文家,陕州夏县涑水乡(今山西运城地区夏县)人。他一生大部分精力都奉旨编撰《资治通鉴》。这是一本长篇编年体史书,共294卷,耗时19年。记载的历史从周威烈王二十三年(纪元前403年)到五代的后周世宗显德六年(纪元959年)征淮南,计跨16个朝代。它是中国第一部编年体通史,在我国史书中有极重要的地位。

齐庄公的婚外情杀
成就史官们的情操表演

> 在集权专制的社会里，统治者对史官的绝对统治力使直笔实录这种撰述史书的方法带有极大的风险，随时都有可能引来杀身之祸。因此，不避权贵、秉笔直书、善恶不隐、直笔实录历史事实需要不怕牺牲的精神，这自然就会成为史官们的一种情操。

故事发生在鲁襄公二十五年。当时齐国有个大臣叫崔抒，他的老婆棠姜长得花容月貌而且风流成性。国君姜光早就垂涎棠姜的美貌，便总是有意无意寻找接近她的机会。一来二去，棠姜也禁不住诱惑，便与姜光勾搭成奸。

可是纸终究包不住火，这对奸夫淫妇苟且的行为很快败露了，崔抒知道之后勃然大怒，发狠要打死姜光这个没有廉耻的家伙。

一天，他对国君说："我生了重病，不能来朝议政了。"然后便在家中等待姜光的到来。果然不出所料，姜光又来找棠姜了。他到了崔府，却不见棠姜像往日一样出来迎接他。姜光心想："这小娘子大概是不知道我会来吧，不如我在门口唱支曲，不愁她不出来。"随即，他就唱了起来，歌词暧昧而又缠绵。姜光边唱边不停地张望，幻想着棠姜会循着歌声前来与他相会。

姜光的行为全被蹲守在暗中的崔抒看在眼里。他立刻发出暗号，只见崔府的大门突然关闭，从暗处窜出来十几名武士，挥舞着刀枪向姜光奔来。刚才还沉浸在靡靡小调中的姜光见势不妙，转身跑向围墙，可是刚刚爬上墙头，就被武士一箭射中了屁股，摔了下来。在崔抒的指使下，武士们乱棍打死了这个淫荡的昏君。

崔抒弑君的事情已成事实，后来齐国太史编写史书的时候，就把这一段历史如实记录下来。而崔抒不愿意在史册上留下弑君的恶名，便叫太史修改记录。太史不从，他便下令把太史杀害了。

杀了太史之后，崔抒心想："史官们的脖子终究硬不过我的利剑，看谁还敢违抗？"

很快，他招来了第二个太史，可是这个太史依然在史书上记录下崔抒弑君的事实，崔抒随即找了个理由又把第二个太史给杀了。继而又来了第三个太史，他的做法跟前两个太史一样,因而也落得一样的下场。

接连三位太史被杀,震惊了南史氏。如果说实话就会被杀的话,那以后谁还敢做太史?必须阻止崔杼的疯狂行为。于是,他带着写有崔杼弑君的竹简去找崔杼。他在途中遇到一个从宫里来的人,从那个人的口中打听到第四个太史也是如实编写了史书,不过并没有遭到杀害。

原来,崔杼感到了正义的可怕,史官的职责就是严肃记录历史,杀害史官不仅改写不了历史,反而加深了自己的罪恶,所以只能作罢。

齐国太史不为强权,前仆后继,用满腔的正气编写史书的精神被广为流传,成为后世史官的榜样。

崔杼杀齐太史是为了掩盖自己的罪恶行为,想留下个好名声。但这件事却从另外的一个角度引发了另一个问题,那就是史官面对史实、撰述史书的立场态度问题,也就是史官的历史观问题。

中国历史上,史官文化的发达,使社会形成了读史、重史的习惯和传统,极大推动了人们写史的热情,使得大批史官涌现,为形成史官特有的情操提供了丰厚的土壤。

对于史书的撰述,采取怎样的手法去书写往往对史书的质量有着很大的影响。齐太史采用的是直笔笔法,这种笔法后来经过孔子、司马迁等人的弘扬,逐渐成为史官们秉承的一种精神。这种精神的核心就是不避权贵、秉笔直书、善恶不隐。

一开始的直笔笔法,依据的原则是合乎礼义与否。从司马迁开始,逐渐赋予直笔"不虚美、不隐恶"的实录精神。本来,如实地叙述历史是史学最基本的要求,但是在集权专制的社会里,统治者对史官的绝对统治力使直笔实录这种撰述史书的方法带有极大的风险,随时都有可能引来杀身之祸,齐太史和司马迁就是典型的例子。因此,在这种背景下,敢于坚持原则,直笔实录历史事实,需要不怕牺牲的精神,这自然就会成为史官们的一种情操。

直笔与曲笔,都是史官们为了适应社会和政治文化需求而采取的书写历史的手法。相对于直笔,曲笔显然是一种规避风险的策略,同时意味着史官们向权力的屈服,这是对史官情操的一种反动,反映了古代史学发展的曲折和艰辛。

小知识:

刘知几(661~721)

唐代著名史学家、诗人,字子玄,彭城(今江苏徐州)人。其撰写的史学论著《史通》对我国古代史学做了全面的总结,提出了较为系统的史学理论,成为唐代以前我国史论的集大成者。

郑成功收复台湾表现杰出人物对历史的影响

> 杰出的人物,就是那些地位高、人气旺、有号召力,或者有某种特殊才能,在某一领域作出贡献的人物。他们通过个人的力量,加速或者延缓历史的进程,使社会历史发展有了鲜明的个性特征。

台湾地区的历史最早可以追溯到230年。据文献记载,早在三国时期,吴王孙权派一万名官兵到达当时被称作夷州的台湾,开始最初的拓垦和经营。而后,大陆与台湾地区的往来便日渐频繁。到6世纪末、7世纪初的隋唐时期,隋炀帝曾三次派人到台湾,访查异域风情与习俗,了解当地居民的生活状况。那时大陆与台湾地区之间已建立起正常的贸易往来,由唐至宋的600年间,大陆与台湾地区一海之隔,特别是福建一带的沿海居民,为了躲避战乱而大批移居台湾。时间一晃到了宋元时期,这些汉人已经开始把澎湖划归泉州晋江县管辖,派军民屯戍,并开始加强与台湾地区在经济、政治、文化等方面的联系。

台湾地区的发展已初见规模,到了16世纪,西班牙、荷兰等西方殖民势力逐渐强大,并把侵略的魔爪伸向了美丽富饶的台湾岛。尤其是在17世纪初,当时一方面明末农民起义风起云涌,一方面东北满族势力日益强大,明朝政府的统治陷入举步维艰的困境。为此,荷兰人趁此机会大举入侵台湾地区,先后两次侵占澎湖。明朝政府派兵将荷兰殖民者逐出澎湖。那一战,荷兰人损失惨重,首将被捕,余孽逃往台湾南部一带驻扎。两年后,西班牙人又大举进攻台湾地区,占据了基隆和

郑成功画像

39

淡水一带，荷兰人又卷土重来，赶跑了西班牙人。自此，台湾地区便真正沦陷为荷兰的殖民地。

荷兰人在这里横征暴敛，强行纳税，以低价收取中国生丝、糖和瓷器等，转运到世界各地，牟取暴利。荷兰的暴力统治激起了台湾人民的怒火。1652年9月，农民领袖郭怀一领导当地居民发动起义，有力地打击了荷兰人的邪恶势力。

荷兰人的统治一直是在台湾南部以及基隆和淡水一带，其他地方的实力并不稳固，加上台湾军民发动的接二连三的起义，已经让荷兰的统治危机四伏。

民族英雄郑成功在明朝灭亡以后决定光复台湾，将其作为反清复明的基地。恰在这时，在荷兰军队里当过翻译的何廷斌赶到厦门面见郑成功，送给他一张台湾地图，把荷兰侵略军的军事布置也都告诉了他。

1661年3月，郑成功亲率二万五千名将士，分乘几百艘战船，从金门出发，向台湾地区进军。有些将士听说西洋人的大炮厉害，有点害怕。郑成功就把自己乘坐的战船排在前面，鼓励将士说："荷兰人的红毛火炮没什么可怕的，你们只要跟着我的船前进就是。"

荷兰人听说郑成功要进攻台湾，十分惊慌，就把军队集中在台湾（在今台湾东平地区）和赤崁（在今台南地区）两座城堡，还在港口沉了好多破船，想阻挡船队登岸。台湾人民听到郑成功来到，群情振奋，遥相呼应。躲在城堡里的荷兰侵略军头目气急败坏地派出一百多名士兵沿海布防，刚一交战便被打得落花流水。紧接着，荷兰侵略军又调动一艘最大的军舰"赫克托"号，张牙舞爪地开了过来，企图阻止郑成功的船队继续登岸。郑成功沉着镇定，指挥战船将"赫克托"号团团围住，利用本方战船小、行动灵活的优势，将其击沉。

荷兰侵略军遭到惨败，龟缩在两座城里不敢应战。他们一面偷偷派人到爪哇搬救兵，一面派使者到郑成功的大营求和。郑成功严词拒绝，在给荷兰人的谕降书中明确指出："然台湾者，早为中国人所经营，中国之土地也……今余既来索，则地当归我。"荷兰人不允，郑成功随即派兵猛攻赤崁城。赤崁城的水是从城外高地流下来的，郑成功派人切断了水源。三天过后，荷兰人不战自乱，乖乖地投降了。盘踞台湾城的侵略军企图负隅顽抗，等待援军。郑成功便采取了长期围城打援的方法逼他们就范，在围困八个月之后，荷兰人走投无路，只好树起白旗投降。

1662年初，侵略军头目被迫来到郑成功大营，在投降书上签了字后，灰头土脸地离开了台湾。

从古至今，每个人都在参与历史的形成，但不同的人对历史施加的影响会有所不同。杰出的人物因自身所处的地位和所起的作用，对历史进程的影响会更大一些。

　　所谓杰出的人物，就是那些地位高、人气旺、有号召力，或者有某种特殊才能，在某一领域作出贡献的人物。他们通过个人的力量，加速或者延缓历史的进程，使社会历史发展带上了鲜明的个性特征。杰出人物对历史进程施加的影响与个人的才能、经验、性格、意志、质量和身体素质紧密相关，是这些因素综合作用的结果。例如美国第一任总统华盛顿，因为他崇尚法律和自由，在很大程度上影响了美国民众价值观的取向，把美国逐渐引入一个崇尚民主、自由和法治的国家，这就是杰出人物对历史的作用。

　　杰出人物的出现既是社会历史发展的必然，又有很大的偶然性，所谓时势造英雄，就是说杰出人物是顺应历史的发展需求，并由很多偶然因素促成的。

　　不可否认杰出人物对历史进程所施加的影响要远远大于普通民众，但不能因此过分夸大杰出人物的作用。

美国开国总统乔治·华盛顿

小知识：

杜佑（735～812）

　　唐代史学家，字君卿，京兆万年（今陕西西安附近）人。他以36年的时间博览古今典籍和历代名贤论议，考溯各种典章制度的源流，撰成200卷的巨著《通典》，开典章制度专史的先河。此外，还撰有《理道要诀》一书，为《通典》的要义，被朱熹称为"非古是今"之书，今已亡佚。

董狐直笔写春秋是史学笔法之一

> 中国古代史学笔法主要有三种：直笔、曲笔、春秋笔法。直笔笔法是如实录入；曲笔笔法，为当权者隐瞒或歪曲史实真相；春秋笔法的特点是用警世的笔墨，把对当权者的褒贬隐含在文字之中，是一种折中。古人常常将这三种笔法杂糅在一起综合使用。

晋国有个昏庸的君王晋灵公，他在位的时候，颁布的各种苛捐杂税压得百姓喘不过气来。他还时常站在城楼上用弹弓射击来往的行人，每当看到那些被打中的人捂着头嗷嗷直叫，就高兴得手舞足蹈。更有甚者，有一次仅仅因为厨师给他炖的熊掌不够熟，他竟然一怒之下把厨师给杀了。

当时，晋灵公手下有个叫赵盾的大臣，他看到一国之君每天如此荒淫，很担心晋国迟早有一天会毁在晋灵公手里，就经常劝说晋灵公收敛自己的行为。可是晋灵公非但不听，反而对赵盾怀恨在心，暗自想不如趁早杀了这个讨厌的家伙。

主意打定，晋灵公就设宴邀请赵盾。一番畅饮之后，他觉得时机到了，便大喝一声，随即冲进来一群手拿刀剑的士兵，想把赵盾置于死地。幸亏赵盾武艺高强，逃脱过了士兵的包围。

从此，赵盾就与晋灵公结下了深仇。不久，晋灵公就被赵盾的一个兄弟杀了。自此，流亡在外的赵盾才得以回国，并且官复原职。

在当时来说，弑君是大逆不道的，这样的行径如果记录在史册上，会招来千古的骂名。所以对于以前的这段历史，谁也不想承担弑君的罪名。于是赵盾就想看一看，董狐究竟是如何记录这件事的。当他打开记载这段史实的竹简，发现上面记录的竟是晋灵公死于自己之手。赵盾十分生气，呵斥道："你怎么把晋灵公的死算在了我的头上？谁都知道他死的时候，我逃亡在外，你这样乱写，是诬蔑朝廷命官，是要杀头的！"

董狐冷静地说："你那时虽不在国都，但现在官复原职，不仅没有惩罚那些乱臣，反而与他们同朝议政，晋灵公的死你能脱得了关系吗？"

董狐的话让赵盾哑口无言，他最后还是要求董狐把史料稍微修改一下，以减轻自己的罪过。不料却遭到了董狐的严词拒绝，董狐说："我是一个史官,尊重历史、尊重事实是最起码的道理,我们给后人留下的是一份真实的历史数据,不允许有任何掺假的行为,这也是一个史官应有的节操。你让我为了个人私利去改写史书,这是无论如何也做不到的。丢脑袋对于我而言是件小事,但丢掉了作为一个史官应有的节操,就是大事了。"

赵盾没想到一个小小的史官竟有如此的思想境界,自己若再坚持的话,无异于无理取闹,所以也就不再说什么了。

董狐直笔成为史官的楷模,并因此使一种撰写史书的笔法演化成一种史官的情操。这是中国历史上比较奇特的现象,之所以会出现这种情况,主要原因是正史的撰写权控制在当权者手中,这就为史官独立写史增加了难度,使撰写史书成为一种冒险。在这种环境下,与之适应的春秋笔法也就随之诞生了。

董狐的直笔是一种重要的史学笔法,由于独裁者根据自身所需对史官的控制和压制,直笔笔法并不能完全适应史官撰写历史的要求。在这种情况下,相对于直笔笔法的曲笔笔法产生了。后来,在孔子手中,一种介于直笔和曲笔之间的折中笔法,即春秋笔法应运而生,一时间受到史官们的热捧,成为主流写法。

这样看来,中国古代史学笔法主要有三种：直笔、曲笔、春秋笔法。直笔笔法其实就是如实录入,在董狐那里遵循的是合乎礼仪,到了司马迁那里才真正成为实录精神。与之相反的曲笔,为当权者隐瞒或歪曲史实真相,所以也常常不得已才为之。

这两种笔法各因弊端明显在运用上受到了制约,取而代之的是孔子的春秋笔法。春秋笔法是孔子首创,后来的历代史官纷纷效仿。春秋笔法的特点是用警世的笔墨,把对当权者的褒贬隐含在文字之中,而不直接说出来,即所谓的"微言大义",通过对事件的记录折射出对事件的褒贬,实际上是一种对权力的妥协。

一般的史书,常常将这三种笔法杂揉一起,综合使用,曲中有直,直中有曲,秉承春秋,微言大义。

小知识：

司马迁（公元前145～约前87）

字子长,夏阳龙门（今陕西韩城南）人,西汉伟大的史学家、文学家、思想家。所著《史记》（原名《太史公记》）是中国第一部纪传体通史,被列为二十四史之首。该书是我国古代最著名的古典典籍之一,记载了自上古传说中的黄帝时代,下至汉武帝元狩元年间共3000多年的历史,全书共130篇,52万余字。

43

偏心国王无法左右历史的进展

> 王权相对于社会历史，可能是一种推动力量，也可能是一种阻碍和倒退，这不但取决于王权所有者的自身能力，还取决于社会发展的环境和王权的运作方式。

古时候，有一个古怪的国王，总喜欢听别人奉承自己。有一次，他在睡梦中被一阵窃窃私语吵醒。睁眼一看，原来是自己的两名侍卫在轻声说话。国王很想知道侍卫在背后如何议论自己，所以就不动声色地假寐起来。

其中侍卫甲问侍卫乙："你现在的生活怎么样？"

"还算过得去，幸亏我跟着国王，是他赐给了我安稳的生活，否则我也许会去流浪，所以我很感激国王。"

"你错了，我从来没有像你这样想过，命运把我安排在这里，我就待在这里；相反，如果命运把我安排在另外一个地方，我一样过得很好，这与国王没有什么关系。"侍卫甲对侍卫乙的想法很不以为然，他心想，一个国王怎能左右得了人的命运呢？这种想法太天真了。

听了侍卫甲的话，国王很恼火："你现在过着衣食无忧的生活，难道不是我赐予的吗？这普天之下，四海之内，谁敢轻视我？你一个小小的侍卫竟敢口出狂言，我立刻就让你知道靠我生活与不靠我生活的区别！"

国王为了赏赐侍卫乙，就派人告诉皇后，一会儿我安排一名侍卫去给你送一件锦袍，这名侍卫非常聪明而且踏实能干，所以你要赏赐他一些珠宝和金币。

随后，国王叫来侍卫乙，告诉他说："我这里有一件锦袍，是皇后一直想要的，你现在给她送过去。"

侍卫乙听了，立刻领命："好的，陛下，我这就去。"

因为出门太慌张，侍卫乙不小心碰到走廊的柱子上，顿时眼冒金星，跌倒在地。这时，正巧侍卫甲经过这里，慌忙将其扶起。侍卫乙说："国王让我给皇后送一件锦袍，一时匆忙，不巧碰在了柱子上，我现在头有些晕，要不你替我送去吧。"

"好吧,我替你送!"侍卫甲说着就接过侍卫乙手中的锦袍,朝皇后的寝宫走去。

当皇后看到如此漂亮的锦袍,心里十分高兴,她想起国王交代的话,便安排侍女拿出一些珠宝首饰赏给了侍卫甲。

国王知道了这件事以后,叹息道:"唉,这世上没有人可以左右得了命运的安排,哪怕是权力再大也无济于事。命里该有的,一定会有;命里不该有的,再努力也是惘然。"

从表面上看,国王并没有改变两个侍卫的命运,事情没有按照他的意愿发展,但实际上,两个侍卫得到的不同结局,还是王权起作用的结果。

假如国王没有听到两个侍卫的聊天,或者听到聊天内容后并没有采取任何行动,那么两个侍卫中的任何一个都得不到赏赐。不管是靠国王的赏赐还是靠命运,都只是不同的说法,结局并不能改变。由此看来,王权对历史的进展施加的影响还是非常巨大的。假如没有秦始皇、汉武帝、隋炀帝等等这些王权的所有者,中国古代历史就会改写。

王权对社会历史发展的影响是显而易见的,而且这种影响是多方面的。相对于社会历史,王权可能是一种推动力量,也可能是一种阻碍和倒退,这不但取决于王权所有者自身的能力,还取决于社会发展的环境和王权的运作方式。例如明朝崇祯皇帝,无论其个人多么励精图治,也无法改变明朝灭亡的命运,他无力回天,是因为整个王权运行机制已经无法满足社会发展的需求。

当然,王权并非是主导社会发展的唯一因素,王权参与历史进程,其作用和影响往往会受到社会发展环境的制约。王权的所有者可能是杰出人物,也可能是昏庸无能之人,因此王权对历史进展的影响也会因此而不同。顺应历史发展潮流的王权,对历史的发展起推动作用;反之,就会被历史的进程所淘汰,被新的权力形式所替代。

> **小知识:**
> **洪迈(1123~1202)**
> 南宋饶州鄱阳人,字景卢,号容斋,著名文学家。著有《容斋随笔》,这是关于历史、文学、哲学、艺术等方面的笔记,以考证、议论、记事为中心内容。书中既有宋代的典章制度,更有三代以来的一些历史事实、政治风云和文坛趣话,具有资料丰富、考证确切等特点,被《四库全书总目提要》推为南宋笔记小说之冠。

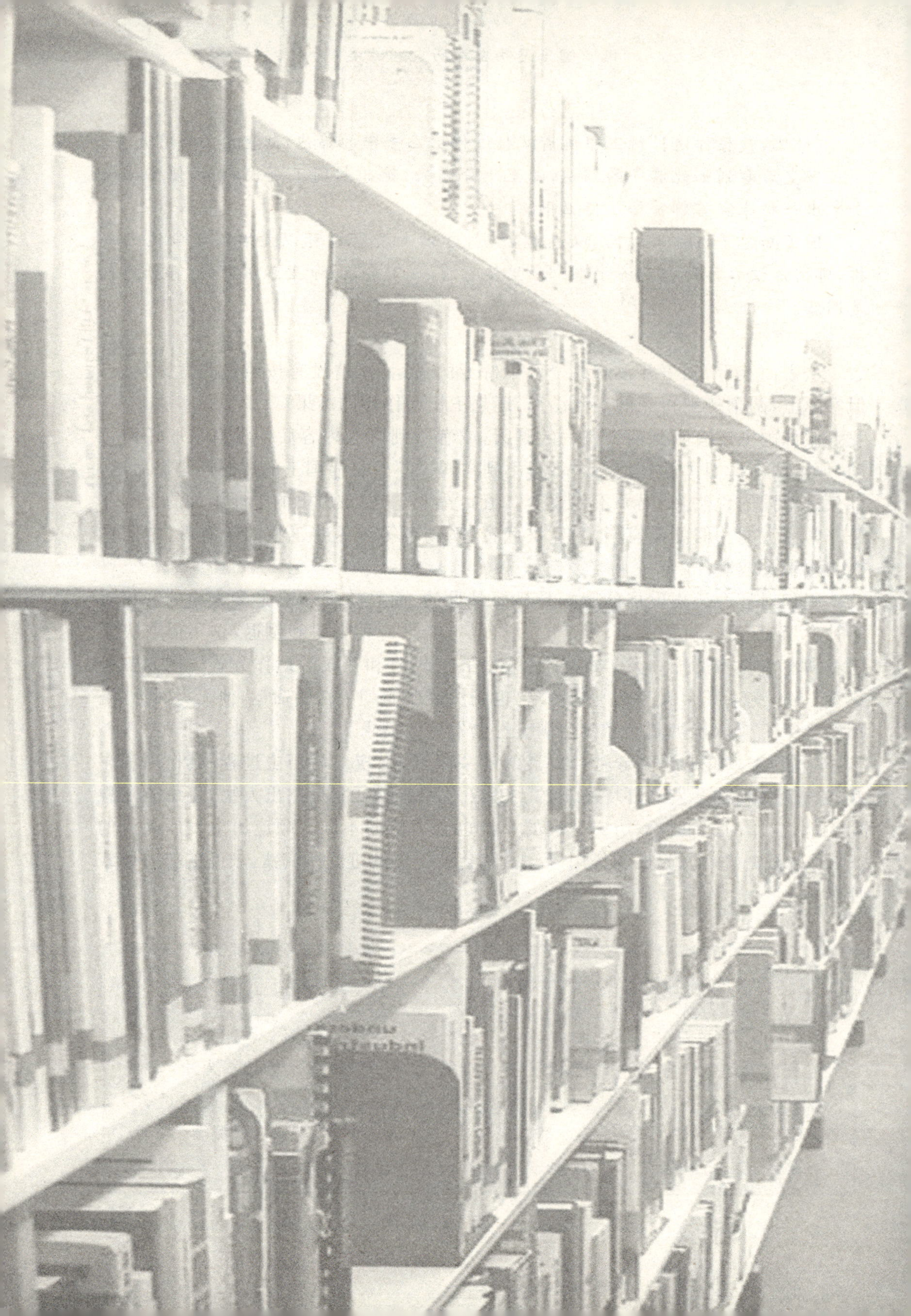

第二篇 历史学分类及内容

哭泣的蜉蝣如同史学也有自己的历史

> 史学史是史学自身发展的历史,包括史学发展的过程及其规律、史学与社会的关系、史学遗产、史学成果等一切构成史学内涵的要素。史学史既是按照史学自身规律发展的历史,也是史学适应社会发展需求的历史。

傍晚,一个猎人打猎归来,当他扛着猎物兴冲冲地经过一片水塘时,忽然听到隐约的哭泣声。他立刻停住了脚步,放下肩上的猎物,仔细查看水塘边,原来是一只蜉蝣在哭泣,而且哭得很伤心,一副悲痛欲绝的样子。他赶紧蹲下来询问蜉蝣:"你遇到什么伤心事了吗?为什么在这里哭泣?"

"是啊,我的太太今天上午死了,原来我们都是一起在水里游玩嬉戏,形影不离,现在她死了,我的下半生可怎么过呢?"

猎人听了蜉蝣哭泣的原因,就觉得非常可笑,他说:"你不过是一只蜉蝣,本来生命就很短,哪有什么上半生和下半生呢?再说现在已是黄昏了,你的生命也该结束了,你伤心与否又有什么意义呢?"

蜉蝣

蜉蝣听了猎人的话,说:"对于你们人类来说,也许你会觉得我的生命很短暂,可是对于我们来说,再短暂的生命也是一辈子。我的上半生有太太陪着,充满了幸福,下半生我孤独地生活,每天都在思念的煎熬中度过,况且我现在也已是暮年,想想我的命其实很苦。"

蜉蝣说着,就更加伤心了。猎人觉得蜉蝣的想法不可理喻,就丢下它远去了。

第二天，猎人上山打猎，再次经过那个水塘时，突然想起了昨晚哭泣的蜉蝣，他发现蜉蝣已经静静地死去了，尸体就躺在水塘边。猎人突然心生恻隐，心想，这世上的生命没有大小之分，只有珍惜与不珍惜之别。一个小小的蜉蝣，也会为悼念自己的爱妻而在悲伤中度过后半生，想起来真是令人感叹。一阵怜悯之情从猎人心里油然而生，临走时，他抓了一把土，掩埋了蜉蝣的尸体。

蜉蝣有自己的生命规律和生命历程。历史学与蜉蝣一样，也有自己的发展历史，那就是史学史。

史学史是史学自身发展的历史，包括史学发展的过程及其规律、史学与社会的关系、史学遗产、史学成果等一切构成史学内涵的要素。史学史的发展，一般表现在以下几个方面：历史学家和历史书籍所反映的历史观的发展；历史文献史料的累积和发展；历史编撰和历史文学的进程和成果；历史编纂方式方法的演进；历史学发展和社会发展的关系；修史和修史制度的演变等。

史学史属于人文科学范畴，史学观是对历史发展中各种决定因素的看法，史料的累积是认识历史重要的依据，历史的编纂则决定了人们对历史的认识程度，以及历史的全面性和准确性。历史的编纂方法的演变，使历史的编纂不断适应人们认识历史的需求。而历史学的发展，必然要置于社会的发展规律之中，史学史也是社会发展史的一部分。

人们通过对史学史的认识，能够不断增长历史的智能，通过对史学书籍和成果的学习，会不断增强对历史的形象认识，不断引起与历史经验的共鸣，进而对现实生活有指导和借鉴作用。

史学史研究的意义更在于能够唤起人们顺应历史发展规律，适应历史发展要求的自觉意识，对人们树立正确的人生观和价值观有着重要的推动作用。

史学史既是按照史学自身规律发展的历史，也是史学适应社会发展需求的历史。

小知识：

周去非（1135～1189）

南宋地理学家和地方史志学家，字直夫，永嘉（今浙江温州）人。撰《岭外代答》十卷，分地理、物产、土风、法制、边帅、财计等 20 门，共 294 条，记载了当时岭南的山川地貌、古迹文物、物产资源，以及少数民族的社会经济、生活习俗等情况，并附有南海诸国和大秦、木兰皮国等，是研究当地史地的重要文献。

司马迁撰《史记》促生纪传体通史

> 纪传体通史是司马迁发明并率先使用、以本记和列传为主体的史书写作体例。本纪按照时间顺序,记述帝王的生平以及重大事件,一般排列在全书的最前面。列传则主要是人物传记,是历史的横面展开部分。纪与传构成了一部历史的纵横立体画卷。

司马迁出生在太史世家。父亲去世以后,他遵从父亲的遗嘱,立志要写成一部能够"藏之名山,传之后人"的史书。

为了编写史书,司马迁如饥似渴地阅读皇家图书馆里的藏书、档案,整理和考证历史资料。当时的文字都刻在竹木简上或写在丝绢上,有时一部书就要堆满一间屋子,读书很辛苦。他在41岁那年,开始着手写《史记》。

天汉二年(公元前99年),正当司马迁全身心地撰写《史记》之时,却因李陵事件而遭宫刑。

这年夏天,"飞将军"李广的孙子李陵带领步卒五千人出居延,孤军深入浚稽山,不幸与匈奴的单于遭遇。匈奴八万骑兵迎战李陵。经过八昼夜的浴血奋战,已有一万多匈奴兵士死于李陵手下。可是后来由于增援部队没有及时跟上,李陵的队伍弹尽粮绝,李陵在突围时不幸成了匈奴的俘虏。

汉武帝得知李陵兵败投降的消息之后,立刻火冒三丈,在朝堂之上当着众臣痛斥李陵的背叛:"我原以为他会奋勇杀敌,誓死不屈,没想到他竟然是个软骨头,我真是看走了眼,枉把这个叛徒当英雄,还委以重任!"

众臣听了,有的不敢言语,有的趋炎附势顺着汉武帝的话说:"这样的人,根本就不配领兵打仗,真是辜负了陛下对他的信任。"

"飞将军"李广画像

当时司马迁也在场,汉武帝就问道:"爱卿,你对这件事情怎么看?"

"陛下,恕我直言,李陵率领五千步兵,深入匈奴腹地,孤军奋战,杀伤了许多敌人,立下了赫赫战功。在救兵不至、弹尽粮绝、走投无路的情况下,仍然奋勇杀敌,就是古代名将也不过如此。我想他现在归降匈奴不过是权宜之计,待时机成熟,一定会东山再起回报朝廷的。"

听了司马迁的话,汉武帝心里很不舒服,他认为司马迁在有意渲染李陵的功绩,同时贬低劳师远征、战败而归的李广利,而李广利恰好是皇后李夫人的哥哥。汉武帝当即大怒:"司马迁,你的话太离谱了,那李陵已经归降了匈奴,你还在为他辩护,简直是有意歪曲事实!来人,将司马迁打入大牢!"

司马迁被关进监狱以后,案子落到了酷吏杜周手中。杜周严刑审讯司马迁,但司马迁始终不屈服,也不认罪。

不久,又有流言说李陵在匈奴操练兵马,准备攻打汉室,汉武帝一怒之下斩了李陵一家老小,司马迁自然也因此受到牵连,被判处死刑。

汉朝律法上有一条规定,凡是被判死刑的人,有两种方法可以免于一死:一是拿五十万钱赎罪,二是受"腐刑"。司马迁官小家贫,当然拿不出这么多钱赎罪。腐刑既摧残人体和精神,又极大侮辱人格。可是为了完成自己的平生所愿,司马迁决定忍辱负重,选择了腐刑。面对最残酷的刑罚,他痛苦到了极点,但此时只有一个信念,那就是一定要活下去,一定要把《史记》写完!

汉武帝征和二年(公元前91年),忍受着酷刑的折磨和耻辱的司马迁终于完成了史学巨著《史记》。

纪传体通史是司马迁发明并率先使用的一种史书写作的编撰方法,是以本记和列传为主体的史书体例。"纪传"就是"本纪"和"列传"的简称,顾名思义,纪传体就是以本纪和列传为主体的一种撰史体例。

本纪按照时间顺序,记述帝王的生平以及重大事件,是所撰历史的主体顺序和脉络,是历史纵向的轴线,一般排列在全书的最前面。列传则主要是人物传记,是历史的横面展开部分。纪与传构成了一部历史的纵横立体画卷。

为了对历史的记述更全面和更丰满,除了纪和传的纵横线索外,还包括一些补充部分,如"表"、"书"、"世家"等。表是用表格的形式,按照时间顺序,简明扼要地谱列重要的人物和事件。书专门记载各种典章制度,每一篇书都是一部简洁的专史。世家是对本纪的补充,主要记载子孙世袭的王侯封国的历史。

纪传体通史,在时空的经纬上立体展开,纵横交错,全面反映社会的各个方面的状况,包括政治、经济、军事、文化、民风民俗等,涵盖农业、商业、手工业等各个生活领域，书写了帝王、贵族、官吏、将士、学者、游侠等各种人物，是一部社会综合画卷。

纪传体通史这种体例，是司马迁伟大的发明，《史记》是第一部纪传体通史。这种体裁的优点是可以有条理地记载历史，但也有其局限性，以帝王为主线的历史，深深打上了儒家思想道德的痕迹，突出了帝王的特殊性，这就造成了所述历史的片面性，弱化了促进历史发展的其他因素。

小知识：

范晔（398～445）

字蔚宗，南朝宋顺阳（今河南淅川东）人。宋文帝元嘉九年（432年），范晔因为"左迁宣城太守，不得志，乃删众家《后汉书》为一家之作"，开始撰写《后汉书》，至元嘉二十二年（445年）以谋反罪被杀止，写成了十纪，八十列传。原计划作的十志，未及完成。今本《后汉书》中的八志三十卷，是南朝梁刘昭从司马彪的《续汉书》中抽出来补进去的。

第一才女班昭完成首部中国断代史

> 断代史，是一种以朝代为断限的史书，主要特征是只记录叙述某一个朝代或某一个时期的历史。二十四史中，除了《史记》，其他均为断代史。《汉书》是中国古代第一部断代史，班固父子开创了断代史的先河。

班昭之所以博学多才，与她出生在声名显赫的文学世家有着密不可分的关系：父亲班彪是著名的史学家，大哥班固是《汉书》的作者之一，二哥班超是贯通丝绸之路的功臣。

班昭14岁时，嫁给曹世叔。因为二人兴趣相投，所以婚后感情一直很好。可是好日子没过几年，就在爱子刚出生不久，班昭的丈夫就因病去世了，留下班昭孤身一人照顾儿子的生活。

早在丈夫在世的时候，班昭就一直参与编写《汉书》，帮助哥哥查找资料，分析研究历史事件。丈夫去世以后，班昭便没有再嫁，她把全部的心思都用在了编写《汉书》上。这本书最早是父亲班彪开始编撰的，父亲的写作只完成了一部分就去世了，《汉书》便继续交由大哥班固编写。又过了几年，班固因为窦宪一案被牵扯进去，最后死在监狱里。至此，编写《汉书》的重任全都落在班昭一个人身上。

虽然父亲和哥哥都去世了，但是班昭依然把《汉书》编写得很精彩，也很完整。她在皇家藏书馆又将父亲和哥哥完成的部分做了整理和分类，并且又做了补写和修订。经过了多年的呕心沥血，一部伟大的史书——《汉书》在班昭的努力下终于问世了。

班昭编著的《汉书》得到了汉和帝的赏识，为了让自己身边的女人也都具备班昭

《女孝经图》（局部）

一样的才学,他特意下令把班昭请进宫,给皇后和妃子们当老师。

因为班昭很早就失去了丈夫,所以她更加规范自己的言行,同时也为了让班家的女儿们将来嫁到夫家都恭良贤慧、恪守妇道,她还编写了《女诫》一书。在这本书中,她仔细讲解了作为女人一生从各个角度都要谨记的几个方面,包括卑微、夫妇、敬慎、妇行、专心、曲从以及叔妹等。在完成这本书时,她已年逾古稀。后来这本书被很多家有女儿的人抄去,作以女训,所以这本书里的很多内容也就在全国流传开来。

以班彪开始,班固主撰,班昭补充完善,经过班家两代三人的努力,最后才得完成的《汉书》开创了断代史的先河。

所谓断代史,是一种以朝代为断限的史书,主要特征是只记录叙述某一个朝代或某一个时期的历史。二十四史中,除了《史记》,其他均为断代史。

《汉书》自问世以后,立即成了正史的榜样,历代正史都采用这种体例进行撰写。当然,纪传体、编年体、国别体,只要以朝代或某个时期为断限的,也都属于断代史范围。实际上,同一史书按照不同的标准,也会归入不同的体例,例如《三国志》,既属于纪传体,又属于断代史,同时还属于国别体。

以《汉书》为例,从汉高祖元年开始记事,截止到王莽地皇四年,共229年的历史,是贯穿整个西汉的史书。全书共有十二篇纪,七十篇传,另外还有八篇表和十二篇志,总计一百篇,八十余万字,体裁采用纪传体,体例为断代史。

《汉书》在继承司马迁《史记》纪传体的基础上,又进行了大胆的创新,把"世家"一项并入"列传",把"书"改为"志"。这样就使纪传体这一体裁更加简洁实用,内容涵盖更加广泛,为后代史书撰写提供了完善的体例和样本。

断代史的优势是能够比较全面地记载一个朝代或一个时期的历史重大事件,使人们能够清晰地了解一个朝代或时期的发展脉络和兴衰演变,更准确地把握一个朝代或一个时期的社会全貌,为现代生活提供更好的借鉴。

小知识:

班昭(约49~117)

字惠班,扶风安陵(今陕西咸阳)人,东汉文学家,我国第一个女历史学家。她是班彪之女,班固与班超之妹,曹世叔之妻。金星上有以班昭名字命名的陨石坑。她对后世影响深远的是她所写的《女诫》一书。《汉书》,穷班家两世三人之力,最后在班昭的努力下整理完成。

吕不韦一字千金表明了文学与史学的密切关联

> 自古文史不分家,史学和文学同宗同源。人类早期,关于历史的叙述本身又都是文学作品,后来史官所撰史书,也深深刻上了文学的印记,直到汉代以后,史学和文学的分野才逐渐明晰起来。古代史官都学贯文史,既修史书,也进行文学创作。

商人做任何事情都追求利益最大化,吕不韦也不例外,他周游各国就是为了寻求一种更值钱的东西,让自己依然阔绰的家中再多座金山。

不得不说,上天对吕不韦是相当眷顾的:他刚游历到赵国,就寻到这样一个奢侈品,只不过这个奢侈品不是物品,而是一个人。

那是冬季里阳光灿烂的一天,吕不韦正在街上闲逛,突然在人群中看到一个年轻公子,他身着旧衣,却显示出与众不同的贵族气质。

吕不韦拉住身边的小贩问:"那公子是谁?"

"他啊?异人啊。秦国留在赵国的人质。秦国昭襄王的孙子,秦国太子安国君的儿子。"小贩不以为然地说。

当时的秦国,太子安国君有20多个儿子,但正室华阳夫人却没有子嗣。异人是安国君的侍妾夏姬所生。夏姬并不受宠,所以当赵国想要一个王族作为人质时,安国君就把这个儿子给推了出来。而异人是个倒霉鬼,自从他到达赵国邯郸后,秦国就一直找理由进攻赵国。赵王迁怒异人,连最起码的礼仪也不顾了,对他愈发刻薄,不仅没有人伺候,连衣物、食物方面都是一直怠慢着,异人在赵国的日子过得很郁闷。

吕不韦听完小贩的话,哈哈大笑:"此乃奇货可居也!"

回到家中,吕不韦问父亲:"如果选择种地赚钱,能有多少利?"

"十倍。"

"如果是贩卖珠宝呢?"

"一百倍。"

"如果我把一个不得意的公子培养成一国之君,能获多少利?"

父亲若有所思地看着吕不韦:"那可就是不计其数了。"

"我遇到这个机会了,准备把异人捧上秦国的王位。"

说做就做,吕不韦不惜重金资助异人,并在秦国太子安国君夫人面前尽说诸如异人面有王者之相的话语,极力怂恿夫人把他收为子嗣。

不久,吕不韦和异人便设计逃回了秦国,当时安国君已被立为孝文王,异人自然就成了当朝太子。

第二年,异人便继承皇位,为了感谢吕不韦的恩德,便把他立为丞相。到了秦始皇嬴政即位的初期,吕不韦的地位更是一人之下,万人之上。

一个商人突然成了高高在上的丞相,这令很多大臣心里都不舒服,他们根本不相信吕不韦的为人,更不相信他的才干,经常私下议论。

有人说:"无商不奸,一个商人出身的人怎么能做丞相呢?"

还有人说:"论学识论才干,比他强的人多了,还不是秦王为了感激他,才封他为丞相的。"

从大臣的言谈举止中,吕不韦看出他们对自己的轻视。可是如何才能提高自己的威信,让众人信服呢?

一天,吕不韦召集门客来商议此事,门客们七嘴八舌地出着主意,有的说:"不如带兵去打仗,灭掉几个国家,自然没人再小看您了。"

可是这个主意立刻被否定了,出征可不是闹着玩的,劳民伤财不说,弄不好还会命丧沙场,这个办法不可取。

又有人说:"孔子因一本《春秋》而名噪天下,不如你也写本书,一来可以立威,二来可以流芳后世,一举两得。"

吕不韦觉得这个主意不错,随即便组织门客开始编写,很快,一部著作就完成了,他们把这本书叫做《吕氏春秋》。

吕不韦对自己的才学很有自信,便命令门客把这部《吕氏春秋》的内容全部抄在城门上,并贴告示说,不管是谁,如能修改文章中的一个字,便当场赏黄金千两。此举的意思是昭告天下人,自己的学问无人可比。

果不其然,告示贴出了很长时间,都没有人改动一个字,这不仅是文章写得好,还有一点,那就是吕不韦位居高位,人们都不敢冒犯他。所以,世上便留下了"一字千金"的佳话。

吕不韦千金求一字,既是历史,也是文学。自古文史不分家,从孔子的《春秋》到司马迁的《史记》,直到《汉书》、《后汉书》,仍然历史和文学不分,一般的史家和史官,又都是文学家。有人说,历史学前进一步就是哲学,后退一步就是文学。可见,历史学和文学的关系,错综复杂,不易分清。

史学和文学同宗同源,人类早期,关于历史的叙述本身又都是文学作品,后来史官所撰史书,也深深刻上了文学的印记,直到汉代以后,史学和文学的分野才逐渐明晰起来。但即便如此,史学和文学也并非完全割裂,双方的关系仍然处于非常紧密的状态。

古代一般的史官都学贯文史,既修史书,也进行文学创作。文学中有历史,历史中有文学,文史互相影响,互相促进,共同发展,是文史关系的主脉。

秦始皇嬴政的画像

文学对史学的影响首先表现在史书的语言方面。虽然史书的内容均为史料,但因其需要文字叙述,不仅要求其准确性,还要求生动,这就为文学提供了用武之地。同时,很多文学作品均以史书内容为素材背景,这就使历史和文学成为互相依存、互相补充的同一事物的两个方面。例如《三国志》是历史,《三国演义》就是文学,双方既相互关联,又互相区别。

史学一般都具有文学的特质,孔子《春秋》的微言大义,司马迁《史记》的"无韵离骚",无不是其文学性的表现。孔子曾说:"质胜文则野,文胜质则史。"这说得很明白,一部好的史书,是不能离开文学性的,当然,如果史书太过文学化,也会失去其真实性。

> **小知识:**
>
> **赵汝适(1170~1231)**
>
> 字伯可,宋太宗八世孙。他在史学上最大的贡献,就是在福建路市舶司兼权泉州市舶使任上所撰著的《诸蕃志》。这是一部专门记述当时我国与海外各国贸易、交通等方面的著述,是《宋史·外国传》的主要底本。《四库全书总目提出要》称其"叙述详核,为史家所据"。

沈佺期被奉为"台湾医祖"
看出杂史弥补正史之憾

> 杂史起源于隋代，是一种史书的撰写体例，区别于纪传体、编年体和纪事本末体。它是中国古代由私人撰写，或记载一事始末，或记载一事见闻，或是一家私记的一种史书。大多带有历史掌故的性质，是正史的重要补充。

1641年，郑成功率兵收复台湾。郑成功的队伍里有一位年迈的长者叫沈佺期。沈佺期生长在医药世家，从小随父亲上山采药，耳濡目染，能识得各种草药以及功用，常见的病都会医治。

大军刚进驻台湾，众将士便因水土不服发生严重的痢疾。为了让将士们早日痊愈，沈佺期一连几日上山采药，并亲自配制药材，很快便治好了将士们的病。

痊愈的将士们投入激烈的战斗，赶走了荷兰殖民者，但是本地仍有荷兰人的余孽。荷兰人在暗地里散布流言，说郑成功此行的目的是抢占台湾，台湾地区人民将面临更为悲惨的命运。很多人听信谣言，便有意进行阻扰。

一次，沈佺期带领几名士兵上山采药，途中遇到一些高山族人，他们一见到郑成功的士兵，便出言不逊。士兵们觉得这些人不可理喻，刚想动武，却被沈佺期制止："我们初到此地，凡事万不可轻举妄动，红毛鬼虽然被我们赶跑了，但是仍有一些传教士在散布谣言，说我们烧杀抢掠、无恶不作。如果我们对当地百姓动手，无疑中了他们的圈套，所以我们眼下最关键的是要以德待人，取得民心。"

沈佺期带领士兵下山后，便将途中遇到的事情禀告郑成功。为了安抚民心，第二天，郑成功便带着沈佺期和几位随从来到高山族的村舍。高山族人以为郑成功是来索要财宝的，便向他们献上丝帛珠宝等礼品以及不同颜色的沙土，以示进贡。

沈佺期代表郑成功前去接受礼物，可是他并没有收下那些贵重的礼品，只留下了各色的沙土。对于沈佺期的举动，郑成功欣然赞许道："国家社稷，赖以土存，沈老先生的做法，也正合我意。"

众人对郑成功以及他手下人的做法大为感叹，心里慢慢消除了顾虑与误会。

正在谈论期间，高山族的一个随从上前跟首长耳语了一番，首长听后脸色一沉，便慌忙离开。众人不知发生何事，一再询问，才得知是首长的孩子得了重病。

于是，郑成功便派沈佺期前去探望医治。

沈佺期来到酋长的住地，看了看孩子的病情，便在山上采了几株治病的草药递给酋长。酋长见是山上随处可见的野草，以为沈佺期是骗子，便生气地把草药丢在一旁。沈佺期为了消除他们的顾虑，便弯腰拾起草药放进嘴里，咀嚼之后咽入肚中。他的行为感动了在场的人。人们相信了沈佺期的诚意，便给孩子服下了草药，很快孩子便从昏迷中醒过来。一剂草药便救活了昏迷中的孩子，酋长夫人感动得热泪盈眶，跪在沈佺期面前不住地道谢。

从这以后，沈佺期几乎每天都忙于为百姓诊病就医。他觉得在台湾行医意义重大，便与郑成功商量，腾出更多时间救死扶伤。就这样，沈佺期经常在台湾的大街小巷、偏僻村社为百姓治病。他靠悬壶行医消除了民族间的猜忌和隔阂，深受高山族同胞的敬仰和爱戴，被称为"活神仙"。他在台湾生活二十多年，对台湾的医学有着深远的影响，台湾同胞把他奉为"台湾医祖"。

沈佺期的故事出现在杂史里，正史里并没有关于此事的记载。杂史起源于隋代，也是一种史书的撰写体例，区别于纪传体、编年体和纪事本末体。它是中国古代由私人撰写，或记载一事始末，或记载一事见闻，或是一家私记的一种史书，大多带有历史掌故的性质。

杂史包括小史、外史、家史、野史、逸史、稗史等，包罗万象，是一种比较自由和宽泛的史书体例。最早出现的杂史是《隋书·经籍志》。《四库全书总目·史部·杂史类叙》述其著录标准称："大抵取其事系庙堂，语关军国，或但具一事之始末，非一代之全编；或但述一时之见闻，祇一家之私记。"意思是，杂史的内容取材，事关国家军政大事，但只是一件事情的始末，并非一个时代的全编；或者只是记述一时的见闻，属于私人的一家私记。主要是遗闻旧事，用来保存掌故，以备考证之用，让读史书的人作为参考的数据。

由此可以看出，杂史不属于正史，是正史的重要补充，而且杂史的内容并不一定完全是历史上真正发生的事情，带有掌故见闻性质。但杂史，可以弥补史官所撰史书的疏漏和不足，了解正史春秋笔法隐含的事实真相。

小知识：

马端临（约 1254～1323）

我国古代宋元之际著名的历史学家，字贵舆，号竹洲，饶州乐平（今江西省乐平市）人。他所著的《文献通考》总计 348 卷，记载了上起三代，下终南宋宁宗嘉定末年（1224 年）的典章制度。所载宋制尤详，多为《宋史》各志所未备。《文献通考》为三通之一，具有重要参考价值。另外，还著有《大学集注》、《多识录》。

差点淹死在脸盆里的英雄登上另类历史舞台

> 另类历史通常有一定的历史依据,所以具有一定的历史性和历史价值,是对正统历史的补充。像传奇、传说、话本、演义这些另类历史形式,由于反映的历史内容不同,特点也有所不同。

赫德森是英国历史上一位极具传奇色彩的人物,关于他的丰功伟绩和浪漫的爱情故事在当时的绘画以及文学作品里都有很精彩的描述。

赫德森9岁时就被招进白金汉宫做侍者,后来因为工作很出色,成为汉普顿宫廷委员会委员,直接侍奉国王和王后。两年后,他被调入外交部,自此,他充满传奇色彩的人生旅途便拉开了序幕。他第一次出访的是法国,他们的船队在行驶到敦刻尔克时遇上海盗,为了保护全体船员,在与海盗的斗争中,赫德森沉着应战,机智过人,最后带领全体船员脱离了险境。而后,他又跟随沃里克伯爵和北安普顿伯爵去了荷兰,在支持荷兰反抗西班牙的战斗中表现得尤为出色。很快,他的功绩就传回了英国,名气随之大增。为了鼓励和奖赏赫德森,英王在他回国后立刻就把他封为爵士。

小小年纪屡建奇功,而且又被封爵士,惹得很多皇室女子对他倾慕有加。无论走到哪里,都有人围上来听他讲述那些神奇的历险记,而他也愿意把自己的故事讲给那些女孩子听。那时很多人都把他当作英雄来崇拜,女孩子甚至暗地里为他争风吃醋,一时间有关赫德森的风流韵事在宫廷里传得沸沸扬扬。

查理一世当政的时候,赫德森的职务是皇家卫队的队长。在查理一世与清教徒作战失败,被清教徒送上断头台时,为了履行自己的职责,他带着王后逃至法国。

从那时起,直到生命的最后一刻,赫德森爵士经历了一连串令人炫目的罗曼史。他曾无数次与人决斗,曾被诬告而锒铛入狱,随后逃脱。赫德森几乎周游了全世界,无数次和海盗搏斗。

谁都很难相信,这位英王查理一世手下最有影响力的骑士,身高却只有四十六公分!可是对他来说,找不到工作,是空穴来风;娶不上妻子,是无稽之谈;遭人歧视,更是天方夜谭。但这位传奇人物躲过了战场上的枪林弹雨,躲过了官场上的明

差点淹死在脸盆的英雄登上另类历史舞台

枪暗箭,躲过了情敌的妒火,却差一点掉进脸盆里爬不出来。有一次,他在洗脸时,由于疏忽大意,差点被淹死在特制的脸盆中。

赫德森39岁时回到自己的故乡。那时他觉得自己身心都有些疲惫,便在家乡过起无忧无虑的田园生活。然而刀光剑影一辈子的赫德森,又耐不住田园生活的枯燥与乏味,在1679年,61岁的赫德森爵士便又重操旧业,悄悄加入了国王的秘密军队。

如今在牛津的博物馆里,还陈列着赫德森生前所用的遗物以及他的雕像。正是因其另类,才成就了他的传奇。

虽然历史上赫德森确有其人,但是关于他的故事却具有传奇演义的性质。通常,人们把传奇、演义的历史故事,称为另类历史,包括传奇、传说、讲史、话本、演义等多种形式。

另类历史通常有一定的历史依据,所以具有一定的历史性和历史价值,是对正统历史的补充。像传奇、传说、话本、演义这些另类历史形式,由于反映的历史内容不同,特点上也有所不同。

传说一般都是由神话演变而来,是口头相传下来的上古故事。传奇主要讲述个人或者团体的历史或者传说,大多数有长篇连续的英雄故事,内容复杂、情节曲折,但又不是特别离奇的一种讲故事的方式。传说和传奇,都是历史的一种折射,从中可以发现很多历史的线索和背景数据。

讲史、话本、演义一脉相承,都是据史传加以敷衍,讲述历代兴废和战争的历史故事。讲史就是专门说历史故事;话本是民间艺人说唱历史故事所依据的底本;演义在讲史、话本的基础上发展而来,同样是说书人演说历史故事所依据的底本,后来演化成一种小说形式。讲史、话本和演义,都是用通俗文字写成,浅显易懂,便于说唱。民间艺人和小说家常常利用这种形式表达对历史的不同理解和认识。

由于另类历史依据史传内容敷衍成文,又不拘泥于史传的事实限制,偏重故事性和生动性,行文浅显明了,通俗易懂,深受人们的欢迎,从而成为人们了解历史的一种喜闻乐见的方式。

小知识:

顾炎武(1613~1682)

原名绛,字忠清,明亡后改名炎武,字宁人,亦自号蒋山佣,尊称为亭林先生,苏州府昆山县(今江苏昆山)人。明末清初著名的思想家、史学家、语言学家。曾参加抗清斗争,后来致力于学术研究。著有《日知录》、《音学五书》等。

61

最美的女人无法在
科技史上绽放光谱

> 科技史从属于历史,但由于科技对象常常是自然界的客观事物,所以容易被误以为是自然史。同时,科技的主体又是人类的活动,因而又被归入社会史。科技史伴随着人类的文明史而产生,是全部人类文明史的轴心和支撑。

在上个世纪30年代,影城好莱坞曾出现过一位以绝世美貌著称的女演员,叫海迪·拉马尔。

海迪·拉马尔出生在奥地利首都维也纳。浪漫的音乐之都赋予她独特的艺术涵养和高贵的气质,从小时候起,海迪·拉马尔就梦想做演员。1933年,她被一个导演发现,开始在影视圈崭露头角。在一部叫做《狂喜》的影片中,她饰演一位背叛丈夫而与情人通奸的女子。为了把剧中人物刻画得生动逼真,她按照导演的意思,与情人跑进树林,做了十分钟的全裸表演。海迪·拉马尔在此剧中初步展露她的才华,使人们几乎在一夜之间就记住这位美丽的女人。

从此,片约接踵而来。在数年的演艺生涯中,海迪·拉马尔非常注意提高自己的演技,使得她饰演的每一个人物都让人回味无穷。因而她赢得了无数影迷的崇拜。

由于出众的美貌,人们轻易记住的不是她的演技,而是她的容貌。在制片公司发布的电影海报上,海迪·拉马尔的巨幅照片旁边对她的介绍总是"世界上最漂亮的女人",即便是在很多公众场合,她被人频频夸赞的也是美丽的容颜而不是出色的演技。这让海迪·拉马尔很苦闷,她不想让人们只是记住自己的相貌,而是希望人们能够记住她刻画的那些人物,从而在演技上更深层地认识她、承认她。海迪·拉马尔曾回忆说:"我当时是好莱坞片酬最高的演员,但我是'艰难的',每到一处男人们都对我的美貌肃然起敬,但他们对我这个人本身没有任何兴趣。"回顾拉

美国好莱坞传奇影星海迪·拉马尔被誉为"世界上最漂亮的女人"

马尔的演艺生涯,不少影评家认为,她的天分和演技实际上被"浪费了"。

其实,海迪·拉马尔是一个充满智慧的女人,除了具备表演的才能之外,她更多的天赋表现在科学发明上。第二次世界大战开始的时候,她和朋友一起合作发明"秘密通信系统",这个系统不仅在军事上可以防止信息泄密,还可以干扰入侵的导弹。这个发明让当时美国军方很感兴趣,不过遗憾的是,由于系统的体积太大,美国军方不得不放弃。

不久,晶体管问世,海迪·拉马尔又与朋友尝试着把电子管换成晶体管,从而大大缩小了系统的体积。很快,她的新发明便被军方采用,并获得了美国电子科学基金会授予的荣誉奖章。

在海迪·拉马尔晚年的时候,一名《洛杉矶时报》的记者来家中采访她:"你一生得到了那么多美丽的光环,你的美丽简直无人可比,你演过的那些电影始终让人记忆犹新,你的事业做得如此成功,那么,你还有什么遗憾吗?"

"很简单,如果我不那么美丽,也许会有更多的人记住我。"说完,海迪·拉马尔深叹了一口气。

海迪·拉马尔由于长得漂亮而成为好莱坞影星,人们往往记住了她的美丽而忽略了她在科技领域的成就。拉马尔的遭遇并非个例,在古代历史中,科技史被自然史和社会史遮蔽是常有的事。它不是被错误地归结为自然史,就是被简单地划分为社会史。

科技史从属于历史,这是毫无疑问的事情,但由于科技对象常常是自然界的客观事物,所以容易被误以为是自然史。同时,科技的主体又是人类的活动,因而又被归入社会史。这两种误会,就像拉马尔的美貌一样,使科技史失去了应有的史学地位。

科技史伴随着人类的文明史而产生,是全部人类文明史的轴心和支撑。人类文明从石器时代开始就是一个科技不断进步的历史。从远古的青铜器到如今的计算机,无不是科技的产物。科技的演变,标志着人类文明发展的不同阶段和水平,所以,科技史也是构成人类历史的重要组成部分,甚至一般的历史只能成为人类文明史的背景而凸显科技史的作用。

科技史不仅扩展了人类的历史,同时还在创造和延展着历史学本身。毋庸置疑,造纸术、印刷术、影像技术、计算机、网络等科学技术的发展,极大地推动了历史学的发展。可以这样说,没有科技史,人类社会就只有历史而没有历史学。

科技史的目的旨在说明科学事实和科学思想的产生和发展,进而揭示科技对文明进步和人类精神世界变化所施加的影响和作用。从另一个角度来说,科技史也是历史自我熟悉的一种高级形式。它不仅关联着自然界的各种事物,也直接影响着人类历史的发展。

千两黄金救子不成
演绎复杂的中国经济史

> 中国经济史,就是关于中国经济发展的相关史学,属于社会科学的一个分支。研究对象是中国各个历史时期的社会经济形态发生、发展和演变过程,揭示经济发展的内在规律。中国经济史几乎由农业发展史所决定,农耕经济是其主流和根基。

范蠡离开勾践以后,便隐居在陶地经商。由于经商有道,他很快就富甲一方,被人称作陶朱公。陶朱公的二儿子因为杀人而被打入死牢,不日将斩首。陶朱公的妻子立刻哭着央求他无论如何也得把儿子救出来。

杀人偿命,天经地义,陶朱公觉得此事多问也无用,便不理会妻子的请求。无奈妻子以泪洗面天天纠缠,他实在拗不过,便准备了千两黄金,让小儿子去救哥哥。这时,大儿子有意见,主动要求前往。陶朱公不依,他就愤而要自杀。妻子劝道:"小儿子去也未必一定能救活老二,不如让老大去吧。现在他闹得要死要活,倘若真有不测,岂不是后悔莫及!"范蠡不得已,只好勉强同意。

临行前,他交给大儿子一封致老友庄生的信,严肃地叮咛道:"你去也可以,不过到了庄生那里,什么话也不要多说,你只管把钱和书信放下就可以了。"

到了庄生那里,大儿子按着父亲的意思,把钱和信交给了庄生。庄生看过信后,就对他说:"你立刻回家,沿途不管遇到谁,都别说你是来做什么的。如果你兄弟被放出来了,也别问其中的原因。"这个庄生虽然穷居陋巷,但以学问道德闻名,楚国上下都很尊敬他。庄生觐见楚王后,以星象对楚国不利应该实施仁义道德为由,劝楚王大赦天下,楚王认为庄生说得很有道理,便下令执行。

大儿子在回家的路上听说楚王下令大赦天下,十分后悔。他想,若早知道会大赦天下,何必白白地将千金送给庄生呢?想到这里,他急忙转回身向庄生家奔去。

庄生见陶朱公的大儿子又来了,便问道:"你还有什么事情吗?"

大儿子说:"听人说楚王将发布大赦令,那么我兄弟可以被释放了,故而特来告辞。"庄生情知他的用意是回黄金,便将黄金原封不动还给了他,陶朱公的大儿子喜滋滋地拿着钱走了。回到家后,父母问及此去的情况,他说:"我没花一分钱,就把事情给办妥了。"陶朱公听后,顿足捶胸道:"真是混账,你这样做非但救不了你的弟弟,反而害了他!"

原来,庄生为陶朱公大儿子的吝啬行为感到羞愧,他又去王宫找到楚王说:"陶朱公的二儿子因为杀人也被关在狱中,他的家人曾拿出重金贿赂大臣,众人都说陛下的这次大赦,是因为陶朱公儿子的缘故。"

楚王闻听此言,大怒道:"寡人怎么会因为陶朱公的儿子而大赦天下呢?"当即下令处死了陶朱公的儿子,随后才大赦天下。

噩耗传来,全家人自然伤心痛哭,范蠡却很镇定,他对妻子说:"我料定大儿子必然要害死自己的兄弟才回来的。他并非不爱兄弟,只因为从小随父母一起谋生计,知道做生意的辛苦,根本不舍得花钱;而小儿子则相反,从小锦衣玉食,见惯了富贵,根本不会疼惜钱财,反而能救他二哥的命,这就是我想让小儿子去的道理。"

陶朱公就是历史上大名鼎鼎的范蠡。范蠡不仅是一位大政治家,也是一位大商人,从他安排大儿子和小儿子救二儿子这件事,就已经看出当时的经济发展状况和人们的经济意识。这个故事不仅是政治故事,也是经济故事,属于经济史范畴。

中国经济史就是关于中国经济发展历史的相关史学,属于社会科学的一个分支,研究对象是中国各个历史时期的社会经济形态发生、发展和演变过程,揭示经济发展的内在规律。中国经济史有其自身特殊的规律,这与古代地理环境相对封闭、农耕文明又非常发达有关。所以,中国经济史几乎由农业发展史决定,农耕经济是其主流和根基。

由于农耕经济发达,人们重农轻商的思想非常严重,因此,很多经济史上的现象和事件,也多集中在农业方面,包括政府的农业政策演变、土地使用、人口增减、消费状况、农业生产力发展水平等众多内容,构成了中国经济史的主脉。

中国经济史只是中国史学的一部分,因此,研究中国经济史的方法,也是以史学基本方法为主。这就注定了中国经济史更多地是将过去的各种经济实践描述并展示给人们看,而缺少对经济发展观和经济发展内在规律的挖掘。

陶朱公的大儿子重经济而轻政治,重金钱而轻道德,最终导致营救自己弟弟的行动失败。这也间接说明,在当时的历史环境下,商品经济在社会中的地位并不高,还不能成为左右政治的主要力量。

林则徐搞笑英国人属于
文化差异的史学范畴

> 文化差异在历史中的表现是显而易见的，不同的文化，必然带来不同的史学。文化差异反应在史学上，其差异性是多方面的，无论是历史观，还是史学的内容、史学的方法，都存在着明显的不同。

18世纪初，英国人开始向中国输送鸦片。吸食鸦片的人越来越多，从王公贵族到平民百姓，吸食鸦片成风。鸦片吸食成瘾后，可引起体质严重衰弱及精神颓废，寿命也会缩短。对清朝政府来说，它的危害更加明显，直接导致大量的白银外流。为了遏止这一现象继续发展，1839年，林则徐作为钦差大臣被派往广东禁烟。

到任后没几天，洋人们就知道林则徐来禁烟的消息，便想找个机会把林则徐奚落一番。

这天，洋人们请林则徐吃饭，按照洋人的习惯上了一道甜点。这是一份冰淇淋，端到林则徐面前时，冒着气。林则徐以为是太热了，所以端起来小心翼翼地吹了几口，哪知吃到嘴里时，不仅不热，还透心凉。

洋人们在一旁被这一举动逗得哈哈大笑，林则徐立刻发现自己在洋人面前出丑了，他便把这次与洋人吃饭的经历记在心里。

过了一段时间，该林则徐回请洋人。为了报复洋人对自己的嘲笑，他特意安排厨子做了一道菜——老母鸡汤炖南豆腐。吃过这道菜的人都有被它烫到的经历，因为它上面覆盖着一层黄油，豆腐被闷在下面，热气散发不出来，而且从表面上看，这道菜并不是很热。洋人很兴奋，拿起勺子盛了一块豆腐就放进了嘴里，结果可想而知，豆腐入口即化，从嘴巴到咽喉，洋人被烫得龇牙咧嘴，咽不下去，又吐不出来，窘态百出。

而林则徐却在心里暗自冷笑，不过他嘴上却说：

林则徐是当时反抗外国侵略的一位杰出代表，又是清代"睁开眼看世界的第一人"。史学界称他为近代中国的第一人臣

"不好意思,这道菜很热,我忘了提醒你们。"

文化差异自然会带来历史的不同,也必然会带来史学的不同。林则徐吃冰淇淋要吹一吹的故事,直接反映了文化差异对人们行为的影响,进而影响到社会发展的不同。文化差异在历史中的表现是显而易见的,不同的文化必然带来不同的史学。

文化不是一个人的个体特征,就像林则徐对待冰淇淋一样,换成其他的国人也会有相同的反应。文化具有群体特征,它是指生活在共同的环境,有着相同的社会生活境遇、相同的社会经验,受过相同教育的群体所共有的一种心理程序。

不同的群体、不同的国家和地区的人们,由于社会环境、生活习俗、所受教育的不同,有着不同的社会存在形式和生活方式,从而导致思维习惯的不同和行为方式的不同。其构成的发展历史自然也就不同。

竹露煎茶松风挥麈
桐云读画蕉雨谭诗

林则徐墨宝

文化差异反映在史学上,其差异性是多方面的,无论是历史观,还是史学的内容、史学的方法,都存在着明显的不同。中国史学受儒家文化影响比较严重,正史多以帝王史为主线,以帝王的更替为主要的历史脉络和主体,其方法也是以纪传体为主。其他文化环境里的史学,多以国别史和断代史为主。

由于不同群体、国家和地区文化发展水平各不相同,史学的发展也不同,历史感和历史意识更是千差万别,所以对待不同文化背景的史学要有不同的角度和方法。

分析一个群体和国家的历史和未来现状,就要考察这个群体和国家的文化状况。离开了文化,无异于缘木求鱼,无法认清不同群体和国家的史学差异的本质。

小知识:

王鸣盛(1722～1797)

清史学家、经学家、考据学家,字凤喈,一字礼堂,别字西庄,晚号西沚居士,江苏嘉定(属今上海市)人。他以汉学考证方法治史,为"吴派"考据学大师。撰《十七史商榷》百卷,为传世之作。将上自《史记》,下迄五代各史中的纪、志、表、传相互考证,分清异同,互做补充,又参阅其他历史名著纠正谬误,对其中的地理、职官、典章制度均详为阐述,为清代史学名著之一。另著有《耕养斋诗文集》、《西沚居士集》等。

南澳岛上的海盗奉献独特的地方史

> 地方史就是对一个国家内某个地方、某个区域历史的记载和编纂,不属于正史,是对正史的补充部分,也叫地方志。它对该地区的自然地理风貌、社会发展状况、风俗民情等如实录入和记载,记载范围十分广博和庞杂,包括综合性志书和单项志书。

相传在南澳岛上藏有富可敌国的巨大宝藏。关于宝藏的传说从宋朝末年就已经开始在这里流传了,到了明代,又出现了海盗藏宝的说法。于是,一批又一批的寻宝者纷至沓来,在这个面积仅为100多平方公里的小岛上,演绎了一个又一个的寻宝传奇。

南澳岛

据《南澳志》记载,南宋小皇帝赵昺和他的弟弟太子赵昰被元军追赶,曾经在南澳岛躲藏了十五天,他们将大量的宝物藏在离太子楼几十米远的一堆巨石中,并在崖石刻上获取宝藏秘诀的文字,准备在日后留作光复国家之用。然而小皇帝在离开南澳岛后不久,就在元军的追杀之下投海自尽,宝藏也就成了千古之谜。日复一日,在岁月无情的侵蚀下,石崖上的文字变得面目全非。那么,石壁上的神秘文字是否像阿里巴巴的"芝麻开门"一样,能引领我们打开宝藏的大门呢?许多专家学者对这段摩崖石刻作出了种种猜测,他们有的认为那些石刻的文字"非诗非文","应为纤纬之言、扶乩之语"。就在专家学者对摩崖石刻争论不休的时候,另一个关于寻宝的谜语更是让他们绞尽脑汁。这就是"水涨淹不着,水涸淹三尺,箭三支,银三碟,金十八坛"。据说谁能破解这句谜语,谁就能找到海盗吴平的宝藏。

吴平是明朝嘉靖年间活跃在闽粤沿海最著名的海盗之一。他从倭寇劫掠起家,后来发展成一股强大的海上力量,势力一度发展到台湾和东南亚。传说他善于潜水,能潜泳七八千米。

由于吴平的势力越来越大,已经严重威胁到明朝的海防安全,朝廷终于决定开始对吴平进行清剿。明嘉靖四十四年(1565年)八月,明朝两位最伟大的军事家戚继光和俞大猷联合起来对龟缩在南澳岛的大海盗吴平进行毁灭性的打击,戚继光的背后突袭,使吴平全面溃败,不得不仓皇逃跑。

在临逃跑前,他匆匆将多年劫掠的大笔金银珠宝埋藏在南澳岛某个神秘的地方。藏宝时,吴平试探他的妹妹说:"如果山寨被剿,你是随我逃走还是留下来看守金银?"妹妹说:"还是留下来好。"于是吴平就将妹妹杀死并分尸和金银埋在一起。嘉靖四十五年四月,海盗吴平在安南万桥山被戚、俞所部歼灭。而宝藏的秘密也随着吴平深埋在地下,只留下一段充满玄机的歌谣:"水涨淹不着,水涸淹三尺。"

抗倭英雄戚继光

有人认为深澳湾就是吴平的藏宝之地,这里是当年海盗吴平训练水兵的地方。在现代扩建码头的时候,人们曾经在水下发现过吴平当时修建的海底石林。有的专家认为,宝藏极有可能藏在附近的海底。可是,探险队员们在水下搜索了好几天,却毫无所获。但有的专家依旧坚信岛上确实有宝藏,只是"水涨淹不着,水涸淹三尺"这句谜语前面还应该有两句话,由于失传了,所以后人就无法确定宝藏的位置。

在明清两朝,潮州是海盗纵横出没的乐土,著名的海盗除了吴平还有许朝光和林道干等人。他们无视朝廷的海禁,有时驰骋四海,通番贸易;有时占岛为王,攻城掠寨,成为叱咤风云的海上枭雄。他们极有可能将打劫来的财宝埋藏起来。

《台湾通史·卷一·开辟纪》有一段记载:"嘉靖四十二年(1563),海寇林道干遁入台湾,都督俞大猷追之……(干)以兵劫土番,役之若奴。土番愤,议杀之,道干知其谋,乃夜袭杀番,以血衅舟,埋巨金于打鼓山。"由此可见,海盗们一定将大批宝藏藏了起来。

多少年来,到南澳岛上寻宝的人不计其数,但都一无所获。虽然直到现在,人们仍无法解开南澳岛的藏宝之谜。但也正因为这个未解的藏宝之谜,给南澳岛美

69

丽的风光平添了几许神秘的色彩,吸引着人们更多探询的目光。

故事中关于南澳岛上海盗的记载,属于地方史的一种。一般情况下,人们常常把地方史叫做地方志,以区别以国家为整个编纂范围的正史。地方史就是对一个国家内某个地方、某个区域的历史的记载和编纂,不属于正史,是对正史的补充部分。

在中国古代,一般是不允许地方修史的,这种背景下,地方志则侧重于对一个地方的记载和记述,包括自然地理、人文地理和重大历史事件等。一部完善的地方志,就是一个地区的综合数据库,它对该地区的自然地理风貌、社会发展状况、风俗民情等如实录入和记载,记载范围十分广博和庞杂,所以从另一个角度说,它也完全可以算作地方的百科全书。

地方志起源于秦汉时期的郡书、地理书等,是现存最早的一部地方志,是唐代李吉甫于813年编著的《元和郡县图志》。这部书共计四十卷,以唐代的四十七个镇为纲领,详细记载了全国各州县的整体情况,包括区划沿革、地理风物、人口分布、经济税赋等内容。到了南宋以后,地方志开始大量增多,尤其以明清两代数量为最。

地方志在涵盖范围上伸缩性比较大,区域既可以是一个省、一个城镇,也可以跨越多个国家和地区,没有明显的界限划分。

地方志内容一般有两类:一类是综合性志书,记载的是区域内从自然到社会、从政治到经济、从文化到民情的历史,无所不包;一类内容比较单一,记述的空间和区域可能很广泛,但内容只记述某一方面,例如地理志、军事志、风俗志等。从记载的时间段来分,又可分为通志和断代志。

小知识:

李吉甫(758~814)

唐代地理学家、政治家、思想家,字弘宪,赵郡(今河北赵县)人。著有《元和国计簿》十卷(已佚),汇总全国方镇、府、州、县之数与户口、赋税、兵员之状况;《百司举要》一卷(已佚),阐述职官源流职掌;《元和郡县图志》为地理名著,深为后世学者所称道。

沙龙怀念母亲让人想到世界通史

> 随着科技和经济的发展,整个世界的历史已经成为一个无法割裂的统一整体。由此,产生了一部世界史,叫《世界通史》,也被称做《全球通史》。

　　1928年,沙龙出生在一个犹太人家庭,因为居住地附近有个沙龙山谷,所以父亲给他起名叫沙龙。沙龙从小就继承了父亲刚硬的性格和犹太民族特有的智慧,这为他以后的成长奠定了坚实的基础。

　　沙龙很小的时候,父亲交给他一个木棍,让他去看护果园,并告诉他说:"拿着这根棍子,如果有人敢闯进果园偷果子,无论大人还是小孩,一律用棍子打。"

　　沙龙谨记父亲的话,拿着棍子像威风凛凛的战士一样坚守在自己的岗位上,发现有入侵者,不论青红皂白便是一阵穷追猛打。从那时起,沙龙家的果园就没丢过果子。因为他手中经常拿着棍子,所以大家都管他叫"大棒小子"。沙龙对这个绰号很得意,父亲也对他的举动很赏识。

　　战争与风险贯穿着沙龙的整个生命,1945年,沙龙作为正式军官开始接受正规化训练。

　　第一次中东战争爆发的时候,他已经被提升为排长。一天,以色列司令接到密报说,阿富汗的突击队俘虏了两名以色列士兵,司令随即召开会议,商量营救的办法。最后大家商定,想办法偷袭阿军,捉住对方几名士兵,进行战俘交换。

　　可是阿军戒备森严,该从哪里下手呢?正在苦无良策之际,担任巡逻任务的沙龙得知此事,大声招呼几个士兵坐上了吉普车,扬扬手便风驰电掣般向阿军营冲去。飞驰的车轮扬起漫天黄沙,在黄沙的掩护下,吉普车一路闯过了阿军的封锁线。阿军士兵还没弄明白眼前到底发生了什么情况,沙龙和他的士兵就把两名呆若木鸡的阿军战士押上了吉普车。完成任务的沙龙旋即调转车头,飞驰而去,等阿军明白过来时,一切都晚了……

　　铁血英雄,戎马一生,但是也不缺乏柔情。1998年7月,沙龙应邀访问中国,在一块稻田边,他停住了脚步,深情地看着田里插秧的妇女。

随行人员悄声问他:"你在看什么?"

他说:"我在看那些插秧的女人,是她们使我想到了我的母亲。"

沙龙从以色列来到中国,跨越了国界,但并没有跨出世界。这个世界也有整体的历史,叫世界通史。

世界通史最有名的一部史书是《全球通史》,作者是美国历史学家斯塔夫里阿诺斯。全书分为《1500年前的世界》和《1500年以来的世界》两部。作者采用全新的史学观点和撰述方法,把整个世界看成一个相互关联、不可分割的有机统一体。站在全球的角度来观察和思考全球范围内各个地区人类文明的产生、发展和变化,把众多有重大影响的历史运动和事件放在整个人类的历史大环境和大背景里,挖掘它们彼此相互关联、相互影响的结果,从而反映局部与整体的对抗状况,以及相互之间的作用对整个世界发展的影响。

以色列总理沙龙在耶路撒冷老城的哭墙前若有所思

该书从人类起源写起,到上世纪70年代止,跨越数十万年时间,叙述内容包括政治、经济、军事、文化、教育、科技、宗教人口、种族、移民、道德、民俗、思想、观念等各个方面,几乎囊括了全球文明。作者以较大的篇幅叙述了第二次世界大战以来整个世界的历史,给人以强烈的现实感。

社会发展到今天,整个世界的历史已经成为一个无法割裂的统一整体,只有看清世界历史的全貌,把世界上发生的各种事件放在整体的框架里,才能揭示出局部和整体千丝万缕的联系和相互的作用,认清人类世界的发展规律。

小知识:

汪大渊(1311~?)

元代民间航海家。20岁起,从泉州搭乘商船出海远航,历经马六甲、印度、波斯、阿拉伯、埃及、地中海及澳洲各地,写出《岛夷志略》。这本书涉及220多个国家和地区,对研究元代中西交通和海道诸国历史、地理有重要的参考价值。

可汗横扫欧亚大陆谱写了蒙古民族史

> 民族一般指依靠历史、语言或种族而联系在一起的某个整体的人群,是经过历史长期发展而形成的稳固共同体。民族史就是关于一个民族的史学,包括族别史、发展史,以及民族的政治、经济、文化、民族关系等历史传承和沿革。

十字军远征东方失败后,欧洲也同样遭到蒙古人的侵扰,成吉思汗和他的子孙先后进行了三次大规模西征。

1219年,成吉思汗以花剌子模的守将杀害蒙古商队和使臣为由,亲自率领二十万骑兵,分四路进攻花剌子模诸城。为了切断花剌子模新旧二都之间的联系,使其首尾不能相顾,成吉思汗制订了"扫清边界,中间突破"的战略方针。在攻破讹答剌城后,成吉思汗为了给被杀的商队和使臣报仇,派人将融化了的银液灌在守将亦纳乞克的眼睛里。

面对蒙古人强大的攻势,花剌子模国王摩诃末一开始并没有将其放在眼里,认为他们只不过是一群野蛮的异教徒,骑着像兔子一样矮小的马,根本不堪一击。当

蒙古族盛行"密葬",所以真正的成吉思汗陵究竟在何处始终是个谜。现今坐落在内蒙鄂尔多斯市伊金霍洛旗甘德利草原上的成吉思汗陵乃是一座衣冠冢

他与哲别率领的蒙古先头部队遭遇的时候，才领略了蒙古人的战斗力。蒙古士兵骑术高明，行动迅速，武器装备除了弓箭以外，还会使用火炮和飞火枪等新式武器，打起仗来像狂风骤雨般迅猛。

初次交战，摩诃末就被吓破了胆，再也不敢主动出击，命令手下的将领坚守不出。当蒙古大军日益逼近都城时，他又第一个率众逃跑，从未组织过一次像样的抵抗。成吉思汗命令大将哲别、速不台要像猎犬一样咬住自己的猎物不放，即使其躲入山林、海岛，也要像疾风闪电般追上去。最后，躲入山林的秃儿罕王被迫投降，逃往海岛的摩诃末也悲惨地死去。

蒙古军在灭掉花剌子模国之后，继续西征。在迦勒迦河一带，他们在力量对比悬殊的情况下，采取各个击破的战法，大败突厥与俄罗斯联军，俄罗斯诸王公几乎全部被杀。

成吉思汗死后，更大规模的西征由他的孙子拔都继续进行。

从1235年起，拔都率领大军远征欧洲。蒙古大军在很短的时间里就占领了莫斯科、弗拉基米尔、乌克兰，蒙古人在莫斯科进行了野蛮的屠城，有二十七万的俄罗斯人死在屠刀之下。随后，蒙古军队又攻占波兰、捷克、匈牙利、奥地利和南斯拉夫。西里西亚王亨利二世集结的波兰、日耳曼和条顿骑士团的联军，也被打得大败。蒙古人一直打到了亚德里亚海边，已经遥望到意大利的威尼斯城。到1242年，半个欧洲的土地都被蒙古铁骑征服了。

蒙古军队入侵俄罗斯

1253年，托雷之子旭烈兀率军第三次西征，目标指向西亚。10月，旭烈兀率兵侵入伊朗西部,他的军队装备了大批石弩和火器以及一千名抛石机手,于次年六月抵达木剌夷国境内。1256年,蒙古兵攻破木剌夷都城,木剌夷国首领鲁克那丁和他的族人全部被杀。第二年冬天,旭烈兀指挥军队分兵三路围攻黑衣大食首都巴格达,中原的各种火药武器在战斗中发挥巨大的威力。黑衣大食的谟思塔辛哈里发被迫率众投降,蒙古军队在巴格达城中大掠七天,阿拔斯王朝灭亡。随后,蒙古军队进入叙利亚,直抵大马士革,势力深入到西南亚。由于蒙古军队被埃及军队打败,旭烈兀才停止了西进。

可汗西征是蒙古民族的西征,必将被写进蒙古民族史。民族史,是指某一民族的历史。民族一般指依靠历史、语言或种族而联系在一起的某个整体的人群,是经过历史长期发展而形成的稳固共同体。民族史就是关于一个民族的史学,包括族别史、发展史,以及民族的政治、经济、文化、民族关系等历史传承和沿革。

民族史是一个国家历史的有机组成部分,但民族史和国别史还有很大的区别。一个民族既可以在一个国家内,也可以在多个国家内,所以,民族史又具有其自身的特殊性。民族史主要包括民族的发源、地理分布、历史沿革、人口演变、政治制度、经济状况、宗教信仰、文化形态、风俗习惯,以及与其他民族的关系等。民族史一般是综合史,是关于一个民族的整体发展历史的规律记述,除此之外,它也包含地区民族史、断代民族史、族别通史和民族专史等。

由于民族的特殊性,民族史也有别于一般的国家史、地区史,其中民族矛盾、种族纠纷、宗教冲突,在民族史中往往占有很大的分量。

民族史的研究相对来说要复杂一些,民族在不断地融合、分裂,有的民族经常处于迁徙状态,其民族事务、民族文化也在不停地嬗变,加之有的民族跨国别和跨区域,也加大了民族史发展研究的难度。

小知识:

儒勒·米什莱(1798～1874)

19世纪法国著名历史学家,在近代历史研究领域中成绩卓越,被学术界称为"法国最早和最伟大的民族主义和浪漫主义历史学家"。著有《法国史》。他以文学风格的语言来撰写历史著作,令人读来兴趣盎然;他以历史学家的渊博来写作散文,情理交融,极尽其妙。

萧何进长安不要财宝要典籍，显示典籍户簿在历史学中的地位

> 典籍指法典、图籍、档案等各种文献，户簿是户籍管理的档案数据。典籍户簿均属于文字史料，是对史书的重要补充，双方互相印证，从而能更全面了解史书所记载的历史事实。

萧何作为中国历史上一个重要的人物而为人们所熟知，作为汉高祖刘邦身边重要的谋士，他帮助刘邦夺取了天下。

公元前206年，刘邦的汉军攻到了咸阳附近的武关。武关是中原进入咸阳的最艰险的一道屏障。刘邦采用张良的计策，命令曹参等将领各带部属在武关对面的山林沟壑遍插红旗，招摇呐喊，作为疑兵；又派郦食其携带金银财宝和好酒好肉去贿赂武关的将领。正当武关的秦军喝得酩酊大醉的时候，周勃率军偷偷地摸到关上，杀死守将，攻占了城池。随后，汉军来到了灞上。秦王子婴白马素车丧服，脖子上用素带挂着秦国皇帝的玉玺，手持符节，带着他的官员跪在道旁向刘邦投降。就这样，刘邦的军队兵不血刃进入了咸阳。

汉初第一功臣萧何

占领了咸阳以后，刘邦手下的将士被胜利冲昏了头，他们四处搜刮金银财宝、寻欢作乐，已经忘记了军规。只有萧何面对眼前的金钱和美女不为所动，他一心要寻找的却是秦朝的典籍、文书，以及档案等等。当其他的官员询问萧何原因的时候，萧何回答道："没有这些典籍户簿，何以掌握全国的地形、户口、物产等情况？不好好了解这些又何以为以后的战争奠定坚实的基础？"听了萧何的话，这些一心只为寻欢作乐的官员全都面带愧色。

最应该感谢萧何的就是汉王刘邦，他在占领咸阳不久就摸清了当时秦朝的山

萧何进长安不要财宝要典籍,显示典籍户簿在历史学中的地位

川要塞、各地区的生产和生活情况,为日后治理天下打下了坚实的基础。这些要是没有萧何对典籍户簿的整理和保存又何以能够知晓?可见萧何是很有预见性的,这也是萧何得到刘邦重用的一个重要原因。

杀进皇宫,别人抢财宝,唯独萧何收集秦政府的档案材料,这就为他后来出任宰相奠定了基础。

典籍指法典、图籍、档案等各种文献,户簿是户籍管理的档案数据,它们都是非常重要的史料。典籍自从文字发明后就开始存在,最初的典籍主要是记载法度条文,后来所涉内容日渐庞杂,包括各种档案数据、事件纪录等各种文献。

户簿是人口管理的产物,萌芽于殷商,西周时期创建了原始的人口登记办法,到了春秋时期,得到发展和完善,逐步成为一种人口登记和人口管理的制度。到了秦始皇时代,户簿登记管理已经成为立国之本,故而萧何宁可要典籍户簿也不要财宝。

明代画家刘俊所作的《汉殿论功图》,描绘的是汉高祖刘邦初立,功臣在殿上争功邀赏,致拔剑砍殿柱。叔孙通乃说高祖召鲁地诸生,规定朝仪,自此,高祖始知皇帝之尊

典籍户簿是非常重要的史料,是编撰史书的重要依据,典籍档案是各种事件的原始材料。户簿是各种人物的档案数据,为史书编撰,特别是人物纪传,直接提供准确的人物信息。同时,典籍户簿又是对史书的重要补充,双方互相印证,从而能更全面了解史书所记载的历史事实。

史料是编撰史书的主要依据,典籍户簿均属于文字史料,这些史料并不是史书,内容庞杂广博,全面详实,需要史书编撰者进行大量的筛选和取舍,是史书编撰的第一手数据,其价值不言而喻。

> **小知识:**
> **赵翼(1727~1814)**
> 字云崧,一字耘崧,号瓯北,晚号三半老人,江苏阳湖(今江苏省常州市)人。清朝文学家、史学家。长于史学,考据精赅。论诗主"独创"。所著有《廿二史札记》、《陔余丛考》、《瓯北诗钞》、《瓯北诗话》等。

77

骗马贼悔过是社会历史学的杰作

> 社会历史学是历史学的一个分支,重点观察普通民众在历史上的生存状态和社会活动,包括家庭、人口、婚姻、妇女儿童、宗教信仰、劳动生产、生活习俗等多方面内容。由于社会历史学涵盖范围广、内容庞杂繁复、具有较强的综合性等特点,它的研究方法更多是跨领域和跨学科的。

很久以前,伊拉克有个国王,名字叫做阿尔马蒙。他是一个非常喜欢马的人,在一次偶然的机会买到了一匹上等的马。

一天,当阿尔马蒙骑着马去游玩的时候,被一个叫奥玛的商人看到。商人一眼就看上了阿尔马蒙骑着的那一匹上等的马。于是,奥玛就提出要用十个金币来换,但是阿尔马蒙说,就是给他再多的钱也不会把这匹马卖掉。奥玛非常生气,最后他想用一个诡计把阿尔马蒙的千里马骗到手。

奥玛托人打听到阿尔马蒙每天独自遛马的路线,于是他就选择一个距离城门最远的、人迹罕至的地方,假装自己得了很重的病,然后躺在大路的旁边。果不其然,阿尔马蒙本来就是一个很善良的人,当他看到一个病重的人躺在马路边上的时候,立刻从马上跳了下来,想把这位病人带到城里诊治。这个时候,奥玛装作没有一丝力气的样子指了一下地上的包袱,阿尔马蒙就把那个包袱捡了起来系在马背上。奥玛又指了一下远处的一根木棍,阿尔马蒙以为那是这个人的拐杖,于是又跑了过去,想要把它捡起来。而当阿尔马蒙回过头来的时候,只见奥玛骑在马背上抓着缰绳想要掉头逃走。

阿尔马蒙这个时候才反应过来奥玛是骗他的,于是拼命在后面追。但是他怎么可能跑得过马呢?奥玛看到阿尔马蒙狼狈不堪的样子嘲笑他说:"你真是太不会动脑筋了,不但丢了千里马,而且连一分钱都没有拿到,你现在还有什么话要说吗?"

阿尔马蒙看了一眼得意洋洋的奥玛,说:"马可以给你,但是你得答应我一个要求。"阿尔马蒙气喘吁吁地说:"请你不要告诉别人你是用这种卑鄙的手段骗走了这匹马。"奥玛听了之后笑了笑,说:"国王也会害怕别人嘲笑吗?"

"不,我不是担心别人会嘲笑我被你给骗了,我是担心人们听了你说的这种手段之后就会怀疑路边看起来病重的人都是像你一样的骗子,而且说不定哪一天,你还会像今天一样躺在路边上,不一样的是你真的病重了,那时候就没有人能够像我今天一样好心地救你了。"

听了阿尔马蒙的一番话之后,奥玛没有说话,他直接拨转马头,走到阿尔马蒙的身边,然后从马背上跳下来,将马的缰绳交给了他,说:"你才是它真正的主人!"后来,阿尔马蒙把奥玛请到了他的皇宫里,并且像对待贵宾一样对待他。从此,两个人就成了很好的朋友,奥玛也成了伊拉克历史上一个著名的官员。

偷马贼奥玛和国王阿尔马蒙之间的故事即属于社会学问题,也被加载了历史,由此成为社会历史学上的一个有趣的事情。社会学和历史学自古就密不可分,后来,随着社会分工的加剧,社会学和历史学各自分化成一门独立的学科,而在历史学中,为此也出现一个新的分类——社会历史学。

中国传统史学中的纪传体史书侧重于政治史和重点人物的活动,很少有社会学内容的叙述。很多社会学范畴的事件常常依附于重点人物,只有个人没有群体,普通民众被排除在史学的叙述范围之外,使社会事件成为政治史和人物史的附庸。

社会对历史学的作用虽然常常被历史学忽略,但社会对历史学的影响还是很巨大的。从古到今,社会历史就不完全是帝王史,普通民众的生存状态,实际上是帝王史产生的土壤,是社会发展的主要动力。帝王政治史虽然构成了历史学的主线,但并不是历史的主体,为此,社会历史学的兴起,对研究社会、历史学有着非常巨大的作用。社会历史学是历史学的一个分支,重点观察普通民众在历史上的生存状态和社会活动,包括家庭、人口、婚姻、妇女儿童、宗教信仰、劳动生产、生活习俗等多方面内容。

由于社会历史学涵盖范围广、内容庞杂繁复、具有较强的综合性等特点,它的研究方法更多是跨领域和跨学科的。它常常要与政治史、经济史、人口史、民族史、心理学史等结合起来才能发挥其历史学功用。

小知识:

孔德(1798～1857)

法国实证主义哲学家、社会学家、西方社会学的创始人。他按照物理学的分类方法,将社会学分为社会动力学和社会静力学。著有《实证哲学教程》、《实证政治体系》、《主观的综合》等。

我思故我在的哲学与历史学渊源

哲学和历史学的关系密不可分,有什么样的哲学,就有什么样的历史学。哲学首先为历史学提供历史观,历史观决定了历史学的方向;其次哲学为历史学提供了方法论。而历史学则为哲学的发展提供了发生的经验和取舍史实的依据。

勒内·笛卡儿于1596年生于法国西部图兰省和布瓦杜省交界处的拉埃镇的一个绅士家庭,他父亲是布列塔尼省的参议员。他1岁时,母亲在生第五胎时不幸去世,他父亲又和一个布列塔尼省的女人结婚。由此,笛卡儿自幼失去了母爱和父亲的关怀,这也许是他生性孤僻的一个原因。

笛卡儿是欧洲近代资产阶级哲学的奠基人之一,黑格尔称他为"现代哲学之父"

笛卡儿从小就表现出异于常人的天赋。他善于思考,对许多事物都喜欢刨根问底,绝不盲目接受别人的观点,口齿伶俐的保姆经常被他问得张口结舌。

在8岁的时候,笛卡儿被父亲送到法国国王亨利四世创立并由耶稣会神父们经办的当时欧洲最有名的学校之一——拉夫赖公学学习。由于笛卡儿体质较弱,校长特许他如果觉得身体不适可以躺在房间里休息而不必去教室上课。但是他并没有偷懒睡觉,而是微闭双眼,大脑不停地回忆老师教过的和自己读到过的一些知识,并且提出疑问,然后用自己所掌握的知识来解答。在他的枕边总是堆放着一本本哲学、数学、天文学和历史的书籍,但他却对所学的东西颇感失望。因为在他看来,教科书中那些微妙的论证,其实不过是模棱两可甚至前后矛盾的理论,唯一能给自己安慰的只有数学。

1612年,笛卡儿到普瓦捷大学攻读法学,四年后获博士学位。在结束学业时,他暗下决心:不再死钻书本学问,而要向"世界这本大书"讨教。于是他投笔从戎,想借机游历欧洲,开阔眼界。

当时的西欧正处于封建社会制度开始崩溃、新兴资产阶级崛起的时代。近代科学得到了长足的发展,神学已经无法解释自然科学的成果,垄断整个中世纪思想的经院哲学已经成为令人厌恶的东西。所有这些都在笛卡儿身上产生了巨大的影响。

1625年,笛卡儿结束游历,开始了科学研究的生涯。他深知自己的思想在法国很容易被视为异端,便迁居到荷兰。他的著作几乎全是在荷兰写的,包括数学史上划时代的著作《几何学》,以及作为自传体散文在法国文学史上享有盛誉的哲学名著《方法论》。

在哲学上,笛卡儿强调科学的目的在于造福人类,使人成为自然界的主人和统治者。他反对经院哲学和神学,认为那是"虚伪的科学",主张重审知识,提出了怀疑一切的系统怀疑方法。但他又提出了"我思故我在"这一哲学命题,他认为,对任何事物都可以怀疑,唯独对"我在怀疑"不能怀疑,这说明有一个怀疑的我(即心灵)独立存在。他更进一步指出心灵与物质的相互差异:心灵能思维而不占空间;物质占空间而不思维;二者互不决定,互不派生。这就是笛卡儿二元论哲学的精髓。

正在给瑞典女王讲课的笛卡儿

1649年,瑞典女王邀请笛卡儿去讲哲学,笛卡儿希望借助王权的力量宣传自己的学说,同意前往。怎料斯德哥尔摩那一年的冬天奇冷,女王又偏偏要在清晨五点上课,这对于有晚起习惯的笛卡儿来说无疑是难以忍受的摧残。

1650年2月1日,他着凉感冒,随即转成肺炎,于2月11日不治身死。

笛卡儿的故事说明哲学和历史学密不可分的关系。哲学首先为历史学提供历史观，历史观决定了历史学的方向；其次为历史学提供了方法论。而历史学则为哲学的发展提供了发生的经验和取舍史实的依据。

史学家的历史观属于哲学范畴，有什么样的哲学，就有什么样的历史学。哲学和历史学同宗同源，人们记录历史也是在记录思想。记忆产生历史，理性产生哲学。古代史学家多数也是哲学家，例如老子、孔子、司马迁等。

哲学的一切活动，都是史学捕捉的对象。因为哲学是人类活动的内动力，任何重大事件的发生都有一定的哲学为其提供方向，史学要想客观准确地描述史实，必须对史实的哲学依据了如指掌。在哲学成为史学一部分的同时，哲学又为史学提供了历史观，历史学家决定采取什么样的态度、选取哪些史实、怎样进行史书撰写的思维都来自哲学的引导。

历史学家对历史的态度，并不是简单地找到历史曾发生的故事，而是采取批判的方法，加入自己的立场，从而发现支配各种历史事件发生的一般规律。而这一规律，又会上升到哲学的层面。

哲学是历史学家处理史料、编撰史书的准绳，而且历史学家要做到通过史实阐明道理，也必须要借助哲学，孔子的微言大义就是很好的例证。哲学和史学，二者无法截然分开。因此，在历史学范畴内，又产生了历史哲学，以便讨论历史发展有没有规律、历史的动力是什么、能否预言历史的方向和进程等问题。

小知识：

梁启超（1873～1929）

字卓如，一字任甫，号任公，别号饮冰室主人。中国近代史上著名的政治活动家、启蒙思想家、教育家、史学家和文学家。他是我国现代史学史上的先驱，最早打出"新史学"的旗号，在史学方法、思想史、历史统计学等方面的研究中扮演了拓荒者的角色。《新史学》是梁启超所撰的一篇长文，它是资产阶级史学家批判传统史学试图建立新的史学理论体系的重要标志。其著作合编为《饮冰室合集》。

楚河汉界沟通
历史与地理学

> 历史学是人类在时间和空间维度上的活动记忆,它不仅关注时间上的延续性,也必须注意空间的差异性,所以地理学是历史学重要的空间支撑点,有利于从空间上把握历史的整体性。

公元前205年夏,项羽在彭城打败了刘邦,刘邦退到荥阳,楚军乘胜追击,在荥阳一带两军对峙长达两年之久。在楚军包围荥阳之前,刘邦就觉得形势十分严峻,于是向项羽求和,然而项羽采纳了谋士范增的意见,没有接受刘邦的投降,而是乘胜追击。这时,陈平给刘邦出了一个主意,说项羽虽然有万夫不当之勇,但他并没有什么谋略,全靠范增在一旁指点,假如让范增离开项羽,项羽就会不战自败。刘邦是一位善于利用人才的首领,他当即采取了陈平的策略,交给陈平黄金四万两,用以离间项羽和范增之间的关系。离间计是这样进行的:当项羽的使者来到汉军大营时,刘邦让人准备了特别丰盛的酒筵,端过来刚要摆上,一见使者又装作惊愕的样子说:"还以为是亚父的使者,没想到却是项王的使者。"立刻把酒筵撤回,拿来粗劣的饭食给项王使者吃。使者回去向项羽报告,项羽竟然信以为真,从而剥夺了范增的兵权。范增一怒之下便告老回乡,他坐着马车还没到彭城(今江苏徐州市),就因背疽发作而死在路上。

虽然除掉了范增,但形势对汉军还是十分不利。当时在刘邦的军队中有一位和他长得很像的谋士,为解决当时汉军的危机,谋士决心牺牲自己,保全刘邦的性命。于是,谋士穿上汉王的服装并乘坐汉王车驾出荥阳东门诈降,刘邦则趁机从西门出逃至成皋。项羽发现上当后,当即焚烧了这名勇士,接着攻破成皋。刘邦又迅速从成皋逃出,北渡黄河,引军至修武,在此得到大将韩信的援助,势力又壮大了起来。他接受以往教训,决定采用深沟高垒和项羽打持久战,以消耗楚军兵力。同时,又派奇兵袭击楚军,烧其粮草。这样一来,项羽的力量被削减了很多。

后来,刘邦的谋士又想出了一个好计策,就是利用激将法逼迫楚军与汉军交锋。当时项羽对他的军队下了一个命令,说无论如何都不能出城迎敌,因为汉军有了韩信的帮助变得更加强大。但项羽最终还是中计了,楚军倾巢而出。交战的结

83

果，汉军大获全胜，刘邦复取成皋，屯兵广武，取敖仓之粮而用。

此后不久，刘邦的军队分成了两股力量，一股力量仍然在荥阳和项羽抗衡，另一股力量在韩信的带领下抄楚军后路，占领河北、山东一带。从这以后，汉军取得战场上的主动权，而项羽的军队则补给困难，危机四伏。

公元前202年秋，楚军没有了粮食，于是同意讲和，双方约定以鸿沟为界，一方为楚，一方为汉，于是就有了现在的楚河汉界。同时也把这段历史永远地刻在了中国的棋盘上。

汉淮阴侯韩信

楚河汉界的鸿沟，本来是地理学上的一条河流，但因为楚汉相争，项羽和刘邦以此为界，从而成为史学记载的对象。历史学和地理学密不可分的关系，由此可见一斑。

历史是由时间、空间、人类三大要素交织在一起构成的流动画卷。历史学是人类在时间和空间维度上的活动记忆，历史学不仅关注时间上的延续性，也必须注意空间的差异性，所以地理学是历史学重要的空间支撑点，有利于从空间上把握历史的整体性。

早在历史学产生之初，地理学就已经成为其重要的组成部分，在战国时期的《尚书》中，就有相关的地理记载，到了汉代班固写《汉书》时，就直接设置了地理志这一分类。

历史学的"何时"，构成了历史；而历史学的"何地"，则构成了地理。何时、何地、何人、何事，就构成一个完整的历史学空间。

历史学中的地理学，观察的是历史时期的地理现象，探求人类活动与地理现象演变过程之间的内在联系和一般规律。正因为历史学与地理学这种相互依存的关系，古人才有"史地是一家"之说。

> **小知识：**
>
> **谈迁（1593～1657）**
>
> 原名以训，字仲木，号射父。明亡后改名为迁，字孺木，号观若。明末清初史学家。从天启元年（公元1621年）开始，谈迁历时二十余年，"六易其稿，汇至百卷"，始完成这部编年体明史，全书五替万言，取名《国榷》。著作另有《枣林集》、《枣林诗集》、《枣林杂俎》、《北游录》、《西游录》、《史论》、《海昌外志》等。

拓跋弘改姓属于史学中的姓氏研究问题

> 遗迹遗物,包括古建筑、衣物、钱币、武器、工具等,属于实物类史料,可以用来探讨当时人们的生活、生产以及观念等,有着考订史实、印证史论、增加研究者想象力的作用。

　　北魏王朝第六位国君孝文帝拓跋弘在历史上是一个很有作为的君主,从小就十分聪慧的他由祖母抚养长大。490年,24岁的拓跋弘开始亲政,并大刀阔斧地进行了汉化改革。494年,拓跋弘为了摆脱鲜卑保守势力的影响,加强对中原地区的控制,决定迁都洛阳。

　　以前,北魏历代王朝也曾多次议论过迁都的问题,但都因为遭到反对而放弃。于是,拓跋弘想了个计策:一开始,他并没有把迁都的实情告诉百官,而是告诉他们要进行南征,让各位大臣做好心理准备。百官接到这个消息之后都十分恐慌,因为之前北魏南征时,在淮河岸边屡遭惨败,尸体堆积如山,这段不堪回首的经历让百官谈虎色变。后来,拓跋弘又装作退一步的样子告诉百官说,还有另外一个选择就是迁都洛阳。官员们虽然有的也不愿意迁都,但是比起南征,还是这一个选择比较好。最后,在绝大多数官员同意的情况下,北魏的首都迁到洛阳。

　　迁都到洛阳之后,拓跋弘决心进行更大规模的改革。其中最有名的一个举动就是改鲜卑姓为汉姓,皇室原姓拓跋改姓元,其丘穆陵氏改姓穆、步六孤氏改姓陆、贺赖氏改姓贺、独孤氏改姓刘、贺楼氏改姓楼、忽忸于氏改姓于、纥奚氏改姓嵇、尉迟氏改姓尉,合称八姓。而这些内容后来成了历史学家们研究史学中姓氏的重要依据。与此同时,拓跋弘还提倡鲜卑贵族和汉人士族通婚,他以身作则娶了崔、卢、郑、王四姓的女子做后妃,还为五个弟弟娶了汉族大姓的女子做正妻,并把几个公主嫁给汉族大姓,仅范阳卢氏一家就娶了三位公主。拓跋弘所实施的一系列改汉姓的措施使鲜卑族和汉族进一步融合,同时也推动了历史发展。

敦煌莫高窟257窟北魏壁画——九色鹿

拓跋弘把自己的鲜卑姓氏改为汉族的元姓，完全是出于汉化自己民族的目的。因为姓氏在汉民族历史中有着重要的地位，姓氏本身也是一部家族史，有的姓氏甚至是一部国家史和帝王史。

有历史可考的姓氏，大约出现在夏朝初期。那时候姓氏是地位高低尊卑的象征，人们获得姓氏的途径主要是继承或由王室贵族赐予。到了周朝，已经建立了完善的赐姓制度，一般的姓氏来源有以下几种：① 以国为姓，诸侯国的后代，以自己的封国名字为姓，例如邢国的邢姓；② 以自己的字为姓，例如齐文公的儿子字子高，他的后代就姓高；③ 以官职为姓，例如司马和太史；④ 以采邑为姓，也就是封地的名字，例如邹姓；⑤ 以居住地为姓，例如东门、南郭；⑥ 以技艺为姓，例如卜、陶、甄等。

到了东汉，士族阶层兴起，在政治、经济、军事、文化等各个领域都享有极大的特权，与普通的庶民形成了"士庶隔天"的局面。这种等级森严的门阀制度，使得姓氏也出现了高低贵贱之分，而且差距异常悬殊，这就导致当时的人为了提高名望和地位纷纷改姓或合并姓氏，拓跋氏改姓元，正是这一影响的结果。东汉到中唐时期，大规模的赐姓活动使国姓人口数量迅速增多，如汉代的刘姓和唐代的李姓很快成为显宗大姓，其他姓氏逐渐被合并和减少，从而有了"张王李刘，遍地都有"的说法。

可见，姓氏发展史是社会政治史的一个绝妙的缩影。

小知识：

王国维（1877~1927）

字伯隅、静安，号观堂、永观，浙江海宁盐官镇人，中国近现代在文学、美学、史学、哲学、考古学等各方面成就卓著的学术巨匠。1925年，王国维受聘任清华研究院导师，教授《古史新证》《尚书》《说文》等，与梁启超、陈寅恪、赵元任、李济被称为"五星聚奎"的清华五大导师。

"既生瑜何生亮"的追问
表现了年谱在历史学中的作用

> 年谱属于家谱的一个分支,是对家谱的补充和细化。家谱是中国古代一种比较独特的史学现象,是社会史学重要的史料,是以记载家族的世袭与事迹为主要内容的宗族通史,"家有谱,州有志,国有史",表明了中国古代完善的史学系统和家谱的重要意义。

人们总认为周瑜与诸葛亮相比是一个不折不扣的小人,他嫉妒有才能的人,不允许有人超过自己。这一观点要归咎于罗贯中在《三国演义》里对周瑜的描写,书中对周瑜和诸葛亮的比较都是以突出诸葛亮的才能和人格为中心,在两人的明争暗斗中,诸葛亮总是比周瑜棋高一着,所谓"周瑜枉用千条计,输与南阳一卧龙"。这种描写造成的直接后果就是正史中周瑜的光辉形象一落千丈:在政治上,他鼠目

明宣宗朱瞻基的绘画作品——《武侯高卧图》,此图绘诸葛亮隐居南阳躬耕自乐的形象

寸光,为一己私利而置国家安危于不顾;在军事上,他看似颇有才华,却又似乎屡战屡败;在人格修养上,他好大喜功,心胸狭隘。史传文学中那个雅量高致、出众人之

表的周公瑾已经荡然无存,取而代之的是一位才智碌碌、嫉贤妒能的平庸之辈。

据《三国志·吴书·周瑜传》中记载,周瑜出生于175年,年轻的时候就长得器宇轩昂,可谓是一表人才,更为重要的是历史上的周瑜胸襟广阔,气度宽宏,并不是《三国演义》中那个心胸狭窄、妒贤忌能的小人。周瑜在20岁左右就进入了军队,开始为国家效力,而诸葛亮出山的时候就已经26岁了,而且他还比周瑜小了6岁,可见两人是没有可比性的。

当周瑜名震江东成为孙氏政权开国元勋时,诸葛亮还没有踏入政坛。诸葛亮在14岁那年离开家乡,跟着叔父去了豫章,后逢变故又随叔父到荆州投靠刘表。叔父病故后,17岁的诸葛亮来到襄阳以西二十里的隆中定居,开始了长达十年的隐居生活。而这期间,周瑜正帮助孙策打下了江东,因此小说中的周瑜和诸葛亮的较量自然是无从谈起,而两人生命中开始有交集则是在诸葛亮出山之后的事情。这期间发生了著名的赤壁之战,这次战争真正的主角是周瑜,而诸葛亮只是参与者而已。曹操在兵败后,曾致信给孙权说:"赤壁之役,值有疾病,孤烧船自退,横使周瑜虚获此名。"这虽然是曹操要面子的说法,但也反衬出周瑜是赤壁之战的主要功臣。至于诸葛亮在此次战役中到底发挥了哪些作用,正史并无记载。诸葛亮本传也只是记述他与吴军一起出发,到刘备处后与东吴方面"并力拒曹公"。可是在《三国演义》中,孔明俨然成了主角,神机妙算,不仅草船借箭(其实是孙权后来在合肥与曹军对抗时所为),而且借来了东风,但所有这些描述仅是文学创作而已。

从周瑜和诸葛亮的年谱上看,诸葛亮根本没有机会气死周瑜。年谱成为了历史学的铁证,为人们认清史实提供了很好的佐证。

年谱是按照年、月、日的时间顺序记载个人生平事迹的著作,是一种个人史。它大多是后人依据其文章著作以及史料记载,透过对事实的考订编纂而成,是一种独特的史书撰写形式。

年谱属于家谱的一个分支,是对家谱的补充和细化。家谱是中国古代一种比较独特的史学现象,是社会史学重要的史料,是以记载家族的世袭与事迹为主要内容的宗族通史,"家有谱,州有志,国有史",表明了中国古代完善的史学

《孔子世家谱》是世界上传承时间最长、最广泛的家谱

系统和家谱的重要意义。在家谱中,对家族一些重要人物,会用年谱的形式进行详细记载,以彰显家族的荣耀。

家谱和年谱运用于史学方面始于汉代。司马迁撰述《史记》,已经大量采用了有关帝王谱牒,后世逐渐得以发展和完善,使家谱数据广泛应用于史书、方志和人物评传的编撰过程中。时至今日,有的家谱已经历传百代,时间跨越两千年以上,例如孔子世家谱已经记载七十余代,至今仍生生不息,广为流传。

一个完善的家谱,能够很好地反映出一个血脉宗族的起源、演变、人口繁衍增减、分支迁徙、分布地域、宗教信仰、风俗礼仪、宗族文化等多方面的情况,是不可多得的人文史料。

小知识:

钱大昕(1728～1804)

字晓征,一字及之,号辛楣,又号竹汀,晚号潜研老人。江苏嘉定(今上海嘉定)人。撰成《二十二史考异》,纠举疏漏,校订讹误,驳正舛错,优于同时期其他考史著作。另著有《宋辽金元四史朔闰考》、《宋学士年表》、《元史氏族表》等。

刘氏父子奉命校书为历史文献学做出了贡献

> 历史文献学是对文献的产生、发展、表现形式、流传方式、利用情况及其发展规律进行探讨和研究的实践活动。它是一门综合性比较强的历史学分支,既属于历史学,也属于文献学。最突出的特点是综合性、基础性和实践性。

西汉的刘向是一位为中国的历史文献学做出重大贡献的人。他少年英才,年方弱冠便得到汉宣帝的赏识,官至谏议论大夫;他敢于直言,被当权者视为眼中钉而三度入狱;他总校群书,开创了中国的目录学和校雠学的先河;他著作等身,成就可和荀子、司马迁齐名……

刘向小时候就十分聪明好学,对儒家和道家方术之学有十分独到的研究,而且能够写出十分好的文章,因此受到汉宣帝的重用。他为人正直,从不与那些贪官污吏同流合污,平日里深居简出,专心治学,写下了许多经典著作,其中《列女传》就是一部典型的代表作。《列女传》是一部介绍中国古代妇女行为的书,也是一部妇女史。当时汉成帝的皇后赵飞燕失宠后与一些男子淫乱无度,时任光禄大夫的刘向见此情形忍无可忍,但又不便明白指出,只好引经据典,搜罗昔时贤后贞妇的兴国保家之事,写成一部《列女传》。书成之后,呈献汉成帝作为讽劝,力斥孽璧为乱亡之征兆,以盼望朝廷有所警悟。汉成帝有所心动,却终究未因此采取实际行动,但刘向的《列女传》却因而流传下来。

刘向有三个优秀的儿子,其中最有成就的是他的三儿子刘歆。刘歆自小就深受父亲的影响,聪颖好学,精通《诗》《书》,成年之后被朝廷任命为黄门郎。河平三年(公元前 26 年)汉成帝命人到各地搜求前代书籍,同时将太常、太史博士、延阁、广内、藏书集中一起,由光禄大夫刘向负责,步兵校尉任宏、太史令尹咸、侍医李柱国、黄门郎刘歆等参加,对中秘之书进行系统的整理编目工作。刘向逝世不久,汉哀帝下令刘歆领校五经,以完成其父未竟之业。刘向、刘歆父子经过二十多年的努力,最终圆满完成了中国历史上第一次大规模的图书整理编目工作。

刘氏父子典籍整理的一个重要工作是编制目录。首先是在每一本书校勘誊清后，由刘向父子集其篇目，叙其旨意，写成叙录，相当于后来的图书提要。然后，将各书的叙录集合，按部类抄成一书，称为《别录》。这一工作主要由刘向完成。刘歆在《别录》的基础上进一步加工，编成了一部综合性的图书分类目录——《七略》。《七略》计七卷，《辑略》为全书的叙录，其余六卷分别为《六艺略》、《诸子略》、《诗赋略》、《兵书略》、《术数略》、《方技略》。刘歆将著录的图书分为6个大类，38种，603家，13 219卷。《七略》"辨章学术，考镜源流"，对每种每类都加小序，说明其学术源流、类别涵义等，不仅对当时的学术发展有很大的推动作用，对后世的目录学更有着深远的影响，成为中国目录书的典范。

现存最早的以画卷形式宣传女德、女诫教义的作品当属东晋顾恺之创作的《列女仁智图》

刘氏父子校书，为保留历史文献做出了贡献。校书是历史文献学里重要的工作，而历史文献学又是史学的重要组成部分。

历史文献学是对文献的产生、发展、表现形式、流传方式、利用情况以及其发展规律进行探讨和研究的实践活动，主要包括四方面的内容：① 历史文献学的理论成就和研究方法；② 历史文献学史，包括历史文献学产生、发展、变化的历史脉络，以及各阶段的成就和表现特色；③ 古代学术思想文化的发展变化规律，以及各种学术思想文化的成就和糟粕；④ 对历史文献的整理利用工作，包括版本、目录、校勘、录辑、辨伪等一系列文献数据的管理。

历史文献学是一门综合性比较强的历史学分支，既属于历史学，也属于文献学。它最突出的特点是综合性、基础性和实践性。综合性是指历史文献学涉及的学科庞杂，除了历史学、文献学，还关系到文字学、音韵学、训诂学、年代学、历史地理学、古典文学、古典哲学、军事史、科技史等众多学科；基础性是指历史文献学在史学体系中所处的基础地位，是史书撰写和史学研究的基础资料；实践性是指历史文献学重在文献的管理和使用，具有极强的实践性和经验性。

历史文献学是一门强调学以致用的实践学问，可是到了清代却产生一股考证学风和嗜古倾向，虽然极大地推动了历史文献学的发展，但也使历史文献学走入了僵化的歧途。

三千年前的防腐材料验证了考古学与历史学的密不可分

> 考古学是通过发掘和调查古代人类的遗迹、遗物和文献来研究古代社会的一门人文科学。它是以调查发掘获得的实物数据为考察对象，从物质层面和精神领域两个方面了解古代社会的结构和演化，进而了解人类精神文化的发展历史，属于广义的历史学。

2006年，美国考古学家无意中在帝王谷发现一个新墓穴。这是自1922年古埃及法老图坦卡蒙的陵墓被人们发现以来，帝王谷首次发现新的墓穴，这无疑引起很多考古学家和历史学家的兴趣。

这一新发现的墓穴编号为KV63，这个号码是按照墓穴被发现的时间顺序排列的。让考古学家们惊奇的是，这座墓穴就座落在距离图坦卡蒙陵墓不远的地方，却被人们忽略了这么多年。考古学家在墓穴中发现了七具带有彩色葬礼面具的人形木制棺材、五具镀金石棺，以及二十八个密封的白色陶罐。透过瓮罐上的封印可以看出，这座墓穴是三千多年前的古埃及第十八王朝法老的墓穴，也就是古埃及新王国时代的第一个王朝，这个王朝大约持续了二百年。

这些木制棺材已经遭到白蚁破坏，为了避免在发掘过程中对其造成损坏，考古学家花费了几个月时间才将其中六具逐一打开，但出现在考古学家眼前的并不是一具具木乃伊，而是大量陶器碎片和裹尸的亚麻布。

随后，埃及古文物最高管理委员会秘书长扎希·哈瓦斯在工作人员的陪同下走进了墓穴，亲手打开了最后一具没有开封的人形木制棺材。所有的工作人员和研究人员都认为这里面会有木乃伊，可是打开后依旧不见木乃伊的踪影，但是却保存着三千年前的防腐材料和一些用来装饰尸体的精致项链。

这一意外发现无疑成为揭开古埃及人制作木乃伊秘密的关键。"这比发现木

埃及法老的木乃伊石棺

乃伊更有意义,这是真正的珍宝,"考古研究负责人、开罗博物馆馆长纳迪亚·洛克马说,"我们可以借助这些物品知道古代埃及人使用哪些植物和草药保存木乃伊、如何处理和装饰尸体,以及如何涂抹防腐剂。这一发现,无论对于考古学本身还是对于历史学都将是一个巨大的进步。"接着,考古学家将进一步研究墓穴中出现的象形文字,而这一研究一旦完成无疑会给历史学家提供研究那个时期的新证据。

埃及金字塔内部的壁画

埃及帝王谷这次开棺行动,发现了三千年前人们使用的防腐材料,是一次典型的考古学行为。考古学是通过发掘和调查古代人类的遗迹、遗物和文献来研究古代社会的一门人文科学。它是以调查发掘获得的实物数据为考察对象,从物质层面和精神领域两个方面了解古代社会的结构和演化,进而了解人类精神文化的发展历史,属于广义的历史学。

考古学对历史学的影响和作用显而易见。

首先,复原和重建了人类古代历史。史前史发生在文字发明以前,除了口头传说,没有任何文献数据记载,因而史前史必须通过史前考古学才能建立起来。即便是有大量历史文献提供佐证的历史时期,考古学的作用也不容忽视,大量考古学实物,间接地补充和印证了历史文献的记载,为史学提供新的线索和物证。

其次,只有考古学能够验证历史文献的真伪、纠正历史文献存在的不足、补充历史文献的遗漏。考古学与历史文献互相对照,彼此印证,大大提高了史书所载史实的可靠性。

再次,考古学进入历史学,拓展了史学研究的新领域,找到了解决史学问题的新方法,把史学研究推到一个新的阶段。

小知识:
郑樵(1104～1162)
　　我国宋代史学家、目录学家。一生专心著述,据统计达八十四种,但大部分已佚亡。今存仅《通志》、《夹漈遗稿》、《尔雅注》、《诗辨妄》及一些零散遗文。其《通志》为一部巨著,共二百卷,分传、谱、略三部分。二十略共五十二卷,是全书精华。其中的《校雠略》和《艺文略》是研究中国目录学、校雠学的重要文献。

一块铁饼复兴
奥林匹克体育史

> 体育史是史学的重要组成部分,属于史学的一个分支,是研究体育发生、发展的历史过程及其规律的学问。它所研究的对象包括两个方面:一是体育自身包含的内容;二是体育与社会方面的相互联系和影响。

1863年1月1日,"现代奥林匹克之父"顾拜旦诞生在法国巴黎郊区一个信仰天主教的家庭。他的父亲是学院派画家,在当地小有名气,母亲是一位受过良好教育的高贵女性,同时也是他的启蒙老师,一篇篇优美的希腊神话成了顾拜旦最早接触的文字。

当他第一次在罗马宫殿看到"掷铁饼者"塑像时,就被塑像所表现的蓬勃生命力所震撼,迟迟舍不得离开。父亲见他如此喜欢,就在商店里给他买了个仿"掷铁饼者"的玩具带回家,这是顾拜旦珍藏一生的玩具。从此,顾拜旦对体育萌发了一种特殊的感情。

1890年,27岁的顾拜旦第一次参观奥林匹克运动的发源地——希腊的奥林匹斯。当他看到古代奥运会遗址时,仿佛听见古希腊诸神的神秘的指令,脑中突然出现一个大胆的想法——恢复古代的奥运会。他喃喃自语道:"德国人挖掘了奥林匹斯遗址,为什么法兰西人不能着手恢复她古代光荣的历史呢!"与此同时,顾拜旦又想起了小时候让他痴迷的"掷铁饼者",那个人张开了双臂,就像拉满的弓,带动了身体的弯曲,把人体的和谐、健美和青春的力量淋漓尽致地表达了出来,这正是顾拜旦心中的国民应该拥有的一种风貌。

1891年,顾拜旦创办了《体育评论》,积极宣传复兴奥林匹克的理想,为推动奥林匹克运动复兴做了大量而广泛的思想动员。他的精神导师狄东神父为新的奥林匹克运动会提出了"更快、更高、更强"的口号,这个口号正是顾拜旦所要表达的愿望,于是他决定把这个口号作为国际奥林匹克运动的格言。

1892年11月25日,顾拜旦进行了一次名为《复兴奥林匹克》的演讲:"我们要恢复的是以和平、友谊、进步为宗旨的奥运会,她将不受国家、地区、民族和宗教的限制,向一切国家、地区和民族开放。"第一次公开和正式地提出了创办现代奥林匹克运动的倡议。随后,国际奥林匹克委员会成立,顾拜旦当选为秘书长。

1894年10月,顾拜旦前往希腊,到处进行游说和宣传。经过不懈的努力,他最终说服了希腊王室同意在雅典举办第一届奥运会。

顾拜旦重启了奥林匹克运动,也掀开了体育史新的篇章。体育史是史学的重要组成部分,属于史学的一个分支。它是研究体育发生、发展的历史过程及其规律的学问。

体育史的研究对象包括两个方面:一是体育自身包含的内容,如体育活动、体育竞技、体育游戏、体育组织以及体育的措施、制度、思想和方针政策等;二是体育与政治、经济、文化、教育、军事、地理、民族、宗教、风俗等社会方面的相互联系和影响。从这两方面的互相影响、互相渗透和互相作用以及其历史演变中,体育运动的发展轨迹和内在规律以及体育运动的本质被揭示出来。

被誉为"体育运动之神"的雕像——掷铁饼者

体育属于社会学范畴的一种社会现象,是人类社会发展过程中根据生产生活需要,遵循人体身心发展规律,以增强体质为目的进行的一种有组织的社会活动,并逐渐成为一种文化生活和社会交流的重要方式。体育史在考察研究上主要针对体育文化的三个层面,即体育的物质形态、体育的制度和体育的行为、体育的思想。

体育史包括古代体育史、近代体育史、当代体育史和奥林匹克史等,其中关于体育的起源问题,至今仍无定论。

体育史也是体育教育史,自从体育产生,体育教育一直伴随着体育发展的全部过程,早在殷商时期,就有以身体和技术训练为中心的武士教育,当代体育更是以体育教育为核心。

奥林匹克运动在世界体育发展史上有特殊的地位和作用,是体育思想的集中表现,是人类体育活动和社会交流的最重要的形式之一,也是体育史的一个重点考察对象。

小知识:
袁枢(1131～1205)
我国南宋史学家,字机仲,建州建安(今福建建瓯)人。著有《通鉴记事本末》,为我国第一部纪事本末体史学著作。

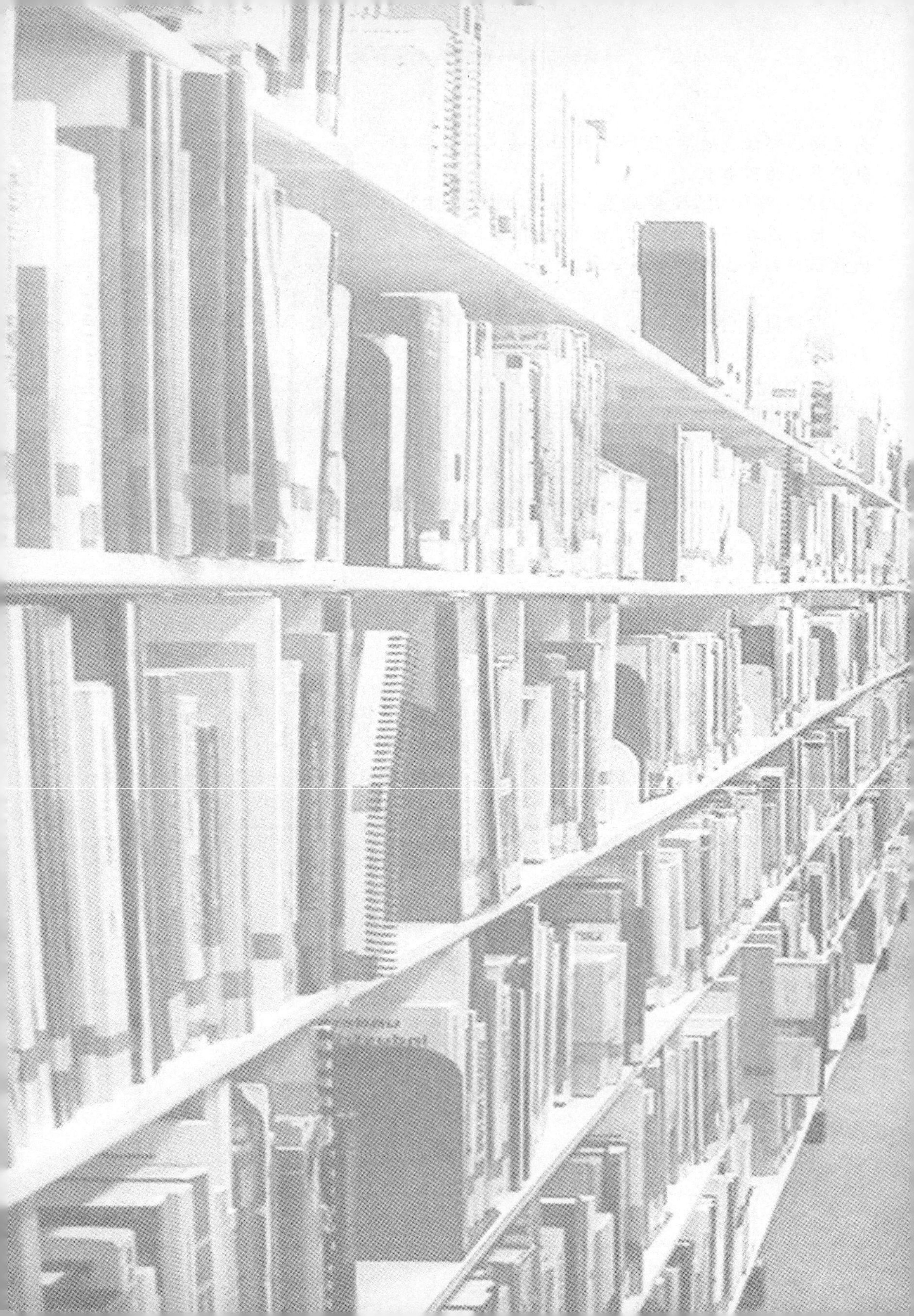

第三篇
历史学研究方法和理论

孔夫子撰写《春秋》
奠定儒家修史的几大原则

> 提倡直书、善使曲笔、重用春秋笔法,是儒家修史的三大原则。孔子注重以春秋笔法为核心,并使直书和曲笔这一对互相矛盾的修史原则获得社会意义上的有机统一。

春秋时期,孔子周游列国,终不得志,随后他历尽艰辛回到故乡鲁国,开始撰写《春秋》。他本意是想笔诛乱臣贼子,让那些企图谋反的人看到这些历史事实感到害怕。可是他在编写过程中却发现:人无完人,包括那些长者、尊者以及贤者在人性上都是有缺陷的,如果把这些如实记录下来,他们在大众心目中的形象必定会受到影响。因此,他决心按照自己的理解来写史书,并提出了自己的伦理观点:做臣的要忠于君,做弟弟的要尊于兄长,做父母的即便有错,也不能与之断绝情意。所以,什么该留,什么该删,什么地方该说实话,什么地方该说假话,他心中自有定数,谁也干涉不了,包括他的得意门生。

历史上的郑庄公一生功业辉煌,是一个有战略眼光、精权谋、善外交的政治家。但孔子在著《春秋》的时候,却直呼郑庄公为郑伯。那么,郑庄公到底因为做了什么事而受到批判呢?

这其中还有一段著名的故事:

郑国的国君郑武公的妻子武姜在生郑庄公的时候是难产,十分痛苦,她给郑庄公起了个名字叫寤生(难产的意思),稍不顺心就给儿子脸色看,让人很怀疑那孩子到底是不是从她肚子里出来的。几年之后,武姜又生了一个儿子,取名为共叔段,一生下来,武姜就非常喜欢他。

郑武公死后,寤生继承皇位,按照规矩,他要给弟弟共叔段划分封地,让他搬离皇宫。共叔段那时还小,听从母亲的安排,要了制地。郑庄公拒绝了:"那里地势险要,是国家的军事要地,不能封给任何人。"武姜又威逼郑庄公把京给共叔段。京是郑国的大都市,大致相当于现在上海对于中国的意义。郑庄公不忍心违背母亲的

孔夫子撰写《春秋》奠定儒家修史的几大原则

意愿，便答应了。

几年过去，共叔段长大了，他开始招兵买马，训练自己的军队，等待有朝一日夺取王位。

公元前722年，共叔段在母亲的支持下，带领大军向都城开进。武姜许诺，会在他临近京城时，打开城门，迎接"义军"的来临。但是武姜的信件被郑庄公截获，泄露了共叔段造反的日期，郑庄公对手握兵权的大将说："养兵千日用兵一时，你为国效力的时刻到了！"

大将军领命，把共叔段的乌合之众打得溃不成军，共叔段见阴谋败露，在路边上吊自杀了。

《孔子圣迹图》

武姜得到消息，痛不欲生，郑庄公对她也是容忍到了极限，把她安置在城颍，发誓说："不到黄泉，不再见面！"

但不久，郑庄公就为自己这句狠话后悔了。

一次，有个叫颍考叔的官吏，献贡品给郑庄公。郑庄公赐给他饭食，颍考叔在吃饭的时候把肉留了下来，没舍得吃。庄公问他为什么这样做，颍考叔答道："小人有个老娘，从未尝过君王的肉羹，我想带回去送给她吃。"

郑庄公叹了一口气说："你有老娘可以孝敬，唉，唯独我就没有！"

颍考叔说："您这是什么意思？"

庄公就把原因告诉了他，同时也表达自己后悔的心情。

于是，颍考叔就给他出了一个主意，这个点子让颍考叔后来一路高升。

99

"只要掘地挖出泉水,在地道里见面,就与誓词相合了。"

郑庄公按着颖考叔的意思做,很快母子便和好如初。

孔子在写《春秋》时,关于这个故事就写了一句话,"郑伯克段于鄢",称郑庄公为伯,是讥讽他不能好好教导弟弟,却有意放纵亲弟的叛逆行为,以便之后名正言顺地讨伐。这样的行为,并不符合孔子一贯坚持的仁、孝、忠、悌理念,因此受到了批判。

孔子撰写《春秋》,确立了儒家修史的基本原则:春秋笔法,即所谓的微言大义。同时,儒家修史,注重以春秋笔法为核心,直书和曲笔两翼齐飞,构成了一种中庸的修史原则。

提倡直书、善使曲笔、重用春秋笔法是儒家修史的三大原则。之所以会出现如此中庸的修书观,与儒家的思想追求密不可分。儒家学说坚决拥戴君主专制制度,坚信君主强有力的统治是实现儒家治国平天下理想的有效途径,为此,儒家坚持纲常名教的伦理思想。这种伦理观念,因符合统治者的利益而被广泛接纳,使中国日益成为君主专制与儒家思想紧密结合的政治——伦理型社会。

但儒家服务于君主专制统治的"入世"精神,与其追求天下大同的理想境界存在着深刻的矛盾。这种矛盾的存在,使儒家思想成为君主专制体制内部的一种制约调节机制,并对儒家的修史观产生了重大的影响。

春秋笔法实质上就是对君主专制的一种妥协态度。提倡直书,其目的是为了实现史学的鉴戒和劝诫功能;善使曲笔,又使儒家伦理纲常的观念充分迎合君主专制的需要,实现儒家"入世"的追求。儒家虽然承认曲笔伪饰的合理性,但因其有违于史学精神,而对此有所节制,从而形成一种折中的笔法,就是所谓的春秋笔法。

春秋笔法使直书和曲笔这一对互相矛盾的修史原则获得社会意义上的有机统一,即微言又大义,成为历代儒家修史的基本笔法。

小知识:

李延寿(生卒年不详)

字遐龄,唐代相州(今河南安阳)人,史学家。修史是他一生的主要事业。他参加了唐代官修史书《隋书》、《五代史志》、《晋书》和唐朝当代国史的修撰工作。还独自撰写了三十卷的《太宗政典》,又继承其父李大师遗志,用十六年的时间独立修成《南史》和《北史》,《新唐书》对两书评价颇高,称"其书颇有条理,删落酿辞,过本书远甚"。

刻石立碑的惨案为后世留下史学研究

> 史学研究就是把人类社会演变的历史作为研究对象,研究和阐述人类社会的发展规律。史学研究的方法有以下几种:一、考据法,即收集与考订史料的方法;二、历史比较法;三、统计方法;四、计量法。

太延五年(439年),北魏世祖、太武帝拓跋焘为了能够让自己的功德得以流芳百世,便命崔浩编撰一部北魏国书,要求他搜集所有的史料,真实而全面地记录这一段历史,这其中当然也少不了对魏世祖本人"德冠朝列言为典范"之类的夸赞。

为了圆满完成任务,崔浩组织一些史官,他们本着国君下达的"务从实录"的原则开始编写国书,全方位搜集数据。很快,国书就编写完成,崔浩为这部国书做了最后的润色和修订。崔浩很满意这部作品,这时,有人建议说:"不如把国书的内容刻在石碑上,那样会流传得更久。"

崔浩觉得这个主意不错,随即便调集一批工匠,在平城东郊一带规划一块方圆130公尺的地块,作为碑林。碑林完成以后,前来观看的人络绎不绝。因为崔浩等人是秉着直言不讳的原则如实记录了历史,这里面除了有当朝的一些功绩之外,当然也有皇室的宫廷秘闻。这样一来,很多不为人知的丑事便大白于天下了,惹得众人议论纷纷,传为笑谈。

这时有一些与崔浩素来不和的大臣便趁机落井下石,跑到太武帝跟前进谗言,说崔浩的行为就是想让皇室出丑,将一些宫廷秘闻刻在石碑上,唯恐世人不知。太武帝闻听此言,勃然大怒,随即下令处死包括崔浩在内的128名参与编撰北魏国书的人,并灭三族。

450年7月,崔浩被杀害。在去往刑场的路上,他在囚车里大喊冤枉:"我是完全按照皇帝的要求如实编写国书,何罪之有?为什么要判我死刑?"他的叫喊声传得很远,可是没有人理会他,为了羞辱他,押送官还让卫士往崔浩身上撒尿,其惨状可想而知。

不仅如此，另有上千余人也死于这场史无前例的"国史之狱"，包括与崔氏家族通婚的范阳卢氏、太原郭氏、河东柳氏等，这场浩劫给后世史官心里留下了挥之不去的阴影。

崔浩因编修《国书》，并将《国书》刻于石碑之上而招来杀身之祸。将史书刻于石碑，主观上出于彪炳千秋的目的，客观上却为后人进行史学研究打开了方便之门。同时，崔浩因此被杀，也为史学研究提供了新的课题，成为史学研究的重点对象。

史学研究就是把人类社会演变的历史作为研究对象，研究和阐述人类社会的发展规律。它的特点主要表现在：史学研究的对象具有明确的"过去"时间概念，这就注定了其对象的无法复原和验证。这一特点决定了史学研究同样具有特殊的方法。

崔浩历经北魏道武、明元、太武帝三朝，官至司徒，参与军国大计，对促进北魏统一北方有着积极的影响。后人称其为"南北朝第一流军事谋略家"。

一般来说，史学研究的方法有以下几种：一，最基本的方法是考据法，即收集与考订史料的方法；二，历史比较法；三，统计方法；四，计量法。考据法注重史料的全面性和准确性，史料越多、越全面，准确性越高，其研究结果也就越完善、越可信。而辨别史料的真伪是史学研究的基本功，其中考古学是对史料最好的佐证和补充。

由于史学研究对象的不可证伪性，所以史学研究更注重逻辑思考。为此，史学研究对史料的真伪要求特别高。只有史料真实，在此基础上运用逻辑思考得出的结论才能更接近历史的真相。

当代史学研究，除了依赖传统的研究方法外，还采用了更为深入和广泛的方法，例如社会学、心理学、基因分析、考古学、地理学、人类学、民族学、民俗学等众多跨学科、跨领域的综合研究法，大大扩宽了史学研究的视野。

小知识：

王韬（1828～1897）

我国近代著名思想家，报刊政论家。在哲学、教育、新闻、史学、文学等许多领域都取得杰出成就，撰写了《韬元文录外编》《韬元尺牍》《西学原始考》《淞滨琐话》《漫游随录图记》《淞隐漫录》等40部著作。

不知道速度怎能知道时间，说明分析比较在历史学研究中的作用

> 史学研究的分析比较法，就是从各个角度、各个层面和各个关系上，对历史事物和历史现象进行分析比较，进而找出其相异性和相似性，揭示出历史发展的一般规律和特殊规律。

古希腊有个聪明人，名叫伊索。

一天下午，他在村外大路上散步，一个过路人向他问路："尊敬的先生，此处距城里还需要走多长时间？"

伊索说："走！"

那人说："我当然是得走了，可是我想知道我需要走多长时间。"

伊索又说："我让你走，你只管走就是。"

那人非常生气，心想，这个人肯定是个疯子。于是抱怨说："你这人真奇怪，什么话也不说，就光让我走，真是不可理喻！"

随即就甩手向前走去，这时伊索在他背后大声说："你在太阳偏西时就可到达城里。"

那人回过头来问道："你不是不说吗？为什么现在又说了？"

伊索说："我让你走，是想看看你的速度，不知道你走路的速度，我怎么能判断你需要多长时间呢？"

那人听了伊索的话，恍然大悟。

有比较才有鉴别，正如伊索通过比较问路人的行走速度，才能知道到达城里所用的时间一样，分析比较法也是史学研究的重要方法。比较研究的基础，是事物之间存在的差异性和同一性，人类的历史现象与任何事物一样，既有联系又有区别，从而可以进行比较研究。

史学研究的分析比较法，就是从各个角度、各个层面和各个关系上，对历史事

物和历史现象进行分析比较,进而找出其相异性和相似性,揭示出历史发展的一般规律和特殊规律。人类历史的统一性和多样性,为分析比较法提供了依据和可能,决定了分析比较法的合理性。

分析比较法以分析为基础,无法分析出历史事物和历史现象的本质和特点,就无法进行比较,也就无法了解彼此的差异,无法认清隐含其中的规律。只有在充分分析的基础上,比较法才能得以顺利展开和实施。

史学研究中,分析比较法运用的实例比比皆是,古人考证、考据法均是建立在比较研究的基础上的。例如王国维的"二重证据法",将历史文献数据与考古发掘的实物史料进行分析比较,互相印证,互相补充,以使史学研究更加完善。

分析比较法的种类很多,有纵向比较法、横向比较法、同模拟较法、相异比较法、定性比较法、定量比较法等,采用何种方法要根据事物的性质和事物之间的关系而定。

运用分析比较法,要注意事物之间的可比性,注意比较的广泛性,不仅要比较现象,更要比较本质,同时要与其他的研究方法紧密结合起来。

伊索是公元前6世纪古希腊著名的寓言家。他与克雷洛夫、拉·封丹和莱辛并称世界四大寓言家。

小知识:

夏曾佑(1863~1924)

我国近代诗人、历史学家、学者,字遂卿,一作穗卿,自号别士,杭县(浙江杭州)人。光绪进士,官泗州知州,充两江总督署文案。他对今文经学、佛学有精深的研究,对乾嘉考据学和诗文有相当的素养。此外他还注意学习外国史地知识和自然知识。著有《最新中学中国历史教科书》,后改名《中国古代史》,被人称为我国近代史学史上"第一部有名的新式通史"。

关于土拨鼠的争论说明
事实历史的局限性

> 面对同一件历史事实,不同的历史观,不同的研究视角,会得出不同的结论,这就是事实历史的局限性。它所带来的危害是,记录和传授者会根据自己的历史观或主观需求,篡改历史事实,编造历史,也可能造成记录和传授的片面性。

一只土拨鼠在乔治的菜园附近安了家,每晚都会偷偷钻到菜园里偷吃新长出的白菜叶。每天早晨,达尔尼和哥哥艾沙克都会看着被啃的光秃秃的白菜发愁,该怎么办呢?得想个办法逮住它才行。兄弟两人在土拨鼠必经的地方设了一个陷阱,等了好几天,终于把这个狡猾的家伙给逮住了。兄弟两人把土拨鼠装进笼子里,可是在如何处置这只土拨鼠的问题上,两人却发生了争执。

父亲乔治说:"你们两人一个主张杀了它,一个主张放了它,我现在就做一次法官,你们来担任土拨鼠的律师,尽量为罪犯做申诉,最后我来判决。"

艾沙克作为原告方首先发言:"土拨鼠对庄稼造成很大的危害,食物以蔬菜、苜蓿草、莴苣、豌豆、玉米及其他蔬果为主,一天最多可以吃上五公斤的绿色蔬果。它们所到之处,连草原都被啃食一空,何况我们的菜园呢?现在大家都在想办法消灭土拨鼠,所以我绝不能轻饶了它。况且,它已经给我们的菜园造成了损失,把它的皮剥下来卖钱,正好可以弥补菜园的损失。"

父亲认为艾沙克的陈诉有理有据,想为土拨鼠做辩护,恐怕有些难度。

这时,土拨鼠的辩护律师达尔尼发言了:"每种生物存活在这个世上,都有其生存的权力和意义,无论大小,它都是一条生命,我们无权剥夺。上帝对我们如此宽容,给了我们赖以生存的所有条件。我们只需要对它们宽容一点点,就能够满足它。更何况它的窝是在山脚打的洞,吃的仅仅是一点菜叶,对人类的生存没有太大的危害。"

"还有,再看看它那可怜巴巴的眼神,和它那浑身发抖的样子,我们还不至于残忍到去伤害一个小动物的地步吧?"

法官父亲被达尔尼感动了,他对艾沙克:"孩子,放掉这只土拨鼠吧,你弟弟说的有道理,我们有义务让它重归大自然的怀抱。"

面对如何处理土拨鼠这一个事实,兄弟两人争论不休,反映了不同的人对待同一事物的不同态度。面对同一个历史史实,史学研究也会遇到同样的问题,不同的历史观,不同的研究视角,会得出不同的结论,这就是事实历史的局限性。

历史曾经是客观存在的,历史学是对这种客观存在的追忆。这样看来,历史是客观的,历史学是主观的。同时,由于历史学研究的对象是过往的事实,具有不可重复的特性,无法进行验证,因此,对事实历史的记录和传授,必将带上传授者的主观意识和色彩,这就注定了事实历史在史学中的局限性。

这种局限性可能带来的危害是:

① 记录和传授者会根据自己的历史观或主观需求,篡改历史事实、编造历史,包括篡改历史人物、历史事件和历史现象,从而达到个人的目的。

② 对事实历史的取舍可能不够全面合理,扬此抑彼,造成记录和传授的片面性。这样的事例,在史学发展史上并不鲜见。篡改历史的现象时有发生,特别是南北朝时期,由于皇权争夺激烈,弑君篡位的现象接二连三,当权者为了掩盖自己的暴行,篡改历史就成了家常便饭。最可笑的就是房玄龄为了糊弄皇帝,在《晋书》中为苻坚所杜撰的传奇身世,成了史书撰写的笑谈。

史学研究中,如何对待事实历史的局限性,历来是个争议不断的问题。除了考证和考据外,考古学的进步为鉴别文献真伪、克服事实历史的局限性提供了非常有益的帮助。

小知识:

达伦多夫(1929~2009)

德国社会学家、思想家、政治家,冲突理论的主要代表人物之一。主要著作有《工业社会中的阶级冲突》、《走出乌托邦》、《社会人》、《阶级后的冲突》、《生活的机会》等。

司马迁游山川为的是搜集真实的历史材料

> 史料是否真实可靠,史实是否正确无误,是治史的重要前提。治史和考据,都离不开真实而丰富的史料。所以,搜集真实的史料,是历史学的重要任务。

公元前108年,司马迁继承父愿也当上了太史,他最初在皇家藏书馆里搜集和整理史料,这使他有了更多与历史接触的机会。而且皇家藏书馆的书籍有许多是外人看不到的,这也使他多方位更全面地了解历史。为了完成父亲临终的嘱托,司马迁每天埋头于木简和绢书中寻找和选录线索。

由于那时候文字记录还是很奢侈的,所以有的历史线索除了在皇家藏书馆有记录以外,更多的是靠民间的口头流传。为了对这些历史有一个全面具体的了解,公元前215年,年仅20岁的司马迁开始到全国各地寻找文物古迹,探究佚闻古事,对一些口头流传的历史做分析、整理和考察,以求得历史的连贯、完整和真实性。

在这次游历中,他重点在彭城、沛、丰一带访问,通过实地考察,印证了历史文献里面的记载,这对他叙述楚汉战争的历史有了很大的帮助。接着,他来到鲁地,对孔子的身世、学术以及人生的经历都做了很细致的了解,还通过自己的实地探访,证实孟尝君"好客自喜"的传闻并非子虚乌有。

在游历中,司马迁还在民间挖掘了大量生动的历史资料,如陈涉少怀有鸿鹄之志的豪言壮语、项羽要取代秦始皇的勃勃野心、刘邦酒后的劣行、韩信受胯下之辱等等,这都是书本上没有的知识。除此以外,他还对屠夫樊哙、车夫夏侯婴等人的身世做了细致的调查。有一句话可以形容司马迁游历民间搜集史料的认真程度:"吾过大梁之墟,求问其所谓夷门。夷门者,城之东门也。"就是说司马迁在走到城门时,都会仔细看上好半天,此举足以见证他对编写《史记》的严肃程度。

在游历的过程中,他还结合当地的风土民情,把书中的人物尽量塑造得生活化、真实化、感性化。从而使《史记》无论在人物形象的塑造方面,还是在语言的生动等方面,都达到很高的水平。

当然，如果没有这些经历，司马迁也不会把那些叱咤风云的历史人物写得如此逼真。

司马迁游历名山大川，是为了搜集史料，为撰写《史记》做准备。那时候司马迁就已经认识到史料的价值，可见史料对于历史学来说多么重要。

史料是否真实可靠，史实是否正确无误，是治史的重要前提。历史研究，就更离不开史料了，史料的真实性将决定史书的可信度和史学研究的价值。

史学里的考据，主要也是依据史料来考证。一般来说，无论是理证、书证，还是物证，都离不开真实而丰富的史料。所以，搜集真实的史料是历史学的重要任务。

甲骨文

史料包括历史文献史料和实物史料两种。文献史料一般来自各种档案资料和书籍，搜集文献史料，要注重广博和全面，同时要重点突出，在浩如烟海的文献数据里，找到所需要的历史材料。而实物史料的搜集，侧重于考古发掘，以及散轶四处的字画金石等。考古发掘所搜集来的实物史料更真实，更能直接反映历史事实。但是考古发掘史料的难度要大一些，搜集这方面的史料需要史学界的协同努力，并需要得到考古界的大力帮助。

实物史料，即物证，在史学中很早就已经运用，南北朝时期就有史学家创造出用金石文字考订文献的方法。到了明清时期，金石文字的搜集一度成为史学的热门，后来甲骨文的大量发掘也成为搜集实物史料的一个新领域。随着考古学的不断深入和发展，搜集真实的历史史料将变得更加容易和丰富。

> **小知识：**
>
> **李百药（565～648）**
>
> 字重规，定州安平（今属河北）人，唐朝史学家。其父李德林曾任隋内史令，预修国史，撰有《齐史》。贞观元年（公元627年），他奉诏撰《齐书》，据父旧稿，兼采用他书，经十年，成五十卷，后宋朝人为区别萧子显的《南齐书》，将其改为《北齐书》。

司马光采用考异之法编撰史学巨著《资治通鉴》

考订书籍版本所用文字和所记载事实的异同点的方法,称为考异之法。这种方法被司马光归纳总结,并率先使用。考异之法的精髓在于求同和析异,包括书证法、理证法和两存法。

司马光一生为官清廉,为人正直,时刻警醒自己做人要坦坦荡荡。相传在仁宗皇帝临终的时候,曾留下遗诏,要赏赐包括司马光在内的几位大臣一大笔财宝。司马光不愿意受赏,便领衔上书,陈述国家目前正是贫困之际,要节约开支。可是几次都被驳了回来,最后他把自己的那一份赏银送交给了谏院,权作公费。

在洛阳任职时,他按自己的喜好修建了一个很简单的院落,这里虽然没有亭台楼阁,但是看上去恬淡自然;虽然没有乘青雀舸,但却不失幽雅简朴。司马光非常喜欢这个居所,他在这里居住、读书,自得其乐。只是当皇帝的使臣来这里问询政务时,看到如此简朴的住处暗自发笑:大名鼎鼎的"司马相公"住得竟这样寒酸。

生活上简朴,政治上严谨、保守是司马光一生的追求。北宋后期,江山社稷已是危机四伏,在熙宁变法中,他与王安石的意见产生了严重的分歧。一个主张保守,坚持祖宗之法不可变的原则,而另一个则主张大刀阔斧进行改革变法。在政见不同、难于合作的情况下,司马光请求担任西京留守御史台

宋神宗画像

这个闲差，退居洛阳，专门研究历史，希望通过编写史著，从历史的兴衰成败中提取治国的经验。

早在司马光担任天章阁待制兼侍讲官时，他就产生了一个编写一本既系统又简明扼要的通史的想法。并在宋英宗当政时，将自己创作的史书《历年图》二十五卷和《通志》八卷本献给了英宗。英宗看后非常满意，要他继续写下去，并下诏设置书局，供给费用，增补人员，专门进行编写工作。宋神宗即位后，认为《通志》比其他的史书更便于阅读，也易于借鉴，就召见司马光，大加赞赏，并赐书名为《资治通鉴》，说它"鉴于往事，有资于治道"，还亲自为此书作序。

《资治通鉴》的编纂历时19年，耗尽了司马光一生的心血。他曾说："我的全部精力，都消耗在这部书上。"尤其是在洛阳的15年里，他更是孜孜不倦，常常工作到深夜。为了不让自己睡过头，他给自己弄了一个圆木作枕头，当睡着后一翻身枕头就会滚落下来，他就会被惊醒，重新投入工作。

在编写史书的过程中，他更是本着对史书严肃认真的态度，对史料进行严格的考辨，追根溯源，去伪存真。此外，他还专门写了一本《通鉴考异》，作为《通鉴》的副本。由于考异是遵照抉择幽隐、校计毫厘的严肃态度，所以更增强了史书的真实与可靠性。

考订书籍版本所用文字和所记载事实的异同点的方法，称为考异之法。这种方法被司马光归纳总结，并率先使用。他在编著《资治通鉴》的时候，同时编著了《通鉴异考》三十卷，开创了考异之法的先河。

考异之法的精髓在于求同和析异，求同运用的是逻辑推理中的归纳法，析异运用的是逻辑推理中的矛盾律。

历史研究之所以注重考异之法，出于以下几个方面的原因。

首先，有些历史事件的真伪需要鉴别。很多历史文献中对历史事件的记述有的自相矛盾，有的偏颇不完整，有的因为撰述者的主观因素而有所忌讳曲笔妄书。

其次，有些人物的名号和身份以及与其他人物相关的事迹等分歧很多，莫衷一是。

再次，编年体史书的时间概念比较杂乱，不够清晰，需要整理。

最后，有些历史事件发生的地点不够确切，所以地理空间位置的考证也是史学研究的重要内容。

基于以上四方面的原因，考异之法应运而生。

一般来说，考异之法有三种类型、六种方法。

三种类型包括书证法、理证法和两存法。书证法以书为证，理证法依理推断，

司马光采用考异之法编撰史学巨著《资治通鉴》

两存法是对不能鉴别正误的两种说法都予保留,不加妄断。

六种方法是指:

① 证实订伪,通过书证、物证、校勘等手段鉴别真伪,还原历史事件真相;

② 依理推断,根据常理推断其虚实;

③ 两存其说,对两种不同的说法无法进行辨别时,都予保存;

④ 参取所长,如果有多种说法,各有合理部分,就各取所长,去伪存真;

⑤ 对于有疑问的史料,保留疑问,不以讹传讹;

⑥ 对于无法采用的史料,加以保存,使其不至于佚失。

小知识:

屈万里(1907~1979)

字翼鹏,山东鱼台人。1967年任"国立中央图书馆"馆长。他一生致力于教学及我国古代经典文献和甲骨文研究工作,成绩卓著,著作颇丰。主要著作有《汉魏石经残字校录》、《诗经释义》、《古籍导读》、《书佣论学集》、《尚书释义》、《图书版本学要略》、《〈殷墟文字甲编〉考释》等。

屈万里夫妇1966年摄于普林斯顿大学

111

《左撇子》诞生记让人想到图画在历史学研究中的地位

> 关于人类历史的记载，先有图画后有文字。图画是史学研究中对历史进行形象思维的最有效途径，它与文字相得益彰，使人们更容易认清历史史实。

毕加索是西班牙著名的画家和雕塑家，在他很小的时候，父亲就经常带他去看精彩的斗牛比赛。斗牛场上那些激动人心的场面，给他留下了非常深刻的印象，让他对斗牛士充满了敬意，并对斗牛产生一种独特的情感。

正是因为对斗牛活动情有独钟，毕加索用他充满奇特想象力的画板再现了许多令人震撼的斗牛场面，使一个个威风凛凛的斗牛士形象栩栩如生地展现在世人面前。为此有人说，斗牛属于西班牙，也属于毕加索。

毕加索创作平生第一个以斗牛为题材的铜版画是在他18岁那年。那时他并没有画铜版画的经验，第一幅画就出现了错误。而恰恰是这个不经意的错误，使其成就了一幅被后来人认为是传世之作的巨著。

事情的经过并不复杂。毕加索在铜板上刻画了一个斗牛士，当时画的斗牛士右手紧握长矛，威风凛凛。刻完以后，交给印刷师傅去印刷。可是印刷出来的画面方向正好跟原著相反，只见斗牛士左手紧握长矛，而不是真实斗牛场上习惯的右手。为什么会出现这种情况呢？毕加索经过观察才恍然大悟，原来，图像在印刷时是左右换位的，所以右手上的长矛就跑到了左手上。这样的结果，让毕加索越看越别扭，觉得这是自己最不可原谅的疏忽，曾几度想毁掉这幅自己呕心沥血创造出来的处女作。

毕加索的传世名画——《斗牛士之死》

《左撇子》诞生记让人想到图画在历史学研究中的地位

但毕加索后来觉得毁掉了实在可惜，就将它丢在了一边，没再把它放在心上。后来有一次，他不经意间又看到了这幅铜版画，感觉还不错，灵机一动，心想，不如将错就错，干脆就将此画命名为《左撇子》。

令人没有想到的是，这幅因错得来的《左撇子》，一经面世，立即赢得了人们的喜爱，被赞誉为独具匠心的艺术佳作。

自古有"图画是文字的母亲"的说法，故而人们把书籍又称"图书"。就像《左撇子》记录了一个历史事件一样，图画在历史研究中占有非常重要和突出的地位。

关于人类历史的记载，先有图画后有文字。保留下来的最早的图画，是上古时期的岩画和石刻，那是人类史学的起源，是最古老的有形史书。图画是史学研究中对历史进行形象思维的最有效途径，它与文字相得益彰，使人们更容易认清历史史实。

历史研究中的图画，包括文物图、人物像、遗址图、古迹图、历史想象画、历史漫画、示意说明图、历史地图等多种类型。图画是历史学重要的组成部分，并非文字的附庸，而是与文字并驾齐驱，共同构成对历史事实的叙述。

图画在历史研究中的作用，主要有以下几点：

① 证明历史。图画能够为历史事实提供直接有力的证明，增加史实的可信度。

② 叙述历史。图画叙述历史的好处是形象、生动、简洁、一目了然。

③ 解释历史。有些历史事实很难用文字解释清楚，用图画则释义清晰、直观明了。

④ 再造历史形象，重现历史瞬间。

⑤ 补充文字叙述的不足。图画叙述历史与文字叙述历史不同，图画叙述能够补充文字叙述的不足，相互配合，取长补短，完善史实。

⑥ 能够拓宽历史研究的视野，传递史学更多的信息。

图画在历史研究中的地位不言而喻，如何运用图画，重点是要图文结合，不能把图画孤立于文字之外，而要把形象思维与逻辑思维紧密结合，充分发挥图画的作用。

小知识：

柳诒征（1879～1956）

字翼谋，号劬堂、知非，江苏镇江人。我国近现代史学先驱，我国文化学的奠基人，现代儒学宗师。著有《中国文化史》、《国史要义》、《东亚各国史》、《中国版本概说》、《劬堂读书录》等。

打落牙齿藏怀里
为的是保留证据

> 实物史料是历史的见证和历史知识的可靠来源,能够比较形象直观地反映历史事实,无论是撰写史书还是进行史学研究,都具有极为重要的价值和作用。主要包括各类文物、器具、古迹、遗址、建筑、工程、碑刻、雕塑和绘画等。

宋太祖赵匡胤喜欢下围棋。特别是他当了皇帝以后,大宋基业已稳,他也就有了更多下围棋的时间。为此,他还给陪同下围棋的官员定了个专职叫"棋待诏",可见赵匡胤对围棋的迷恋程度。

有一次,他在下围棋的时候,有几个大臣称有急事求见。无奈,赵匡胤赶紧离开后花园来到前宫,问大臣们有什么重要的事情。其中一个大臣说:"启禀陛下,城东的一口井旁盘踞着一条蟒蛇,已经一周左右了,很多百姓不敢去打水,该怎么办?"

另一个大臣说:"西城的一个饭馆前几天出了一桩命案,房主在深夜被勒死在自家的后院,现在我们已经把凶手抓住了,是弟兄俩所为。原来房主经常吃喝嫖赌欠下很多外债,债主上门追讨不成,便对其下了毒手。"

赵匡胤一听,这都是些什么事啊,于是气愤地说道:"这算什么重要的事?耽误我下棋,简直是无理取闹。"

"可是依臣之见,这些事情比下棋要重要得多。"一个大臣说。

赵匡胤很生气,他拿起身旁的一个斧头,朝那

明代画家刘俊所作的《雪夜访普图轴》,现藏于北京故宫博物院

个大臣打去,打掉了此人的两颗门牙。大臣捂着嘴,弯下腰把打落的牙齿捡了起来,赵匡胤一见此举便说:"你捡牙齿做什么?难道还要拿着上衙门告我不成?"

"我没有状告陛下的意思,我拾起牙齿,只是想让史官们看一看,因为他们的职责是如实记录历史。"

大臣保留被宋太祖打掉的牙齿,是为历史学保留实物史料。

实物史料包括各类文物、器具、古迹、遗址、建筑、工程、碑刻、雕塑和绘画等。它对历史的反映具有片段性,是历史的见证和历史知识的可靠来源,能够比较形象直观地反映历史事实,无论是撰写史书还是进行史学研究,都具有极为重要的价值和作用。

由于历史具有过往性和不可再现性,人们看到的只是史料记载或折射出的关于历史的记忆,而不是历史的本体。这使得历史的主体和客体之间,天然就存在着时空上的分离和异位,从而给人们感知历史、认识历史,带来了巨大障碍。为此,人们必须借助实物史料找到了解历史的有效途径。

实物史料在史学上的作用,主要有四个方面:

① 实物史料能开拓史学研究视野,不断为史学发展提供新的线索和新的思路,有利于树立正确的历史观。

② 实物史料是对历史文献重要补充,能够弥补文献资料的不足,填补文献资料留下的空白。

③ 实物史料能鉴别文献数据以及史书记载的真伪,订正史书的谬误。

④ 实物史料为史学研究提供了实物依据,直观形象,真实可感。

小知识:

陈垣(1880~1971)

我国历史学家、宗教史学家、教育家。字援庵,又字圆庵。笔名谦益、钱罂等。广东新会人。主要著述有《元西域人华化考》、《校勘学释例》、《史讳举例》、《南宋河北新道教考》、《明季滇黔佛教考》、《清初僧诤记》、《中国佛教史籍概论》及《通鉴胡注表微》等,另有《陈垣学术论文集》行世。

赤裸裸地记录注事是普鲁士兰克学派特色

> 兰克学派是指普鲁士时期，以德国历史学家兰克为代表的历史研究学派。主张秉笔直书，通过对史料的批判，如实地再现历史，又被称做实证主义史学流派。

利奥波德·冯·兰克1795年出生于德国一个叫维厄的小镇上。在父亲的影响下，他从小就接受古典文学知识的熏陶。1818年，兰克从莱比锡大学毕业，获得博士学位，之后在法兰克福的一所学校教了七年的历史。在这七年里，他一方面受史学家尼布尔的影响，一方面在讲述荷马、弗吉尔、贺拉斯等作家的作品时不得不涉及到当时的历史背景，逐渐对历史产生了浓厚的兴趣。

他于1824年出版了第一部作品《拉丁和条顿民族史》，这部作品使他一举成名，并因此被聘为柏林大学历史学教授。

在柏林大学任教，是他人生的转折点，这所学校有着浓厚的艺术氛围和杰出的思想以及理念。同时，他还在柏林档案馆里发现和阅读了多达四十七卷的16、17世纪威尼斯外交大使的报告。很快，他就利用这些史料写出了第二部作品《奥斯曼人与16、17世纪的西班牙王国》，这部作品较上一部作品从选材到结构上都有很大的完善，为此他也得到了一笔数目可观的酬金。

带着这部著作的酬金，兰克开始寻访欧洲各地，并把自己的这次旅行称做是"科学旅行"。在游历期间，他先后来到维也纳、罗马、威尼斯、佛罗伦萨、巴黎、伦敦等著名的城市。无论他到哪个地方，最先访问的肯定是收藏官方文书的地方，在这些城市的国家档案馆和私人藏书楼里，都留下了他的足迹。

在游历了四年以后，他搜集和整理了大量的历史素材，出版他的代表作《教皇史》。这部书不仅内容丰富，而且叙述客观冷静，因此他又获得了"普鲁士钦定历史学家"的称号。这一荣誉意味着作为普鲁士君主国拥护者的兰克被允许进入所有的国家档案馆，而其他历史学家则被拒于门外。1865年，兰克获得了可由子孙承袭的普鲁士贵族身份。从这时起,兰克一直佩戴着他的家族徽章,上面刻有他的座右铭"labor ipse voluptas(工作即快乐)"。在他离世前四年,兰克还最后获得了普鲁士枢密顾问的头衔。

关于如何记录历史,兰克认为,史学家的任务就是"据事直书",要以事实为依据,客观而准确地分析和叙述历史。在他看来,历史学不仅是一门科学,而且是一门严肃的科学。后人称19世纪是尊重事实的伟大时代,包括德国、英国,甚至法国的史学家们在编撰历史的时候,都谨记兰克的四字名言,从而涌现出很多硕果累累的史学家,而兰克则被尊称为"近代史学之父"。

兰克学派是指普鲁士时期,以德国历史学家兰克为代表的历史研究学派。主张秉笔直书,通过对史料的批判,如实地再现历史,又被称做实证主义史学流派。

受实证主义影响,创始人兰克认为,史学家的任务就是据事直书,不能有所偏倚,要全面客观地如实记载。为此,要对史料进行批判检验,辨清真伪,去伪存真,把历史学纳入科学的范畴。

兰克"据事直书"的观点之所以一问世就得到史学家们的响应,与史学当时所处的地位和环境有关。当时,史学极力想摆脱哲学和宗教的束缚,并与文学艺术分离,而成为一门严肃的实验科学。为此,兰克的主张成为当时史学界的旗帜,英、法、德等国的大批史学家纷纷加入兰克学派,涌现出大量的史学成果。

兰克学派编撰的史书侧重于政治史、军事史、外交史等,大量采用来自政府档案和军事、外交档案,以及政治家的日记等第一手史料,真实可靠,可信度高,为表现据事直书的原则提供了践行的基础。其史书的特点是多叙事和描述,少分析概括。这样不仅提高了史书的客观性,还极大地避免了史学家对史料和史书的主观干预和渗透。

小知识:

利奥波德·冯·兰克(1795～1886)

德国著名历史学家,客观主义史学创始人。他的史学思想主要包括:重视原始数据的利用和考辨;重视政治史;认为历史可以认识,但不能完全认识。著述有《拉丁和条顿民族史》、《英国史》、《法国史》、《教皇史》等。

跳上天去自杀者
揭示辩证法的缺陷

> 辩证法是与形而上学相对立的一种世界观和方法论,它的基本原则是一分为二,对立统一。任何史学现象和史学研究,都要遵循辩证法的原则。

从前,有位秀才去赶考,在途经一个村庄的时候,看到一个人在不停地向上跳,仿佛在做什么运动,一副很认真的样子。路边穿梭过往的行人毫不在意,秀才却很纳闷,不知此人到底在做什么。

这时,恰好旁边走过来的一个农夫,秀才就问道:"他这是在做什么?练习跳高吗?"

农夫说:"不是,他这是在自杀。"

"自杀?不会吧?用这种方式自杀?真是不可思议。"秀才说着摇摇头。

"真的是自杀,这没有什么可奇怪的。你看我们这个村庄,没有河流,没有高楼,也没有井,所以想自杀的话,既不能跳河,也不能跳楼,更不能跳井,没办法,只能往天上跳,然后掉下来把自己摔死。"

秀才若有所悟,不过还是不太明白,他又问:"那么,这个人自杀了多长时间了?"

"两年了。"

"那真是太不容易了,真是辛苦他了。"

"就是啊,为了有保证足够的体力,他每天都吃得很饱,连鞋都穿坏了好几双,可是现在还是没有什么进展。"

"那怎么办呢?"秀才又问道。

"有什么办法,就得这么练,直到将来有一天自杀成功为止。你是不知道,我们这里的人,是最遵守村规的。"

秀才低头想了想,若有所思,背着包裹继续赶路了。

人跳不到天上去，所以自杀不能成功。村里之所以规定自杀者必须跳到天上去，是因为其他方式都无法实现自杀的目的。但人是无法跳上天的，那这条规定其实间接地禁止了人们自杀，这也是辩证法的一次巧妙运用。

辩证法是与形而上学相对立的一种世界观和方法论。它的基本原则是一分为二、对立统一，历史辩证法同样遵循这样的原则。任何史学现象和史学研究都离不开辩证法。

人的主观能动性与客观物质世界之间相互依存、相互矛盾，这就注定了历史与历史学之间的关系同样是辩证而非形而上学的。历史是客观的，历史学是主观的，历史学依赖历史而存在，是对历史的一种观照；反过来，历史又因为历史学的存在而存在，没有历史学，人们无法认清历史的规律，无法知晓历史的真实面目。

认清历史和历史学的辩证关系，就会使历史学研究摆脱形而上学的束缚。历史学家要树立正确的历史观，就必须辩证地看待一切历史事实和历史现象，把人类社会的历史描绘为相互联系、相互作用、相互影响的统一整体。

小知识：

黑格尔（1770～1831）

德国哲学家，德国古典唯心主义的集大成者。他一生著述颇丰，其代表作品有《精神现象学》、《逻辑学》、《哲学全书》、《法哲学原理》、《哲学史讲演录》、《历史哲学讲演录》和《美学》等。

"铁血宰相"俾斯麦支持下兴起的新史学派

> 新史学派的特征是提倡广泛开拓史学研究领域,拓宽史学研究范围,与社会科学、人文科学紧密结合,全面合作,着重强调史学家对历史的解释,重视历史学与现实社会的关系,注重史学的功能等。

奥托·冯·俾斯麦1815年4月1日出生在普鲁士一个大贵族地主家庭,他在父亲的庄园里度过自己的童年,后来入大学学习。在学习期间,他曾与同学进行了27次决斗。大学毕业后,俾斯麦回到家乡管理自己的两处领地。

1862年,俾斯麦出任普鲁士宰相兼外交大臣,从此他便活跃于普鲁士的政坛上。俾斯麦是一个主张使用武力的好战分子,而且很了解俄、法统治者的内心想法,深知该如何用武力去对付这些敌人。

俾斯麦被任命为宰相的第一周就在联邦议会上发表了首次演说,他十分激动地说道:"当代的重大政治问题不是用说空话和多数派决议所能决定的,而必须用铁和血来解决。德国所指望的不是普鲁士的自由主义,而是他的武力!"这种观点在当时的政坛上产生很大的影响。这也正是俾斯麦被称为"铁血宰相"的原因。

1862年9月的一天,普鲁士国王主持召开议员和内阁大臣的会议,要大家各抒己见,讨论如何统一德意志的问题。好几个世纪之前,德国就一直处于四分五裂的状态之中,分裂为奥地利、普鲁士和其他小国共三十四个国家和四个弗里敦市,而普鲁士无论从经济上还是军事上都是德意志联邦中最

在"铁血宰相"俾斯麦的宣导下,普鲁士通过一系列战争统一了德国

强大的。此时的普鲁士军事力量处于上升时期,这为俾斯麦的"铁血政策"打下了坚实的基础。

俾斯麦深知,议会里的资产阶级议员只会吵吵嚷嚷,根本没有实力左右政府,为了更有效地实行"铁血政策",他干脆一脚踢开议会,并公开地发表自己的意见:"冲突在所难免,在冲突中最有力量的一方,一定获胜!"

在俾斯麦的大力支持下,普鲁士首先打败了奥地利,接着将矛头指向法国。1870年9月1日,双方最后的决战在色当打响了。普军架起七百门大炮猛轰敌军阵地,炮弹像雨点一样倾泻而下,色当城变成了一片火海。法军死伤无数,余下的全都钻进了堡垒。下午3时,毫无还手之力的法军在色当城楼举起了白旗,拿破仑三世还向普鲁士国王写了一封投降书,恬不知耻地说:"我亲爱的兄弟,我没有战死军中,只得把自己的佩剑献给陛下。我希望继续做陛下的好兄弟,拿破仑。"

普法战争结束,德意志帝国最终完成统一。此时,兰克学派的史学观也被逐渐淘汰,代之而起的是新史学派。

新史学派20世纪初萌芽于普鲁士帝国,倡导者是德国的哲学家们,如狄尔泰、文德尔班等。到了50、60年代发展成旨在反对兰克学派为代表的传统史学的史学新潮流。新史学派的特征是提倡广泛开拓史学研究领域,拓宽史学研究范围,与社会科学、人文科学紧密结合,着重强调史学家对历史的解释,重视历史学与现实社会的关系、注重史学的功能等。

新史学在认识论上既承认历史认识的主观性和相对性,又极力避免意识形态的干扰,主张从第一手材料出发扎实研究,在方法论上倡导"问题史学"。同时提倡多学科合作,由此产生了数量史学、地理史学、心态史学、结构史学、人口史学、历史人类学等新的分支学科。

新史学反对单纯的政治史和精英人物史,更反对单纯的事件史,主张对历史进行多层次、全方位的综合考察,从整体而不是局部去研究历史、把握历史。

> **小知识:**
> **吕西安·费弗尔(1878~1956)**
> 年鉴学派的创始人。他与布洛赫共同创办了年鉴学派的核心刊物,即后来的《年鉴:经济、社会与文明》。著有《土地与人类演进》、《命运:马丁路德传》、《全观历史》、《拉伯雷与16世纪的不信神问题》、《为历史而战》等。

"美国人类学之父"博厄斯开创了历史批评学派

> 历史批评学派,亦称"批评学派",19世纪末至20世纪初形成于美国,其创始人为人类学家博厄斯。因为这一学派的其他代表人物,皆为美国学者,并且都出自博厄斯门下,故又称"美国历史学派"或"博厄斯学派"。这一学派主要盛行于1890年至1930年间,但其观点和方法一直影响到当代美国民族学界。

博厄斯1858年出生于普鲁士威斯特伐利亚州明登市一个富有犹太商人的家庭。从5岁起,他就对自然科学产生了浓厚的兴趣,长大后分别在几所大学学习数学和物理。他在明登读大学预科时,又深深地爱上了文化史。他在25岁时,到加拿大巴芬岛进行一次考察。自此,他的人生的轨迹发生了决定性的转变。

在巴芬岛,当地土著居民爱斯基摩人的生活方式及文化深深地吸引了博厄斯。当时的爱斯基摩人社会整体处于一种与世隔绝的状态,但部族内部高度平等,所有家庭的生活物资标准几乎完全一致。博厄斯还将关注的焦点放在他们在对枪械的熟练使用、对新鲜事物的迅速接受等方面。这些体会成为他日后建立人类学理论的最初材料。

博厄斯在美国自然历史博物馆任职期间,计划并参加了美、俄两国合作的杰塞普北太平洋探险,以解决关于亚洲北部文化和美洲西北部文化之间的关系问题,并主编该探险队的报告。他在《种族、语言和文化》一书中作了种族、语言、文化三方面的综合研究。在他的倡导下,学者对美洲各部落和民族文化进行了广泛的调查研究。

1942年12月31日,博厄斯在纽约哥伦比亚大学的教员俱乐部为迎接列维·斯特劳斯的拜访而举行午宴的席间不幸去世。列维·斯特劳斯悲伤地说:"博厄斯去世之后的美国,百科全书式的人物没有了。每个人都在博厄斯开垦的土地上各捡一小块耕耘。"

"美国人类学之父"博厄斯开创了历史批评学派

作为博厄斯学派的创始人和美国人类学之父,博厄斯一生最重要的贡献就是使平等、自由的理念成为人类学领域内主要的理论形态。正是这种尊重不同文化、认真、客观、不盲从的博大学术精神,为他赢得了享誉全世界的盛名。

后人评价博厄斯贡献的一个十分重要之处,在于他从根本上改变很多人类学家的观点。在当时的美国人类学界,本族中心主义盛行,"文明"、"进化"、"普世价值"、"欧洲中心说"、"白人种族优越论"等思想居主导地位。欧美学界普遍习惯"居高临下"地以本民族的道德标准去看待、评判所有异文化。但自20世纪以来,由于亚非及其他大陆民族解放运动的发展,欧洲中心论及其类似的理论受到毁灭性打击,于是对各民族文化"价值"的评价就成了现实无法解决的问题。在此历史条件下,博厄斯所倡导的历史特殊论及文化相对论经赫斯科维茨等人的极力宣扬,遂得以流行,并逐渐为学界所广泛接受。

历史批评学派之所以被称为批判学派,是因该学派对当时的进化学派和传播学派均持批评态度而得名。被称为历史学派也是因为对摩尔根的进化学派的批评,博厄斯学派认为摩尔根所做的理论概括是思辨的方法,过于武断和穿凿,是不能成为可靠的历史方法的。而对传播学派的批评,主要集中在批驳其"埃及中心说"上,他们批评传播学派的文化圈和文化层概念,取而代之的是文化区和文化丛。后来文化区概念被这一学派发展为一种代替具体民族史研究的普遍原则,认为文化中心区属于独创,周边区属于传播。

这一学派具有鲜明的反对种族主义的立场,并从科学和历史上论证了种族平等和民族平等的思想,坚决反对欧美中心主义和种族歧视、种族压迫。

小知识:

弗朗兹·博厄斯(1858~1942)

作为博厄斯学派的创始人和美国人类学之父,他一生最重要的思想观点就是历史特殊论和文化相对论——平等、自由理念在人类学领域内的理论形态。著作有《潜山神话学》、《人类学通讯》、《文化和种族》、《原始艺术》、《人类学与现代生活》、《普通人类学》、《种族、语言和文化》等。

比尔·盖茨整理"站错队"的图书，表现计量学方法在历史研究中的作用

> 当代计量历史学，是以统计学理论和计算机技术为基础，对历史数据进行全面的统计、整理和分析，得出相应的结论，并以此结论作为研究历史的证据，从而准确地描述历史的现状。

世界首富比尔·盖茨是大家再熟悉不过的了，他能够取得举世瞩目的成就不光是命运的惠顾，更取决于他的天赋和睿智。

有一位名叫卡菲瑞图书管理员曾讲述过一则关于比尔·盖茨小时候的故事。

1965年，卡菲瑞在西雅图景岭学校图书馆工作。因为图书馆里的人员忙不过来，所以就想找一个临时工来帮忙，于是贴出了招聘启事。后来，一个小男孩走了进来，他是一个小学生，想做这份工作。卡菲瑞看了一眼这个身材矮矮的小男孩：他尽管看起来很小，但是眼神里流露出来的聪慧让人觉得他不是一般的孩子。于是，卡菲瑞就录用了这个小男孩。

第二天，卡菲瑞就开始教给他要做的工作——整理图书，把每一本书放到指定的位置上。小男孩十分聪明，很快地就学会了如何做。他瘦小的身躯在图书架旁穿来穿去，不一会儿就找出好几本放错位置的书。就这样，他每天课余时间都在这个图书馆里穿梭，把放错位置的书重新放好。

半个月过去了，小男孩的母亲带着他来到了这个图书馆，告诉卡菲瑞说她就要搬家了，搬到不远处的一个住宅区，而小男孩则担心他走后谁来整理那些"站错队"的书。第二天，小男孩来向卡菲瑞告别，说要到其他地方去上学，得辞掉这份工作。

此后，卡菲瑞一直记挂着那个小男孩。但没过多久，小男孩又在图书馆门口出现了，他高兴地告诉卡菲瑞，由于那边学校的图书馆不让学生担任管理员，母亲又把他转回了原来的学校上学，由他爸爸用车接送。

"如果爸爸不带我，我就走路来。"小男孩笑着说。

卡菲瑞想，这个男孩子的决心如此坚定，长大后一定有所作为。

果不其然，这个名字叫比尔·盖茨的小男孩长大后成为了全球首富。

比尔·盖茨整理"站错队"的图书，是对计量学方法的一次具体运用。计量学方法引入历史学研究源于法国年鉴派，该学派于20世纪30年代开始利用统计学原理对大量的历史数据进行整理和分析，从对社会结构的定性分析转为定量分析，开启了运用计量法研究历史的先河。到20世纪50年代，美国出现了计量历史学派，将计量方法正式引入历史学研究中，并逐渐在史学界传播开来。

计量方法就是对各种有效的资料进行测量、统计、整理和分析，进而作出相应的判断、得出相应的结论，或者以此数据作为论据来做出判断、论证观点。

当代计量历史学，以统计学理论和计算机技术为基础，对历史数据进行全面的统计、整理和分析，得出相应的结论，并以此结论作为研究历史的证据，从而准确地描述历史的现状。计算机和网络的普及，对计量法在历史学研究中的运用有着非常关键的作用，各种史料搜集和储存变得极为方便，统计分析也变得更加迅捷和精确。很多关于人口、价格、选举、财产等具有数据特征的史料，全都可以透过计算机运用计量法快速地找到规律、得出结论，为历史学研究打开了方便之门。

这种方法的运用，使历史记录能够与社会科学应用计量方法得出的精确数据相吻合，使得出的结论更准确，从而比传统史学充满想象的描述更加接近历史的真相。

当前，计量历史学已经被美国列入高等教育历史专业的教学内容，并且在全世界范围内得到了普及运用。

小知识：

罗伯特·福格尔（1926～　）

美国经济学家，计量经济史学的开创人，1993年诺贝尔经济学奖获得者。他的《铁路和美国经济增长：计量经济史学论文集》的出版，标志着"历史计量学"或"新定量经济史学"的诞生。而《苦难的时代：美国黑奴制经济学》一书则是迄今在美国史方面出版的一本争议最大的书。

喝洗手水的温莎公爵懂得
心理学方法与历史研究渊源

> 心理史学的研究方法是利用现代西方心理学理论,以精神分析学说为主导,根据人类集体的行为来观察解释历史现象和历史进程,在此基础上,推断人类社会未来的发展方向。

英国温莎公爵并非一个为了爱情而放弃王位的花花公子,他典雅的绅士风度和过人的机智都曾赢得人们的尊重。

有一次,英国王室为了招待印度当地居民的首领,准备在伦敦举行晚宴。皇室经过讨论决定让皇太子温莎公爵主持这次宴会,而出席作陪的人都是上流社会的绅士淑女。

宴会进行得很顺利,当最后一道餐点结束时,侍者为每人端来一盘洗手水。印度客人并不了解英国的礼节,更没有见过这样精致的盘子,当他们看到那精巧的银制器皿里盛着亮晶晶的水时,就认为这是英国皇室为了款待他们而准备的饮料,于是就端起来一饮而尽。

作陪的英国贵族们目瞪口呆,不知如何是好,纷纷将目光投向了这次宴会的主持人温莎公爵。温莎公爵依旧谈笑风生,他从容地端起洗手水,全部喝光。在他的启迪下,其他英国人纷纷效仿,一场即将引发的难堪与尴尬,就这样化解于无形之中。

温莎公爵体会到客人的心理,便饮下洗手水化解可能出现的尴尬局面。这是心理学在历史事件中的一次具体实践。运用心理学方法研究古人心理状态的历史研究被称为心理史学。

心理史学是当代史学领域新兴的史学研究方法和流派,根据源流发展、方法和传播领域,形成了心理史学和心态史学两大主要流派。心理史学以美国为中心,以著名心理学大师弗洛伊德的精神分析学为基础进行史学研究的流派。法国年鉴派开创并倡导了心态史学,以集体的精神状态为研究对象,进行历史研究。

心理史学和心态史学两者之间既相互区别又相互交叉,各有缺陷又相互补充,两者共同关注人类的心理因素、精神状态在历史进程中的影响和作用,又有着不同的理论渊源和研究侧重。在研究内容和研究方法上,有交叉又有分野,各走一条道路。

心理史学的研究方法是利用现代西方心理学理论,以精神分析学说为主导,根据人类集体的行为来观察解释历史现象和历史进程,在此基础上,推断人类社会未来的发展方向。

心态史学主要是运用心理分析手段,考察研究历史上人们的心理动因和精神状态,重视历史人物的内心欲望、心理动机和价值观念,并考察研究这些心理活动对历史事件和历史进程施加的影响和作用。

温莎公爵

运用心理学方法进行史学研究,其理论依据是人具有不同的性格、气质,从而导致人生观、价值观、方法论各不相同,进而形成文化思想的不同,导致行为习惯的不同,自然带来历史行动结果的不同。

小知识:

西格蒙德·弗洛伊德(1856~1939)

犹太人,奥地利精神病医生及精神分析学家。精神分析学派的创始人。他认为被压抑的欲望绝大部分来自性,性的扰乱是精神疾病的根本原因。著有《性学三论》、《梦的释义》、《图腾与禁忌》、《日常生活的心理病理学》、《精神分析引论》、《精神分析引论新编》等。

为历史辩护的年鉴学派

> 年鉴学派又叫"安娜学派",因1929年创办《经济社会史年鉴》而得名。该学派认为历史不是政治史,而是社会的历史,是社会的总体史,主张并践行了融合经济学、社会学、地理学、心理学、人类学、语言学等社会科学甚至自然科学为一体进行史学研究。

马克·布洛赫是法国乃至世界上知名的历史学家、年鉴学派创始人之一。他1886年7月6日出生于法国里昂,他的父亲是一位从事古希腊罗马历史研究的大学教授,这种良好的家庭环境对他的教育产生了很大的影响。

20世纪末法国出版的《历史科学辞典》中记载道:"马克·布洛赫是本世纪两到三位最伟大的历史学家之一,或许是他给予了历史科学的变革以最具决定意义,也最为持久的影响。"这是对他一生成就的最好评价。

众所周知,在马克·布洛赫的时代,占据当时欧洲史坛统治地位的仍然是以兰克学派为代表的传统实证史学。实证史学强调第一手史料的绝对重要,注重对史料的严格考据,"让史料说话",历史学家在研究过程中应保持不偏不倚的客观态度。

无疑这种史学的观点对当时的历史学有着十分卓越的贡献,但是这种观点过于拘泥于政府档案、当事人的纪录等材料,使得历史研究的领域受到极大的限制,局限于政治、军事、外交等事件史、帝王将相为代表的个人史,因此这种史学不利于与其他社会科学、人文科学之间的交流。所以这种史学观在一定的程度上也阻碍了史学的进一步的发展。

但当时的马克·布洛赫却开创了一种新型的"综合"与"整体"的历史学,具体说来,就是将历史研究的重点由原来的政治史转向经济、社会和文化领域,从而发动了一场改变历史研究方向与方法的运动。

1929年1月,马克·布洛赫和另一位同在斯特拉斯堡大学共事的史学家费弗尔合作,创办《社会经济历史年鉴》杂志,标志着年鉴学派的形成。他们主张多学科的研究,"在时间中研究人类的历史"。在利用传统史料的同时,从人类学入手,研究习俗、心理态度、价值系统、民众想象、物质环境、口头见证等等。

1940年，法国向德国投降后，马克·布洛赫毅然参加抵抗运动。1944年6月16日，他被纳粹德国的盖世太保逮捕后枪杀于里昂城郊，年仅58岁。倒在地上的他最后想些什么，我们不得而知。但他是将人文关怀贯彻始终，即使是风景，对于他而言也是人类的风景——"在风景的线条的背后，在工具和机器的背后，在最冷峻文字的背后，在表面上完全与建立者无涉的机构的背后，正是历史要去捕捉的人类。如若不然，便只是些渊博的做作了。"

年鉴学派认为历史不是政治史，而是社会的历史，是社会的总体史，主张并践行了融合经济学、社会学、地理学、心理学、人类学、语言学等社会科学甚至自然科学为一体进行史学研究。

该学派历史研究态度是重理论、重解释、重综合。由三代人物分成三个阶段，他们的共同努力使得该学派成为新史学的重要代表。该学派打破传统史学中历史一成不变的进程节奏，出现了地理时间、社会时间和个人时间三种节奏，尤其凸显出社会时间的重要性，强调全面历史和整体历史，指出历史是包括人类活动各个领域的整体，并在这些领域相互关联、相互作用形成的结构和功能关系空间中得以表现，并构成时间上的演进。

年鉴学派的发展，以三代人物为代表，经历了三个阶段。

第一阶段从1929年到1945年，以创办《经济社会史年鉴》为开端，主要代表人物是吕西安·费弗尔和马克·布洛赫。

第二阶段是第二次世界大战以后，从1945年到1968年，主要代表人物是费尔南德·布罗代尔，以原来的《经济与社会史年鉴》改名为《经济、社会与文明年鉴》为标志。

第三阶段从1968年至今。勒高夫被公认为第三代年鉴学派的领袖，以布罗代尔辞去了年鉴杂志主编的职务，由雅克·勒高夫和勒瓦·拉杜里接任为标志。

小知识：

费尔南·布罗代尔（1902～1985）

法国年鉴学派第二代著名的史学家。著有《菲利浦二世时代的地中海和地中海世界》、《15至18世纪的物质文明、经济和资本主义》等。

追求自由之精神的陈寅恪研究历史的"有无"观

> 历史观里的有无观,历来是史学界争论的焦点。中国古代史学的有无观和当代史学的有无观,本质上都是辩证法,集中在历史是否有规律可循的争议上。"有"就是历史是人类与自然界相互依存、相互矛盾、相互作用的结果,"无"就是历史虚无主义。

陈寅恪先生是中国著名的史学家,他曾先后留学于日本、德国、瑞士、法国、美国,通晓梵文、突厥文、满文等多种东西方语言文字。1920年,陈寅恪倡导为人治学当有"自由之思想,独立之精神",他的这种思想对当时的史学观产生了很大的影响。

陈寅恪故居

陈寅恪的思想涉及面十分广泛,在宗教、历史、语言、人类学、校勘学等领域都有独到的见解。他曾言:"前人讲过的,我不讲;近人讲过的,我不讲;外国人讲过的,我不讲;我自己过去讲过的,也不讲。现在只讲未曾有人讲过的。"因此,陈寅恪先生的学生非常多,有很多著名的教授,例如朱自清、冯友兰、吴宓、北京大学的德国汉学家钢和泰等人都抢着去听他的课。

陈寅恪在历史研究方面的造诣是最为突出的。他经常这样说:"搞历史方面的研究最重要的就是要根据史籍或其他资料以证明史实,认识史实,对该史实有新的理解或新的看法,这就是史学与史识的表现。"

他在上课的时候就经常这样教育他的学生,他说:"凡是前人对历史发展所流传下来的记载,我们都应该对其真实性进行证明。如果证明真有这样的历史存在的话是比较简单的,因为只要找到在其他地方也有同样的或者是类似的东西,那么这种历史就差不多是正确的。但要证明没有这样的历史的话,其实是比较难的,因为在你能够找到的文献中没有相关方面的论述并不能代表这种历史是不存在的,所以为了防止一些错误论述的出现就应该十分小心。"这种教育足以见得陈寅恪先生对学术研究的严谨态度。傅斯年曾经这样高度评价他:"陈先生的学问,近三百年来一人而已!"

陈寅恪研究历史的"自由之思想,独立之精神"的态度,反映了他的历史观。历史观里的有无观,历来是史学界争论的焦点。中国古代史学的有无观,其实就是辩证法,当代史学的有无观本质上也是辩证法,集中在历史是否有规律可循的争议上。

有无观最早起源于老子的哲学思想,认为有就是无,无就是有,无是事物的根本。这种哲学思想指导下的历史观,后来发展成为历史虚无主义,认为历史是神秘的、不可知的,只有现象,没有本质规律。这种历史观一直影响着中国古代史学的发展,导致史学研究逐渐脱离历史事实而专注于史学史实,专注于史学描述历史的真假研究,认为史学就是史料学,注重文献资料对历史的描述,而忽略历史事实的内在发展规律。

有无历史观,在西方史学里,表现为形而上学与辩证法的矛盾。形而上学认为历史是人的思想观念、理性和绝对精神支配的结果,不存在自然法则的规律作用。历史没有什么规律可循,只是一件件彼此孤立的历史事件的时间排序,历史学家的任务就是查明这些历史事件的真相。

而辩证法史观则认为,历史是人类与自然界相互依存、相互矛盾、相互作用的结果,人类意识与客观世界的相互影响和作用构成了人类史,是人类按照自然法则和内在规律不断发展的结果。历史是有规律可循的,历史学家的任务就是通过对历史事实的考察和研究,发现揭示出人类历史发展的必然规律。

> **小知识:**
>
> **陈寅恪(1890~1969)**
>
> 江西义宁(今修水县)人,我国现代最负盛名的历史学家、古典文学研究家、语言学家。著有《隋唐制度渊源略论稿》、《唐代政治史述论稿》、《元白诗笺证稿》、《柳如是别传》、《金明馆丛稿初编》、《金明馆丛稿二编》、《寒柳堂集》、《陈寅恪学术文化随笔》、《陈寅恪文集》等。

偷窃自己的人解说
逻辑与历史学的关系

> 历史是逻辑的历史,逻辑历史学包括对时间、历史、价值和逻辑四个方面规律的探寻,历史的价值在于时间的参与而使人类自身的活动具有延续性和逻辑性,并在这种逻辑性的规律中,不断地暗示出人类未来的发展走向。

贝利是20世纪20年代人人皆知的珠宝大盗,人们对他的了解也仅仅局限在一个小偷的定义上。但是他曾经是一位造诣很深的画家,也是一位很有潜力的鉴赏家,所以他曾经被人称为"绅士大盗"。贝利偷窃的对象都是有钱有地位的上流人士。

有一次,贝利在偷盗的时候当场被警察抓到了,随后被判了18年的有期徒刑。

在监狱中,有记者采访过他。那个记者问了一个很有趣的问题,他问贝利说:"贝利先生,你曾偷了许多有钱人的东西,我想知道,蒙受损失最大的是谁?"贝利毫不犹豫地回答说:"当然是我自己了。"记者很是惊奇,因为一般的小偷在接受采访的时候不是对自己生活的环境或政府进行抱怨就是对自己的人生后悔不已,但是他的回答却是如此的不同。

贝利接着说:"我有着别人所羡慕的艺术天赋,我应该能够成为一个成功的商人、华尔街的大亨,最起码也应该是在这个社会上兢兢业业的艺术工作者,但是我却成了一个小偷。毋庸置疑,我一直都在偷盗我自己的东西,大家都知道我人生的四分之一都将在监狱中度过,如果这些时间都用在最重要的事业上的话,我一定会是一个很成功的人。"

很有讽刺意味的是贝利用于策划一件偷盗案的时间是十多天,而这十多天的时间如果他能够全心全意地投身于作画的话,他会创造出等同于他所偷盗的东西的价值。但不管怎么说,这位天才的画家却是一个小偷。最让大家觉得可惜的是,他依然知道自己是输得最惨的那个人。

后来有一个期刊上专门就贝利的这个事件做了专题的报导,主编是这样写的:"贝利无疑是一个天分很高的聪明人,在某一领域,他完全可以凭借自己的本领赢得成功,在社会上占有一席之地。可是他却选择了这样的生活方式,这是因为他没有真正认识到自己,不知道自己的价值何在。他不相信,正面地、充分地发挥自己的才华,便是走在通向成功的光明大道上。他更不知道,通过不正当的手段牟取钱财实际上是在走一条死胡同,而且永远都没有回头路了。他自己偷了自己的全部,从小处说,是耽误了自己;从大处说,等于向社会偷窃。"

按照贝利的逻辑,他偷窃东西其实就是偷窃自己宝贵的时间。这一逻辑使偷窃自己的说法成立。逻辑是一种被广泛使用的思维方法,因而历史学研究必然离不开逻辑的运用。

历史学的任务是通过一切历史的表象,探究揭示历史发展的内在逻辑规律。仅仅研究历史的事实并非历史学的目的,因为任何历史事实的产生,都有其内在复杂的根源,同时与历史的参与者和接受者有着密不可分的关系。历史学无法进入历史事实,历史学重建的历史事实体系,仅仅是依赖历史事实的内在逻辑而推衍出来的模拟体系,为此,历史逻辑的考察和发现是历史学研究的根本。

历史是逻辑的历史,逻辑历史学包括对时间、历史、价值和逻辑四个方面规律的探寻,历史的价值在于时间的参与而使人类自身的活动具有延续性和逻辑性,并在这种逻辑性的规律中,不断地暗示出人类未来的发展走向。缺乏对历史逻辑性的研究,历史学就会陷入价值的混乱和方向的盲目。

通过对历史逻辑结构的考察和认知,历史学就会在历史现象和历史规律之间建立一种逻辑的必然,从而抵达历史的核心,揭示历史发展隐含在偶然性里的必然性。

没有历史的逻辑是空洞的形式逻辑,没有逻辑的历史同样是无根据事实的历史。历史和逻辑,彼此包容,彼此关联,是个别价值和普遍价值的统一。

小知识:

克罗齐(1866~1952)

意大利哲学家、历史学家,新黑格尔主义的主要代表之一。其代表作《历史学的理论与实践》批判了注重因果关系的实证主义史学,认为历史就是精神史,史观先于史料,正如"先有活人,后有死尸"。他弘扬精神发展的"积极历史",贬低堆砌文献的编年史,为历史相对论和辩证论敞开了大门。

另类成功让你看到系统分析法在史学研究中的好处

> 历史的发展过程就是一个按照一定的层次结构,按照一定的内在规律,形成的一个整体的系统运动。历史系统分析法运用到历史学研究中,就是要求历史学要把历史作为一个整体系统加以考察分析和研究。

美国人西绪弗斯是一位有名的登山家。十年的时间,他已经成功地把世界几大高峰踩在脚下。登山既是他的一个职业,更是他生命中的一部分。他有一个伟大的理想就是登上世界最高峰——珠穆朗玛峰,这也是他职业生涯中的最后一站。但是他在攀登的过程中却遇到了前所未有的困难,在爬上了六千米的高度时,他却因为心脏原因不得不放弃攀登到顶峰。

西绪弗斯满怀失败的痛苦收拾行囊准备回国。但是他在回去的途中却发现了珠穆朗玛峰脚下尼泊尔贫穷的乡村。在一种好奇心的驱使下,他去了那个乡村。原来那里连一所学校都没有,无法上学的孩子只能帮着父母做些力所能及的活儿,当然他们也会做些生意,卖一些当地的食物或者工艺品给这些登山者。这些孩子眼睛里充满了对登山者的好奇,看到这些孩子,西绪弗斯想:"既然珠穆朗玛峰这辈子已经和自己无缘了,那为什么不能为珠穆朗玛峰脚下的孩子们做点有意义的事情呢?"

西绪弗斯回国之后就开始为办学校事情奔波,他不断穿梭于欧美一些富裕国家,进行演讲并且筹集资金,然后带着他筹集的钱来到喜马拉雅山南麓的巴基斯坦、尼泊尔等国的偏僻地区建起学校。十几年过去了,西绪弗斯筹建的学校让成千上万的孩子受到了基础教育。西绪弗斯的事迹被广为传播开来,有许多记者前去采访他。在接受采访的时候,西绪弗斯说:"幸亏我当初没有登上珠穆朗玛峰的顶峰,假如我当时登上了顶峰的话,我当时应该就不会把目光投向这些可爱的孩子身上。直到学校建成后我才发现,原来成功可以是另外一种样子。"

另类成功让你看到系统分析法在史学研究中的好处

西绪弗斯没有登上珠穆朗玛峰，却成就了比登上珠穆朗玛峰还要伟大的事业，这一结果，要归功于他系统地分析人生价值的态度。历史学同样如此，要想完整地把握历史，重现历史的本来面目，离不开历史系统分析法。

历史系统分析法是历史学研究中常用的一种方法，其系统性和综合性有助于全面分析历史各要素之间的复杂关系，既能看清历史的偶然性，又能发掘出历史发展的必然性。

珠穆朗玛峰

历史学如何认清历史的阶段性特征，揭示历史发展的基本线索和内在逻辑规律，从整体结构上把握历史事实的内涵，再现历史的系统性、完整性，是历史学的主要任务之一。要完成这一任务，历史系统分析法有着非常重要的作用。

历史系统分析法运用在历史学研究中，就是要求历史学把历史作为一个整体系统加以考察分析和研究。历史的发展过程就是按照一定的层次结构，按照一定的内在规律，形成的一个整体的系统运动。运用系统分析法，能够准确地反映历史的客观整体性，从历史的整体与要素、历史的整体与层次、历史的整体与结构、历史的整体与环境等多方面，全方位多角度出发，揭示出历史的整体关系和整体特征。

运用历史系统分析法，有利于在历史学研究中正确掌握历史的阶段性特征，有利于宏观地把握历史的发展过程和内在规律，有利于全面准确地评价历史事件和历史现象，使历史学研究更全面、更深入。

小知识：

津田左右吉（1873～1961）

日本著名历史学家，日本古代史研究第一人。其否定神话的"津田史观"成为第二次世界大战后的日本历史学的主流。

135

从尼德兰革命了解历史分析法公式

> **历史分析法公式**，是历史研究中通过长期实践总结出来的一种能够全面系统直观地考察历史事件的分析公式，是历史分析法具体运用的一个实践方式。运用这一公式能够全面系统、清晰直观地了解历史事件的全貌，揭示其内在本质和规律。

16世纪初，尼德兰是西班牙哈布斯堡王朝的领地。在14世纪时，尼德兰就出现了资本主义生产关系。16世纪的尼德兰是西欧经济发达的地区。尼德兰的经济发展引起阶级关系的变化，资产阶级要求推翻专制统治，建立独立国家，发展资本主义，但是当时的封建专制是不允许资产阶级这样做的，因为这样损害了他们的利益。

但是西班牙的封建专制统治阻碍了尼德兰资本主义的发展。查理一世时，西班牙国库的年收入一半以上来自尼德兰，被宗教裁判所处死的新教徒达五万人之多。腓力二世继位后，变本加厉地迫害尼德兰人民。西班牙的专制统治引起尼德兰社会各阶层的普遍不满。

1566年4月的一天，大贵族奥兰治的威廉、厄格蒙特伯爵和荷恩大将身穿乞丐服，系着乞食袋出现在布鲁塞尔城总督府门前，他们是代表尼德兰"贵族同盟"向西班牙驻尼德兰总督请愿的。

奥兰治的威廉亲王将请愿书递交给总督，要求废除迫害新教徒的法令，召开三级会议，撤退西班牙驻军。但是总督不仅拒绝这些要求，还大骂这些贵族乞丐，下令将他们赶出了总督府。

虽然这些人已经十分愤怒，但是为了自己的利益，他们还是想做出一些让步，于是在请愿书中表示效忠西班牙国王。可是他们的愿望落空了。正当他们商量新的对策时，人民群众已掀起了革命的风暴。愤怒的群众冲向天主教堂和修道院，将神龛里的圣母像掀倒在地，捣毁教堂内部的装饰物，爆发了大规模的破坏圣像运动，参

从尼德兰革命了解历史分析法公式

尼德兰画家彼得·勃鲁盖尔所作的《盲人的寓言》,渗透着他对尼德兰革命的失望和对人类命运的哲学思考,具有人生和社会的普遍意义

者达数万人之多。西班牙国王腓力二世立刻调兵遣将,派阿尔发公爵前去镇压。

阿尔发以血腥手段对待革命者,将贵族厄格蒙特伯爵和荷恩大将处死。同时制订新的税制企图从经济上扼杀尼德兰革命。他恶狠狠地说:"宁留一个贫穷的尼德兰给上帝,也不留一个富裕的尼德兰给魔鬼。"

在一片腥风血雨中,尼德兰人民积极地展开游击战,在北方,渔民、水手和码头工人组成一支称为"海上乞丐"的游击队。他们驾着轻便小船,沿海岸行动,出其不意地袭击西班牙运输船。在南方,尼德兰人民在密林中组成"森林乞丐"游击队,不断袭击西班牙军,惩罚西班牙人的爪牙。经过前仆后继的战斗,1609年,新继位的西班牙国王腓力三世与荷兰共和国签订十二年休战协议,事实上承认了共和国的独立。这为资本主义在尼德兰北部的发展开辟了广阔的道路,也使人类历史的前景出现一束灿烂的曙光。

尼德兰革命是历史上第一次成功的资产阶级革命;它打击了代表封建势力的西班牙政权和天主教会,也沉重地打击了欧洲的封建势力;为资本主义发展扫清道路,促进了尼德兰资本主义经济和生产力的发展。革命过程中所表现的矛盾包括:① 主要矛盾是资本主义与封建统治之间的矛盾;② 民族矛盾也很突出,希望摆脱西班牙的民族压迫;③ 天主教和新教的矛盾;④ 剥削阶级和劳动人民的矛盾。以上的这些结论就是运用历史分析法公式对尼德兰革命进行史学分析的结果。

历史分析法公式,是历史研究中透过长期实践总结出来的一种能够全面系统直观地考察历史事件的分析公式,是历史分析法具体运用的一个实践方式。运用这一公式,能够全面系统、清晰直观地了解历史事件的全貌,揭示其内在本质和规律。

公式包含以下几个方面内容:

一、历史背景、原因和目的。

① 历史背景=(国内+国际)(经济+政治+文化+……)。

② 历史条件:与背景分析基本相同,更侧重于有利因素。

③ 原因广度:原因=主观(内因)+客观(外因)。

④ 原因深度:直接→主要→根本。

⑤ 矛盾分析:生产力与生产关系矛盾、经济基础与上层建筑矛盾、阶级矛盾、阶级内部矛盾、民族矛盾、宗教矛盾、不同利益集团矛盾……

⑥ 目的、动机:直接→主要→根本。

二、历史内容=经济+政治+文化+……

① 经济内容:生产力+生产关系+经济结构、布局+……

② 政治内容=制度+体制+政策+阶级+民族+外交+军事+……

③ 文化内容=自然科学+社会科学+文化交流+……

④ 事件、事态过程=准备→开始→发展或曲折→成功或失败。

三、历史影响、意义和教训。

① 性质分析:任务+领导阶级+主力+手段+结果……

② 影响或意义=(国内+国际)(经济+政治+文化)+深远影响……

③ 判断成败及原因。

④ 经验教训或启示:(经验+教训)→启示。

⑤ 历史评价=(积极因素+消极因素)史实+结论。

这一公式,只是反映在历史研究中历史事件的一般规律,在实际运用中,要根据历史事件的不同特点和要求适时调整,灵活运用。

小知识:

内藤湖南(1866~1934)

本名虎次郎,字炳卿,自幼受汉学熏陶。早年投身报界,任《大阪朝日新闻》等报记者。后入聘京都帝国大学,讲授中国历史,任东洋史学第一讲座教授。在日本汉学界,他享有"东洋史的巨擘"之美誉。其著作、讲演录、书信等汇辑成《内藤湖南全集》十四卷。

第四篇
中国历史发展及贡献

从盲史官释《春秋》到"史学祭酒"说明中国历史学的悠久长远

> "史学"这一概念真正登上中国的历史舞台,是在南北朝时期。当时后赵石勒称王,设立了史学祭酒这一职务,将"史学"立为官学之一。此后史学的内涵越来越新颖多样。

公元前6世纪的一天清晨,楚国史官左丘明因为战乱,携妻带子离开楚国,辗转来到鲁国。除了家人外,他随身携带着大量史书典籍,还有一棵银杏、一捆桑苗。看来他打算耕读传家,过安宁的平民生活。

定居后,左丘明亲手种下银杏树和桑苗,闲暇时读书著作,为乡邻们讲述历史故事,日子过得倒也很舒心。不幸的是,左丘明患有眼病,这时病情日益严重,最后双目失明,什么也看不到了。

对于一位终生与史籍为伴的人来说,无法阅读史书是莫大的打击。左丘明面对着混沌世界,陷入绝望之中,他把所有书籍都扔到地上,不再讲述史实,不去探讨历史的真伪了。就这样,他被残酷的现实打倒。

在苦闷中,左丘明度过了一个个难熬的日子。渐渐地,理智在他的头脑中慢慢恢复,并战胜了痛苦,曾经身为史官的他感受到身上的使命,重新拾起史书。这时,他有了一个更为大胆的想法:"虽然我什么也看不到了,可是我多年来著述的史学资料,不能随我一起埋没地下,我要把它们奉献给后人。"

于是,他不辞辛劳地投入撰写史书的工作中。几十年来,他听闻了各诸侯国的政闻要事,亲眼目睹了君臣谋议的得失之词。他把这些数据详细地口述下来,让弟子加以记录,并汇集成卷,经过几年辛苦,终于编成中国最早的一部国别史《国语》。

左丘明在撰写《国语》的同时,为了让后人更准确地理解《春秋》这部史书,还专门写了一本《左氏春秋》,用来解释其中的要义。这本书又叫《左传》、《左氏传》,与《公羊传》、《谷梁传》同为解释《春秋》的三传之一。

从盲史官释《春秋》到"史学祭酒"说明中国历史学的悠久长远

左丘明的《左氏春秋》是一部较早的历史学著作,反映了中国历史学研究的渊源之久。史官在史学中的地位向来举足轻重,比如司马迁、班固,他们都为史学发展做出了不可磨灭的贡献。不过,"史学"这一概念真正登上中国的历史舞台是在南北朝时期。

左丘明之墓

当时,后赵的石勒称王,设立了史学祭酒这一职务。此后,历代君王多有尊崇史学者,比如南朝宋文帝,曾经命令太子立史学;宋明帝时又设置玄、儒、文、史四科。到了晚唐时期,殷侑将史学的内容进一步扩大,不再局限于科举考试,而是着眼于史书本身的社会意义。

宋元时期,史学的内容扩展到编撰学、文献学等领域。此后史学的内涵越来越新颖多样,既包含了广泛的社会历史,又包含了专精的治学之道。到了清代,钱大昕提出了"于正史、杂史,无不寻讨,订千年未正之讹"的主张。他认为史学的任务,既要纠正史事之讹,也要纠正编纂之讹,这一说法无疑赋予史学以更丰富的内容和更深刻的涵义。发展到今天,史学已经成为一门独立学科。

从中国历史学的发展来看,史家不断涌出,史籍典章更是浩瀚无穷,成为人类文明史的见证。

小知识:

左丘明(约公元前502~前422)

春秋末期鲁国人,曾任鲁国太史。他历时三十余年,终于完成一部纵贯二百余年、十八万余字的《春秋左氏传》,其历史、文学、科技、军事价值不可估量,为历代史学家和文人所推崇。他还撰写了历史名著《国语》,与《春秋左氏传》成为珠联璧合的历史文化巨著。

黄帝问路问出中国历史
植根于民间的特色

> 中国古代历史,正是从三皇五帝开始,有关三皇五帝的历史回忆,只能从民间传说里寻找到原始的版本。民间传说是历史记忆的另一种表述方式,通过口头流传而将历史的事件传播继承下去。

　　一个万物复苏、春暖花开的日子,黄帝带领六位随从前往贝茨山,这位最早统一华夏各族、承先启后的中华文明先祖,准备去见当时的隐士大傀,向他咨询治国安邦的良策。

　　一行人驱车前行,方明负责赶车,昌宇陪伴黄帝坐在车内,张若、谐朋是向导,负责探路,昆阍、滑稽紧随车后。他们紧走慢赶,很快来到襄城的郊外。旷野无边,人烟稀少,山峦起伏,七位圣人放眼四望,竟然不知道路在何方。他们不知道贝茨山的去路,又找不到路人询问,一时间踌躇不前。

　　不多时,远方忽然传来一阵嘹亮的歌声,原来是一位少年赶着几匹马正在放牧。黄帝看见牧童,高兴地亲自上前询问:"小娃娃,请问你知道贝茨山怎么走吗?"牧童声音响亮地回答:"知道。"说完,抬手一指,告诉黄帝贝茨山的去路。

　　黄帝见此,不由心下惊奇,接着问道:"那么你知道大傀住在哪里吗?"

　　"知道。"牧童的回答依然干脆利落。

　　黄帝更加惊奇了,他想:一个小小的牧童,怎么会知道隐士的居所?看他的样子,好像对什么事情都了如指掌。想到这里,他忽然有了主意,继续问牧童:"请问你知道如何治理天下吗?"

　　牧童依旧神态自若,口齿清楚地回答道:"知道。就像牧马一样罢了,又有什么难的!不过这不是我份内的事情,我又何必多事呢?"

　　黄帝听了这话,忙说:"治理天下固然不用你操心,可是我想向你请教如何治理天下。"

　　牧童想了想,摇摇头不肯回答。

黄帝哪肯就此罢休,继续追问。牧童好像被感动了,终于脱口说道:"不是告诉你了吗?治理天下,跟牧马没有什么不同,只要除去马的烈性,顺其自然就是了。"

黄帝听后,非常佩服:"真是后生可畏,原以为牧童年少无知,却没想到他从日常生活中得来的道理,就能知道治国平天下的方法。"

关于黄帝的这个故事,显然属于民间传说。中国历史的起源,正是从民间传说开始的。表面看,民间传说充满了时间和空间的错位,内容充满了神话和迷幻色彩,但作为历史记忆的一个载体,其中也包含丰富的人类生存发展的信息和历史的真实。

中国古代的历史从三皇五帝开始,有关他们的历史回忆,只能从民间传说里寻找到原始的版本。民间传说是历史记忆的另一种表述方式,通过口头流传而将历史的事件传播继承下去。在当今历史研究的环境下,正史、野史、历史文献和民间传说具有同等的价值,民间传说作为承载民众历史记忆的文本和符号,必将在现代史学研究中发挥更大的作用。

由于受儒家思想的影响,中国古代史学遵循着"帝王中心论"、"英雄史观"和"精英史观",对于民间传说的历史事件取舍,同样是重帝王而轻平民,平民史除了保留在民间传说中,几乎是一片空白。对于民间传说的搜集和整理,不仅可以丰富重大历史事件,还可以使那些被遗忘的平民史重见天日。

黄帝陵古柏

小知识:

沈约(441～513)

字休文,吴兴武康(今浙江湖州德清)人,南朝史学家、文学家。著有《晋书》一百一十卷,《宋书》一百卷,《齐纪》二十卷,《高祖纪》十四卷,《迩言》十卷,《谥例》十卷,《宋文章志》三十卷,文集一百卷,并撰《四声谱》。作品除《宋书》外,多已亡佚。

143

仓颉造字原来是史官在文字史上的贡献

> 文字的发明是为了记事,也是为了对历史事件更好地记忆。历史发展的需求促使了文字的产生。反过来,正是文字的发明,促使了史学产生质的飞跃,取得突飞猛进的发展。

仓颉是黄帝手下的一位文官,负责管理很多事务,比如记录牲口的数目、粮食的多少、祭祀的次数等等。当时还没有文字,管理这些事务除了靠脑袋记,就是通过结绳记事。不过随着生产的发展,牲畜增多,这种方法渐渐不能满足需要。仓颉十分为难,他开始考虑有没有更好的方法。

一天,仓颉跟随部落勇士们去狩猎,在三岔路口处,大家争论了起来。有的说:"往东去,东边有羚羊。"有的说:"往北去,北边有鹿群。"还有的要往西去,因为西边有野猪,俘获了可以驯养。

仓颉说:"既然你们各有看法,就说说自己的依据,这样才能让人信服。"

这些人一听,连忙指着地下的脚印说:"这就是证据。"原来不同的动物在地下留下了不同的脚印,凭借这些脚印可以断定某个方向有什么动物。仓颉从这件事上受到了启发,他想:"我管理的事物越来越多,光靠结绳记事已经不够用了。如果能够模仿一些符号,不就可以更方便地作记录了吗?"

果然,自从采用符号纪录后,仓颉管理事务的条理更加有序。黄帝知道这件事后,高兴地夸奖他:"你真是聪明过人。从现在开始,你要根据天地间的各种事物,创造出相应的符号。"

仓颉受命后,每天仰观日月星辰,俯察鸟兽山川,创造出了一个又一个象形的符号,这就是象形文字。渐渐地,文字越来越多。这时仓颉又想:"这些字刻在什么上合适呢?"木板、兽皮都很容易腐烂,而且携带也不方便。一天,他正在考虑这件事,有人抓了一只乌龟,请他为乌龟造字。仓颉接过乌龟,看到龟壳上排列整齐的裂纹,仿佛一个个文字,就激动地说:"就把字刻在龟壳上吧。"

仓颉造字原来是史官在文字史上的贡献

从此,仓颉将造的每个字都刻在龟壳上,并且到各个部落去教授文字。于是,文字便流传了下来。

因为记事的需要,仓颉发明了文字,他把字刻在龟甲上,记录当时发生的事情,这就有了最早的史书。由此看来,是历史发展的需求促使文字的产生。反过来,正是由于文字的发明,促使史学产生质的飞跃,取得突飞猛进的发展。

人类有了自觉意识,就有了历史意识,这是史学发生的根源。仓颉造字的时代,古人已经通过各种神话传说,开始流传历史。那时候,宗教仪式也已经产生。在祭祀祖先的活动中,追述先人的事迹、歌颂先人功德、口耳相传、以图流传久远,是必不可少的工作。但是口耳相传的不确定因素太多,不仅容易出现错误,还会因为人的意外情况而使流传中断。这种情况给了仓颉大显身手的好机会,文字应运而生。用文字记录下来,当然就成为固定下来的记忆,更有利于人们传颂和传播了。

仓颉造字

文字的发明,就是为了记事,也是为了对历史事件更好地记忆。史官因为记录历史的需要,不断地改进文字,从仓颉时代的甲骨文,很快发展到了殷商时期的钟鼎文,对历史的记载也因此更加详细和准确了。

史学真正兴盛起来,是在商周时代。那时候,史官们已经把文字运用得非常成熟,产生了大篆、小篆,以及非常适合竹简书写的隶书。这些文字的发展,又反过来了促进史学的发展,而且已经进步到重在记载人事,也就是人的各项活动。历史意识全面觉醒和形成,使中国社会进入了文字史时代,极大地推动了中国古代文明的发展。

小知识:

姚思廉(557～637)

字简之,一说名简,字思廉,吴兴(今浙江湖州)人,唐朝初期史学家。他费时数十年撰写的重要史著,当推继承父业而成的《梁书》、《陈书》。另外还有《汉书训纂》三十卷,《说林》十卷,《西聘》、《玉玺》、《建康三钟》等记各一卷,还有《文集》二十卷,并行于世。

成汤革命演绎夏商周上古历史

> 夏商周开启了中国古代史的先河。从甲骨文到金文,史学透过文字的进步,逐渐抑制住神话的发展,取而代之记载着人类活动的历史。

荒郊野外,有位猎人张开大网,围起一座山包,不停地祷告着:"小鸟啊小鸟,都从四面八方飞来,飞进我的网中吧。"

成汤路过此地,见到这个场景不由心生怜悯,他上前对猎人说:"怎么能把天下的鸟都捕杀掉呢!"说完,他让猎人揭开三面的网,只留下一面,并祷告:"小鸟啊小鸟,愿向左的,快向左逃;愿向右的,快向右逃;愿向上的,快向上逃;愿向下的,快向下逃;只有不要活命的,才进入我的网中。"

这位仁慈的成汤是商部落的首领,他的好生之德感化了四方,前来投奔他的人越来越多,部落的力量也逐渐强大。与此同时,当时的天下共主夏桀不思改革,骄奢自恣。他"筑倾宫、饰瑶台、作琼室、立玉门"。还从各地搜寻美女,藏于后宫,日夜与美女及宫女饮酒作乐。据说酒池修造得很大,可以航船,醉而溺死的事情时常发生,荒唐无稽之事,常使妹喜欢笑不已。

民众的生活则十分困苦,他们每年的收成难以维持温饱,更无兼年之食,每遇天灾则妻离子散。夏桀却认为他的统治会像太阳一样长久,惹得臣民指着太阳咒骂他说:"时日曷丧,予及汝偕亡。"意思是说,你几时灭亡,我情愿与你同归于尽。同时,四方的诸侯也多背叛,夏朝面临内外交困的局面。

大约公元前1600年,成汤在伊尹辅佐下兴兵讨伐夏桀。战争开始前,成汤为了鼓舞士气,发表檄文说:"诸位,请听我说,夏桀罪恶滔天,大兴徭役,耗尽了老百姓的力量。所以老百姓们对夏桀不满,他们愤怒地指责他:'你这个太阳,什么时候才会灭亡?我们宁愿与你一起死!'夏桀的统治已经到了让人无法容忍的地步,上天传下旨意,让我们放下农活,拿起武器去讨伐他。我们不能违背上天旨意,请你们跟随我一起去吧。只要你们好好辅佐我,执行命令,我一定会奖赏有功的人。如果有谁违背天意,不服从指挥,我一定会惩罚他!"

誓师大会结束后,成汤率军先攻灭了夏桀的党羽韦国、顾国,击败了昆吾国,然后直逼夏的重镇鸣条。夏桀得到消息,带兵赶到鸣条。两军交战,夏军将士原来就不愿为夏桀卖命,乘机纷纷逃散。夏桀制止不住,只得仓皇逃入城内,带上珍宝,渡江逃到南巢。后又被成汤追上俘获,放逐在此。

夏朝灭亡后,成汤以部落名号为国号,建立了商朝。

史学上的夏商周与历史事实的夏商周,肯定是有所区别的。由于夏朝时期史学还不是很发达,对历史的记载比较零散和简单,人们对夏朝重大事件的认识,只能通过零散的史料和后人的记述来管窥一二。

夏朝是史学上记载的中国古代第一个奴隶社会,由大禹建立。那时社会分工出现,私有制产生,生产关系发生了深刻的变化,文明社会的大门正式开启,历史也正是在此时进入了文字记录时代。那时候对历史的记述还只局限于象牙文和象骨文,这些很难被挖掘、发现,所以人们对夏朝史学的认识还是一片空白,只能从司马迁的《史记》里了解大概。

导致夏朝灭亡的一个重要原因就是成汤革命。关于成汤革命的真相,是商朝史官记载的。这是中国历史上第一次用武力改朝换代,第一次运用"伐谋"、"伐交"、"伐兵"的军事战略取得战争胜利的重大历史事件。正是因为有了这次先例,到了商纣王时代,周武王效法成汤,武力推翻殷商,建立了周朝。殷商时,文字已经非常成熟,大量甲骨文被发现就是例证,运用成熟的文字已经达到了两千多个,对殷商的社会史实记载范围也比较广泛。

周朝又分为西周和东周。西周时期,王权比较巩固,社会相对稳定,文字已经由甲骨文发展到以金鼎文为主,就是人们常说的金文。金文就是把重大的历史事件记录在青铜器上,这样更容易保存和流传。

夏商周开启了中国古代史的先河。从甲骨文到金文,史学透过文字的进步,逐渐抑制住神话的发展,取而代之记载着人类活动的历史。

小知识:

休谟(1711～1776)

18世纪英国哲学家、历史学家、经济学家。他最先是以历史学家的身份成名,所著的《英格兰史》一书在当时成为英格兰历史学界的基础著作长达六十至七十年。另外还著有《人性论》、《道德和政治论说文集》、《人类理解研究》、《道德原理探究》、《宗教的自然史》、《自然宗教对话录》等。

火烧绵山烧不掉春秋战国
留在人们心中的战争史

> 历史发展到东周时代,就进入了战乱纷争的春秋战国时期。春秋这个名字就是来源于历史学,因孔子编撰的史书《春秋》而得名;到了三家分晋后,就进入了战国时期,顾名思义,整个天下进入到了战乱动荡年代。

公元前656年,43岁的晋国公子重耳在几位随从保护下仓皇逃出晋国,如丧家之犬一般开始了颠沛流离的逃亡生涯。这位公子的父亲是晋国国君,他本来过着锦衣玉食的生活,无奈家门不幸,他的后母为了让自己的儿子当国王,残忍地杀害了丈夫的其他儿子,重耳由此逃亡。

逃亡路上,饥寒交迫,重耳实在难以忍受。进食了几天的粗茶淡饭之后,他忍不住发出感慨:"哎,要是有一碗肉汤喝,该多好呀!"

随行者面面相觑,无言以对,别说肉汤,能够勉强填饱肚子已经很不容易了。第二天一大早,大家草草收拾行装准备赶路时,忽然一股肉香味扑鼻而来。他们顺着香味望去,就见一位叫介子推的随从端着碗走进来,恭恭敬敬地将汤碗递给重耳:"公子,请喝肉汤。"

重耳两眼发光,一下子接过汤碗:"啊,果真是肉汤!"说完,他仰起脖子,转眼间就把肉汤喝了个精光。喝完之后,好似意犹未尽,他还伸着舌头舔了舔碗底,这才望着介子推问:"真是太好喝了,这是什么肉做的汤啊?"

介子推面色从容地回答:"公子,这是我割下大腿上的肉为您做的汤。"

重耳一听,手中的碗差点掉地下,泪水立刻涌上眼眶,他哽咽半天,没有说什么。

这次事件后,重耳和随从们继续逃亡,一逃就是19年,辗转到过许多国家。最后,他们得到秦国的相助,60多岁的重耳回到晋国,继承了国君之位。昔日的逃亡之人成了今天的一国之君,当然应该赏赐提拔那些追随自己逃亡的人。重耳大大封赏了各位追随者,却唯独忘记了介子推。

此时的介子推早已回归故里,并且隐居到绵山。有人知道他曾经割肉献汤的故事,就为他打抱不平,向重耳重提旧事。重耳这才想起介子推。他不想辜负昔日恩人,亲自来到绵山,要求介子推出山相见,辅佐自己。可是介子推隐居之心坚决,与老母亲躲在绵山,就是不肯去见重耳。

这时,有人为重耳献主意:"国君,听说介子推非常孝顺。如果你命人放火烧山,他害怕烧伤老母亲,肯定会出来相见的。"

重耳觉得这个主意不错,立即命人照办。一时间,就见大火熊熊燃烧起来,整整烧了三天三夜,可是谁也没有看到介子推的身影。重耳觉得事情蹊跷,亲自来到山上寻找,却发现介子推与母亲已经葬身火海。

此事让重耳悲痛了许久,他为了纪念恩人,下令此后在火烧绵山这天,全国人民都不得点火做饭,只能吃生食。后来就演变成了寒食节。

历史发展到东周时代,就进入了战乱纷争的春秋战国时期。西周时代,周王朝还能保持王权的威严,还能控制住国家的局面,到了周平王东迁以后,国家又分成了春秋和战国两个时期,以三家分晋为分界线,这两个时期,都是你争我夺、天下大乱的时代。

春秋这个名字就来源于历史学,因孔子编撰的史书《春秋》而得名。春秋时最著名的事件莫过于诸侯之间的群雄纷争。本来东周初期,有大大小小几百个诸侯国。到了春秋末期,经过互相的战争吞并,能够生存下来的就不多了,最著名的就是春秋五霸,分别是齐桓公、宋襄公、晋文公、秦穆公和楚庄王。卧薪尝胆、介子推割肉煮汤的故事,都发生在这一时期。

到了三家分晋后,就进入了战国时期,顾名思义,整个天下进入到了战乱动荡年代。各个国家之间的兼并斗争更加剧烈,先后涌现了战国七雄,即齐、楚、燕、韩、赵、魏、秦七个国家,先后强大起来成为鼎足而立的七个军事大国,这时候的周王朝已经名存实亡,只剩下一个国号了。

战国时期,诸子百家也乘机而起,各种学术思想空前繁荣,史学也得到空前的发展,出现了大批的史官,形成秉笔直书的撰史笔法,编年体和国别体史书一度盛行。

小知识:

刘昫(887~946)

字耀远,我国五代时涿州归义(今属河北雄县)人,史学家。他在后唐、后晋均受命监修国史,负责编纂《旧唐书》。《旧唐书》共二百卷,包括本纪二十卷,志三十卷,列传一百五十卷,是现存最早的唐代史籍。

孟姜女哭倒长城却哭不倒
秦始皇留下的封建伟业

> 秦始皇对中国社会历史发展的贡献是巨大的,他统一了天下,结束了春秋战国时期几百年的战乱纷争。他成为中国历史上第一个皇帝,使中国进入了长达上千年的中央集权帝制时代,进入所谓封建社会时期。

相传秦朝时,有位叫孟姜女的妇人,新婚不久,丈夫万喜良就被征召去修长城,一去好几年。冬天天寒地冷,孟姜女担心丈夫受冻,亲自缝制棉衣,并且翻山越岭,千里迢迢给丈夫送去。可是当她历尽辛苦赶到长城时,却打听不到丈夫的下落。

孟姜女见不到丈夫,心急如焚,不由落下眼泪。好心的同乡人见此,悄悄对她说:"大姐,你还是回去吧。你丈夫在服劳役时不幸累死了。"

听说丈夫死了,孟姜女如雷轰顶,急忙追问:"我丈夫既然死了,他的尸首呢?埋到哪里了?我既然来了,无论如何也要祭奠一下。"

同乡人也不隐瞒,对她说:"死的人太多了,根本埋不过来,监工便叫人填到长城下面去了。"

"什么?"孟姜女大惊,她上前拍打着长城,失声大哭。她一边哭,一边诉说着丈夫的不幸,哭声传遍四周,许多民工也围拢过来,大家都垂头落泪。这时狂风怒吼,昏天暗地,仿佛老天也不忍心看下去了。

孟姜女哭啊哭,一直哭得眼角流血,忽然就听天崩地裂一声响,长城哗啦啦倒塌了一大段。长城倒了,露出一堆堆尸骨。孟姜女爬上去,在尸骨中寻找,竟然找到了丈夫的尸体。她抱着死去的丈夫,又是一场恸哭,哭得死去活来。

这时,恰好秦始皇带着大队人马巡视到此,听说孟姜女哭倒了长城,勃然大怒,立即亲自赶来。当他见到孟姜女时,却又改变了主意,这位统一天下的君主虽然拥有上万后宫佳人,却依然被眼前的孟姜女所吸引,他决定只要孟姜女肯顺从自己,就免去她的罪责。

孟姜女听了这话,恨不得撞死在秦始皇面前。可是,她想到丈夫死得太冤了,自己再这么死了,那他们夫妻二人真是白白送命。于是,她假装答应秦始皇,并提

孟姜女哭倒长城却哭不倒秦始皇留下的封建伟业

出三个条件：一，为丈夫修坟立碑；二，要秦始皇为丈夫送葬；三，前两件事办完后，她要去海边游玩。

秦始皇一一答应孟姜女的请求，完成前两个条件后，刚来到海边，就见孟姜女转身跳入大海，再也没有上来。

孟姜女把秦始皇修的长城给哭倒了，这事听起来有些离奇，但有一件事是不可否认的：秦始皇修筑万里长城。史学里关于秦始皇的记载很多，褒贬不一，但没有人否认他的丰功伟绩和历史地位。

秦始皇对中国历史发展的贡献主要表现在以下几个方面：统一国家，结束分裂战乱的局面；建立封建集权的皇帝制度，开创皇权一统天下的先河；统一文字，用文字把国家民族凝聚起来；建立了沿用上千年的统一的郡县制国家管理模式，成为众多国家群起效仿的国家行政管理标准；统一货币、度量衡，使经济、商业、交通等社会各个方面得到空前的发展；兴修水利，修建万里长城等宏大工程；巩固国防，加强对边疆的控制，抗击匈奴，巩固了国家的统一。

但是，秦始皇还做了一件对史学来说无异于灭顶之灾的事情，那就是焚书坑儒。公元前213年，秦始皇在咸阳宫大宴群臣。博士淳于越重提恢复分封制的主张，认为"事不师古而能长久者，非所闻也"。丞相李斯反驳指出，时代不同，治理方法也应有所不同。儒生不师今而学古，道古以害今，如不禁止，不利于政令的贯彻执行，统一局面将遭破坏。因此建议："凡《秦纪》以外列国史书皆焚毁；除博士官外，私藏《诗》、《书》、百家语者，限期交官府烧毁；偶语《诗》、《书》者弃市；以古非今者灭族；官吏知情不举者同罪；令下三十日不烧，黥面，罚四年筑城劳役；仅医学、卜筮、种树（农业）之书不烧。欲学法令者以吏为师。"秦始皇批准李斯建议，下令施行。这就是焚书事件。它使中国古代史断代，造成了部分文化的断层，不得不说是史学上的一大悲剧和遗憾。

小知识：

魏征（580～643）

字玄成。唐朝政治家、史学家，以直谏敢言著称，是中国史上最负盛名的谏臣。所著有《隋书》的《序论》和梁、陈、齐各书的《总论》，另有《次礼记》二十卷，和虞世南、褚亮等合编的《群书治要》（又名《群书理要》）五十卷。

张骞通西域
通出千古丝绸之路

虽然丝绸之路是沿线各国共同促进经贸发展的产物,但很多人认为,张骞两次通西域,开辟了中外交流的新纪元,并成功将东西方之间最后的珠帘掀开。从此,这条路线被作为"国道"踩了出来,各国使者、商人沿着张骞开通的道路,来往络绎不绝。上至王公贵族,下至乞丐狱犯,都在这条路上留下了自己的足迹。这条东西通路,将中原、西域与阿拉伯、波斯湾紧密联系在一起。

茫茫草原上,一个中原人和一个匈奴人骑着马,神色慌张地快速行进,他们刚刚逃出匈奴人的掌控,必须尽快逃离这个是非地,因此一路向西,朝着草原深处跑去。西行十日后,他们越过葱岭,来到了大宛境内。至此,两人才稍微松了一口气。

这两位西行者是西汉的使臣,中原人叫张骞,匈奴人叫堂邑父。十几年前,他们奉命出使西域,西行到匈奴境内时,不幸被截留。匈奴人不肯放他们西去,并强迫他们娶匈奴女子为妻。

可是张骞不忘使命。他这次出使西域,为的是联系匈奴以西的月氏国,与其前后夹击,共同对付匈奴。因为西汉多年来饱受匈奴侵扰之苦,却没有御敌良策,不得已才想出这种办法。张骞本来带领一百多人的出使团西行,在匈奴被扣留后,死伤多人,只剩下他和堂邑父。他为了完成使命,聪明地与匈奴人周旋,后来被派往匈奴西部边境为官。这样一来,他终于寻找到出逃良机,于是带着堂邑父匆匆上路。

张骞出使西域壁画

张骞来到大宛,在大宛帮助下,继续西行,到达康居、大夏,终于找到了传说中的月氏国。月氏国是游牧民族,本来在敦煌一带游牧,这十几年来,在匈奴等国的侵犯下不断西迁,被迫迁到阿姆河畔。由于当地土地肥沃,适合耕种,他们已经定居此地,无意东迁与匈奴为敌。

尽管张骞没有完成既定的使命,但他了解到西域各国的地理、物产、风俗习惯,极大地开阔了视野。回到长安后,他对汉武帝讲述了西域风情。公元前119年,张骞带着三百名成员,拿着汉朝的旌节,带着一万多头牛羊,还有黄金、绸缎、布帛等再一次踏上西去的道路。他们到达乌孙,送上汉朝的厚礼,又前往大宛、月氏、于阗,分别与他们交往。这些国家非常高兴地接待汉使,并派遣使臣带着当地特产跟他们回长安参观。

张骞和他的随从先后到达三十六个国家。从此,汉朝每年都派使臣去访问西域各国,与这些国家建立友好的往来关系,双方商贸不绝。中国的丝绸也源源不断地运往西亚,转运欧洲,开辟了著名的丝绸之路。

张骞作为汉武帝的使者出使西域,不仅打通了汉朝和西域各国的外交关系,加强彼此的军事合作,还开辟了一条商业贸易之路,那就是丝绸之路。

张骞开辟的这条路是一条外交之路,当时的目的就是联合西域各国的力量,共同抗击北方匈奴。因为那时候,不仅汉朝受到匈奴的骚扰,西域各国同样不时受到匈奴的侵犯。有了共同的目的,张骞两次出使西域都非常成功。

自从张骞开辟了这条陆上通道后,贸易很快就发展起来,形成了贸易通道。这条贸易之路以长安为起点,经过甘肃、新疆,一直抵达中亚和西亚,并把地中海沿岸各国连接起来。因为以丝绸贸易影响最大、最为有名,所以被人们称为丝绸之路。此外,还有茶叶、陶瓷、珠宝、玉器、香料等各种珍贵的物品,极大促进了沿途各国的经济发展。

这条丝绸之路的意义当然不仅仅是商业贸易和外交上的,最重要的是文化交流之路。中国文明、印度文明、希腊文明、透过这条路交汇在一起,推进了各文明的发展。

小知识:

薛居正(912~981)

北宋大臣、史学家。字子平,开封浚仪(今河南开封)人。宋太祖开宝六年(973年),由薛居正监修,卢多逊、扈蒙、张澹、李穆、李昉等同修《五代史》。后为区别于欧阳修撰的《五代史记》,故称《旧五代史》。书中有本纪、列传、志三部分。该书取材于各朝实录及《五代通录》等书,文献完备;且修史时五代结束不久,编撰人对当时情况多能了解,故史料较丰富。

桓温专权不能摧折
魏晋时期的风骨精神

> 魏晋风骨又被称为建安风骨,是指三国两晋时期,建安诗人继承了《诗经》和汉乐府的现实主义创作传统,在作品中真实地描写汉末战乱给人们带来的疾苦,抒发文人建功立业的志向,展现人格独立的一种思想境界和追求。

桓温是东晋中叶的大司马,当时皇权旁落,他专权摄政,一心想取而代之。有一次,他与属下聊天时,竟然抚摸着席边的睡枕说:"大丈夫不能流芳百世,也该遗臭万年。"其野心可谓昭然若揭。

桓温为了加强自己的势力,不断征伐,并屡屡获胜。369年,他率领五万步兵北上讨伐燕国。当部队来到枋头时,没想到燕军提前做了准备,突袭晋军。由于桓温毫无准备,被打个措手不及,军队大败,伤亡三万多人。桓温一生征战无数,这是他遭遇的最大失败。

当时,随行出征的参军名叫孙盛,博学多才,是朝廷的著作佐郎,正在撰写晋代史书《晋阳秋》,又称良史。在这本书中,孙盛如实地记载了此战的经过,记述桓温如何失败的情况。

再说桓温,虽然吃了败仗,依旧权势熏天,时时怀有篡位的野心。数年后,他废除旧帝,另立新帝,为自己篡位做着紧锣密鼓的准备。这时,他听说孙盛写的史书,立即拿来阅读。当他看了枋头战败的记载时,顿时怒火冲天,可惜此时孙盛已经告老还乡,于是他命人喊来孙盛的儿子孙潜,对他说:"枋头一战虽然失利了,却绝非你父亲写得那样。要是这部史书流传下去,你们全家都会遭殃的。"他是在警告孙潜,此段历史必须修改,不然会杀了他们全家。

孙潜非常害怕,立即跑回老家面见父亲孙盛,请求说:"父亲,您一定要修改一下枋头之战的历史,不然咱们全家性命难保。"孙盛为人正直,生性刚强,不畏权贵,他不但不听儿子的劝说,反而狠狠地教训他:"史书记载的是历史真相,怎么可能因为当权者的威胁随便乱改!"说完,他把儿子赶出家门。

桓温专权不能摧折魏晋时期的风骨精神

孙潜无法劝服老父，只好聚集兄弟多人，跪在孙盛面前，求他为一家百十口人的性命着想，听从桓温的话，删改《晋阳秋》。孙盛见此，更加生气，他大发脾气，赶走儿子们，坚决不让步。

儿子们见父亲如此固执，为了保全家人性命，就瞒着孙盛，偷偷删改了《晋阳秋》中部分犯忌的章节，然后把这部书交给了桓温。

桓温如愿以偿，认为自己不光彩的历史被掩盖了，终于放过孙盛一家。然而孙盛早有预见，他知道桓温的专横，事先抄写了两部《晋阳秋》，并且送往燕国收藏。这样，东晋的《晋阳秋》虽然做了删改，可是燕国的《晋阳秋》却保留了枋头之战的历史真相。桓温企图依靠权势篡改历史，却最终没有得逞。

竹林七贤

经过三国的战乱，司马氏夺取魏氏政权后，最终统一全国，建立晋政权。桓温掩盖历史的事情，则是发生在东晋时期。三国两晋早期，天下大动乱、大分裂，表现在文学创作上，形成了关心民间疾苦的现实主义创作风格，也就是独具特色的魏晋风骨。

魏晋风骨以"三曹"父子和"竹林七贤"最有名。三曹就是曹操和他的两个儿子曹丕和曹植，曹操的《短歌行》不仅透露着悲凉，还蕴含了深邃远大的政治目光，曹植的《洛神赋》《七步诗》，也都是名传天下的佳作。魏晋风骨的格调是诗言志，表达的是一种人格的独立和追求个性的解放。

魏晋时期，战争不断，政权更替频繁，人们生活极不稳定，儒家思想对人们的控制力下降，各种文化都得到了空前的发展。儒家思想推动了人们思想意识的解放，思想道德上出现极大的自由，追求个性、追求独立的人格成为一种时尚，并渐渐形成一种精神境界上的风骨。

从人的觉醒到人的独立，从气节到才气，魏晋风骨，使中国古代独立自由思想的灵光一闪，虽然微弱，但意义深远。

小知识：

孙盛（约302～373）

字安国，晋代太原中都（今山西平遥）人。东晋著名的史学家。孙盛一生著述颇丰，多为史籍。见于记载的有《魏氏春秋》二十卷，《晋阳秋》三十二卷，《文集》十卷。

夹领小袖违反
民族融合的主流

> 在魏晋南北朝,从少数民族内迁之日起,民族融合便日复一日地进行着,闻名史册的北魏孝文帝改革既是民族融合的产物,又推进了民族融合的进程。

孝文帝迁都洛阳后,实行了一系列改革,为了促进鲜卑族汉化,他强调所有人必须穿汉族服装。

一天,孝文帝北巡邺城,返回洛阳途中,看到几位鲜卑族女子穿着夹领小袖的衣服。他立刻喊来任城王元澄,责怪他说:"服装汉化,这是朝廷的规定,怎么还有人违反呢?你们负责传达旨意,体察民风,是怎么工作的?"

元澄有些委屈地回答:"臣确实尽职尽责地做事,无奈百姓们穿惯了夹领小袖的服饰,不习惯汉族肥大的服装。"

原来,鲜卑人属于北方游牧民族,他们的穿着打扮与中原不同,一直是短衣短裤,适合骑马游猎。而中原人以耕种读书为主,穿戴比较讲究,尤其是贵族阶层,是不能穿短衣短裤外出的,男人必须外罩袍服,女人则要穿裙子,才算是正式服装。由于双方在服饰上存在巨大差异,所以自从孝文帝推行服饰改革以来,遭到很多鲜卑人的抗议。元澄这番话,也说出了一定的实情。

孝文帝何尝不清楚服饰改革的难度,他听了元澄的话后,不再责备他,而是喊来其他几位王爷,对他们讲道:"自从上古以来,不管是做什么事情,哪有不先正名,而后才可以施行礼仪的?现在我不让你们说鲜卑语,这是为了正音。不让你们穿鲜卑服饰,是为了日后推行礼仪。如果不这样强行改革,移风易俗,恐怕过不了几世,洛阳城又变成野蛮之地,到处都是披头散发的野人了。"

最后,在孝文帝的大力支持下,这次服饰改革取得了很大进展。鲜卑服饰与汉魏服饰互相取长补短,形成了新的服饰特色。

北魏孝文帝之所以大力对鲜卑族的文化习俗进行改革,其目的不过是为了维护鲜卑政权的统治地位。这一点也不奇怪,以鲜卑的落后文化来对汉族先进发达的文化进行统治,其结果可想而知。这种背景下,他不想改革都不行。不改革,注定是死路一条。

孝文帝对鲜卑文化的改革思路就是全盘汉化。

首先,改掉鲜卑人的生活习俗,包括穿衣、吃饭、走路、讲话等各个生活细节。

其次,改汉姓,与汉族通婚,学习汉族人的生活习俗、典章制度和管理方式,对鲜卑族进行了一次全方位的大手术和大换血。

通过这些措施,使本来身为游牧民族的鲜卑族很快融入了农耕文明为主的汉文化,大大提升了本民族的文化地位,使之成为了汉文化的一部分。

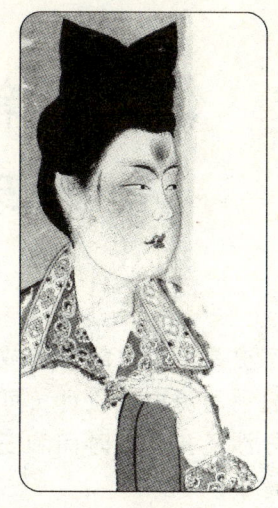

《胡服美人图》唐 佚名

小知识:

魏收(505~572)

字伯起,巨鹿下曲阳(今河北晋县)人,史学家。一生经历了北魏、东魏和北齐三个王朝。他与房延佑、辛元植等人"博总斟酌",只用了三年多的时间,就撰成《魏书》一百三十篇。书成之后,众口喧嚷,指为"秽史",魏收三易其稿,方成定本。

《世说新语》以家史的形式展现史学研究的多样化

> 家史是用以记载家族或家庭发展、变迁、经历和现状的史志性文体。家史所表现的历史阶段可长可短,有的家史涉及时间达百年以上、数代人员;有的家史涉及几十年时间和三四代人;也有的家史以一个长短不定的特定时期为背景。

殷浩将军曾经担任扬州刺史,不幸被诬陷贬为平民。面对如此霉运,一般人都会怨声连天,甚至上告喊冤。可是殷将军与众不同,他没有一句怨言,从不抱怨诬告者和当权者,也从不替自己辩解。不过自从被降为平民后,他多了一项嗜好,说来有趣:每天他都要站到大街上,用手指在空中不停地写写画画。

时间一久,扬州城的百姓们都觉得奇怪:"殷将军这是做什么?难道有心魔不成?"好多人都以为他受了打击,变得神智不明。于是只要殷浩站在那里写画,他们就远远地观望,并且随着他的手指暗中比划。这一比划让人们大吃一惊,因为他们发现了其中的秘密,原来殷浩每天在空中写的是四个字"咄咄怪事"。

殷浩这种做法,是表达心中的不平,是对诬告的反抗。这件事很快传扬开来,传到当时在扬州任职的刘义庆耳中。刘义庆是皇帝刘裕的侄子,年仅13岁时,他就得到刘裕赏识,此后不断被提拔。虽然身世显赫,刘义庆却不是骄奢淫逸的人,他性情温和,喜爱文艺,团结了大批文士在身边。这些人在刘义庆带领下,喜欢钻研魏晋时期的士族历史,并撰成《世说新语》一书。

在这部书中,刘义庆等人记载了魏晋时期士族阶层的各种生活趣事、历史典故,是中国第一部家史。当他听说殷浩的奇闻异事后,颇有心动,就把这个故事编到《世说新语》中。

刘义庆所著《世说新语》,虽然是一部主要记述魏晋人物言谈举止和轶闻趣事的笔记体小说,但其中记录大量的史实为史学研究提供了佐证和参考材料。

书中所记的故事,虽然有很大的传奇演义色彩,个别事实也不够准确恰当,但在反映门阀贵族的思想意识风貌、特权行为、生活习气等方面,全面深刻,入木三分。同时,书中保存了大量政治、思想、文学、语言等方面的史料,是研究魏晋时期历史全貌的重要史料来源。

《世说新语》也是中国第一部家史。它与传记的区别在于,传记以个人为表现对象,家史以某一家族或家庭的主要成员为表现对象。

家史的主要特点是:

① 以家族或家庭成员的经历为题材。这是家史与传记的不同之处。在现实中见到的一些家史只讲个人的经历,这不能算是正规的家史,应该算自传。家族或家庭是一个小集体,单个人不能构成一个家庭,更不能构成一个家族。

② 表现一个家族或家庭的鲜明个性。家族或家庭的个性特色是由其特定的生活道路和生存状态所决定的。

③ 常以故事的形态出现,有较强的感染力。

小知识:

刘义庆(403～444)

字季伯,南朝宋文学家。《宋书》本传说他"性简素,寡嗜欲"。自幼才华出众,爱好文学。除《世说新语》外,还著有志怪小说《幽明录》。

刘知几带领史学进入隋唐繁荣期

> 隋唐是中国古代封建文化最灿烂和辉煌的时期,在世界文化发展史上也占有相当重要的地位。国家高度统一,经济空前繁荣,对外文化交流广泛,文学艺术繁盛,成为当时世界范围内最发达、最先进的国家。

唐朝史学家刘知几在调任到史馆工作后,一开始非常开心。他喜欢史学,如今在国家最高史学机构工作,正好可以名正言顺地整理史书,发表史论。可是时间没过多久,他就待不下去了,因为史馆的上级领导对他不信任。

这天,领导拿着一叠著述扔到刘知几的案桌上,没好气地说:"这是你写的吗?你看看吧,监修大人都不高兴了!"

刘知几大吃一惊,连忙拿过著述阅读,正是自己撰述的《东晋史论》,最近刚刚汇报上去。他快速地翻到最后一页,上面果然有监修大人的墨宝:"凡事需仰承旨意,不可妄为。"警告他著述的内容太自由了,不符合朝廷的意思。

这已不是第一次被警告。刘知几无奈地放下著述,垂头不语。他从小博览群书,攻读史学,先后担任过各种官职。武则天做皇帝时,他还担任过左史,参与撰修起居注及《唐史》。自从唐中宗继位,他掌管修史之事。可是屡屡著述,却屡屡受到上级官员的批评,渐渐地,这位修史大人明白了:自己虽然担负修史之责,却没有著述自由,所有著述内容必须得到朝廷权贵们认可,才能得以流传。

这对刘知几来说真是莫大的屈辱,他修史不是为了个人,怎么可能屈服于权贵呢?经过考虑,刘知几毅然递交辞呈,开始了个人修史的历程。

就这样,刘知几打破史馆垄断史学的局面,以一己之力撰写《史通》,开创史学繁荣发展的新气象。

不满于官修"正史"的缺陷,是私人修史产生的重要原因。一方面,因官修"实录"、"国史"记事失实,私人肩负起记事修史的重任。另一方面,因官修断代纪传史有时间、内容上的种种局限，私人乃从"通"和"广"的角度发展修史的内容。私人史学家鉴于断代为史，古今间隔，不能会通等诸多原因。于是，探求"会通因仍之道"，推寻"变通张弛之故"，遂成为中唐以后史学界最高的呼声，突破断代局限的各种体裁的私修国史相继出现，并产生了重大影响。

同时，鉴于官修纪传史只求全于纪、表、志、传之成规，少有变通破格之尝试，很难深入反映社会历史发展。于是，从各个角度广泛表现社会历史发展的新史体由私人创造了出来，如典志体、会要体、纪事本末体、地理志，以及民族史、外国史、学术史、金石目录学等，从不同侧面表现着社会历史的结构和内容。

隋唐时期是中国社会的发展时期，也是中国史学成长以后走向发展的时期，这一阶段的时代特点，在许多方面影响着史学的发展。

① 隋唐的统一和兴盛，推动了官修史书撰述的发展，出现了"一代之史，至数十家"的盛况。同时，这种形势也推动了姓氏之学的发展，谱学之书的撰述成为这个时期史学活动的时尚。

② 这个时期，思想领域"天下大同"、"天下一家"的观念形成，这种认识在唐代的许多历史撰述中有突出的反映，比起秦汉时期的"大一统"思想，它又包含了更多对于多民族历史的自觉意识。

③ 这个时期，中外经济、文化交流有了更大的发展，佛教在中国的传播达到极盛，这推动了关于中外交通和域外情况的撰述。

小知识：

刘知几（661～721）

字子玄，彭城（今江苏徐州）人。唐史官，撰起居注，兼修国史。与人合作撰写《唐书》、《武后实录》，改修《氏族志》，撰成《姓族系录》、《睿宗实录》，重修《则天实录》、《中宗实录》。私撰《史通》，包括内篇三十九篇、外篇十三篇。

皇帝把史馆搬回家
促发大规模修史现象

> 到了唐代,政府正式设立史馆,专门负责修史工作。唐代的史学研究也因此进入了新的阶段,出现了第一部史学理论专著《史通》,第一部典章制度专史《通典》。

唐太宗李世民当了皇帝后,念念不忘的一件事就是修史。当年李渊当皇帝时,史学家令狐德棻曾经建议李渊:"购求天下遗书,统一组织抄写。"李渊同意这个建议,结果不到十年间,就搜集了大量书籍典章。

令狐德棻又向李渊建议:"近代以来,各朝的正史缺略很多,现在应该趁着北周、隋朝灭亡时间不久,材料还好收集,赶紧为这些朝代修撰史书,以备借鉴。"

李渊再次同意了他的建议,并且命令萧瑀等人负责修撰南北朝的历史。可是由于多种原因,这次修史没有取得什么成果。"玄武门之变"以后,李世民登上了皇位,他依然不忘旧事,命令房玄龄和魏征总监修史之事。

为了督促这次修史成功,李世民命人在皇宫修建史馆,组织强大的编撰队伍,让宰相带领他们每天到皇宫上班。不仅如此,李世民还亲自动手写了《晋书》中晋宣、晋武两个本纪,以及陆机、王羲之的传记。有了这样的组织和模范作用,修史工作得到前所未有的发展。

随着修史的进展,史官还担任起记录当代皇帝言行举止的工作,叫"起居注",是修编国史的基础。按照规定,皇帝不能看当朝的起居注。不过李世民毕竟也是凡人。有一次,他忍不住提出想看看史官们记述自己的起居注,没想到大臣朱子奢立即说:"史官不虚美、不隐恶,他们的任务就是秉笔直书,好的坏的一样对待。陛下如果看了以后,还有信史吗?"

李世民碰了钉子,但还是没有按捺住好奇心,几年后,褚遂良主管起居注,他又试探着问:"你们在里面都记了什么事啊?"

褚遂良也不给李世民面子,冷冰冰地回答:"臣从没听说皇帝可以看自己的起居注的。"说完一言不发。

李世民有些生气,郁闷地说:"我有什么不当的地方,你也一定要写进去吗?"

褚遂良当即斩钉截铁地反问一句:"为什么不写?"

此刻,多亏旁边有位大臣机灵善变,急忙为李世民找了个台阶:"陛下,您如果真有什么过失,就算褚大人不写,也瞒不过天下人啊!"

李世民几次想看自己的《起居注》均未能如愿,反映了唐朝史官修史的严肃性。即便皇帝把史馆搬回家,也不能看史官如何记载自己的言行。这件事除了表现唐代的修史原则以外,也间接说明唐代史学的繁荣。

唐代史官们秉承的修史原则是信史,就是所编著的史书要真实可信,记载确切,内容详实。与此同时,唐朝史学取得了相当高的成就,确立了官修史书的制度,出现大规模修史的现象。

唐朝以前,虽然各个朝代都设有史官,但史官的责任并不是很明确,不一定专门负责修史工作,史书多半是私人撰述。到了唐代,政府正式设立史馆,专门负责修史工作。官修史书制度确定之后,私人编著史书的现象开始衰落,表明统治者已经深刻认识到历史的重要性。

唐高祖李渊画像

唐朝有很多奉诏修史的事例,例如房玄龄主持编撰《晋书》,姚思廉主持编撰《梁书》、《陈书》,李百药主持编撰《北齐书》,令狐德棻主持编撰《周书》,魏征主持编撰《隋书》,都是奉命集体完成,并非一人之作。只有李延寿修《南史》、《北史》,是经过政府批准,一个人独立完成的。从唐朝以后,政府就完全掌握了纪传体正史的编修工作,正史里再也没有出现私人修史的现象。

随着修史工作的大规模展开,唐代的史学研究也进入了新的阶段,出现了第一部史学理论专著,就是刘知几的《史通》,对前人的史学著作加以分析评判,总结利弊得失。同时,还出现了第一部典章制度专史,就是由杜佑编撰的《通典》。

小知识:

令狐德棻(583~666)

唐初政治家、史学家。宜州华原(今陕西耀县)人。首倡修史,唐初史学成就是极辉煌的,而"创修撰之源,自德棻始也"。他多次参加官书的编写,最大贡献为编修《周书》。

唐三藏西游是中国佛学史上的辉煌篇章

> 佛教进入中国后便有了佛教史学,佛教史学是中国佛教的特色之一,因为在印度佛教中无系统的史学可言。鉴于史学至少有着反映一种宗教形态来龙去脉的功能,所以佛教史学也是全面认识我国佛教的一个非常重要的窗口。

627年8月,秋风乍起,僧人玄奘向政府递交申请,打算西行去天竺求取佛经。然而他等到的答复是:不准。当时政府禁止私人随便出国。玄奘没有因此放弃自己的梦想,他混到商人中间,单枪匹马出玉门关,一路西行而去。

历经千辛万苦,九死一生,玄奘神奇地到达天竺境内,并来到最高佛学院那烂陀寺。寺内僧众热情地欢迎这位异邦弟子,给他优厚的待遇。玄奘十分高兴,他如饥似渴地学习各种经书,听高僧们宣讲,逐渐成长为著名的佛教学者。

642年12月,戒日王在都城曲女城举行规模空前的佛学辩论会。到会的有天竺各国国王、各地高僧、婆罗门教徒,以及他们的随从人员,共计一万多人。这么多人有的乘坐大象,有的坐在车内,还有的赤脚而立,浩浩荡荡,数十里不绝。

辩论大会开始了,玄奘师升座后先阐扬大乘宗旨,说明作论的本意。又由那烂陀寺沙门明贤法师宣读全论,另外抄写一本,悬放在会场门外,遍告大众,如果有人能指出其中一字错误加以驳斥的,玄奘师愿斩首谢罪。辩论会持续十八天,高僧们轮流上台辩论,却无一人驳倒玄奘。

大会结束时,戒日王亲自送给他金钱一万、银钱三万、僧衣百领。按照习俗,玄奘被众人请上一头装饰华丽的大象,绕着会场走一周。这时,不管是权贵豪族,还是平民百姓,都在欢呼雀跃,赞颂玄奘。

玄奘学有所成,时刻怀念着祖国,希望回到大唐弘扬佛法。为此,他拒绝了戒日王和广大僧俗的挽留,一年后辗转回到长安。

听说高僧玄奘回国,长安城内轰动,唐太宗亲自召见他,要求他写下一路见闻,并让他组织各地高僧,着手翻译他带回来的佛经著作。

此后,玄奘日以继夜地工作,翻译佛经七十多部,这些著作不仅是佛经名著,还是研究古印度文化的珍贵史料。

佛教在西汉末年由印度传入中国,在南北朝时受到两次毁灭性的打击,到了隋唐时期,由于政府大力提倡,佛教才得以广泛传播并蓬勃发展起来,成为最重要的宗教之一。由三藏西游就可以看出,唐代时期,佛教已经得到广泛的传播,对中国社会产生了重要的影响。

佛教进入中国后便有了佛教史学,它是中国佛教的特色之一,因为在印度佛教中无系统的史学可言。狭义的佛教史学是专门关于佛教历史的,一般指佛教史家的专著,如《高僧传》;或专门论述佛教的有关史著,如《洛阳珈蓝记》。广义的佛教史学则包括所有有关佛教历史的记载和议论,如正史中的《魏书·释老志》、《宋书·天竺迦毗黎国传》,及《晋书·艺术传》里佛图澄、鸠摩罗什、僧涉、昙霍等一些僧侣的传记等等,都是关于佛教的重要史载。

玄奘负笈图

唐朝时,政治开明,经济高度繁荣,中外经济文化的交流进一步扩大,促使西方很多宗教文化传入中国。其中,佛教著作的大量传入和佛教思想的广泛流传,对唐朝的哲学思想、文学艺术、宗教信仰等诸多方面都产生了重要的影响。

小知识:

玄奘(602~664)

唐朝著名的三藏法师,汉传佛教史上最伟大的译经师之一,我国佛教法相唯识宗创始人。俗姓陈,名祎,出生于河南洛阳洛州缑氏县(今河南省偃师市南境)。他是我国著名古典小说《西游记》中心人物唐僧的原型。

王安石与司马光论争为史学巨著《资治通鉴》的诞生添光彩

> 《资治通鉴》是一部长篇编年体史书，全书共计294卷，三百多万字，另附有《考异》和《目录》各三十卷，记载了从周烈王二十三年到五代后周显德六年，共1363年的详细历史。目的是为了"鉴于往事，资于治道"，故而取名《资治通鉴》。

1067年，春季祭天大典之后，按照惯例，皇帝应该赏赐文武百官银两和绸缎。可是刚刚登基不久的宋神宗发现国库空虚，为此，他提议免去这笔赏赐，为朝廷节省一笔开支。这件事自然引起官员们的争议，其中有两位翰林学士争论得最为激烈，他们分别叫做司马光和王安石。

司马光和王安石都是当时的大文人，两人互相敬佩，原本是关系不错的朋友。可是面对国库紧张、财政状况不济的状况，他们提出了不同的主张。王安石认为："财政紧张，收入不好，不是当务之急，造成这一切的原因，是由于没有善于理财的人。"

司马光反对他的观点："你所说的善于理财之人，不过是巧立名目，增加税赋，盘剥老百姓的酷吏而已。"

王安石当即否定："你说的不对。善于理财的人，可以不用增加税赋，不克扣百姓，也能使国库充盈。"

司马光不以为然："从没听说天下还有这样的道理！天地所生的万物钱财，不在老百姓手里，就在官府里，想方设法从老百姓手里巧取豪夺，这比起增加赋税还要坏。当年桑弘羊之流蒙骗汉武帝，不也是这套说辞吗？"

两人各执己见，互不相让，最后宋神宗还是站到王安石这边。在他支持下，历史上轰轰烈烈的变法运动拉开帷幕。王安石推行一系列变革措施，启用新人，推翻旧制。对于这些现象，司马光一直非常清醒地关注着。他认为王安石的做法急功近利，于是向皇帝提出这样的看法："招来新进勇锐之人，以图一切速成之效"，结果造成"近来朴拙之人愈少，而巧进之士益多"。

王安石与司马光论争为史学巨著《资治通鉴》的诞生添光彩

司马光的担忧不无道理,可是宋神宗急于改善国家财政状况,坚决支持王安石。此时的司马光和王安石,已经同时位列朝廷副宰相之位。身为重臣,眼看着变法如火如荼地开展下去,司马光多次与王安石辩论,甚至争吵,以至于两人成为世人皆知的"死对头"。这时,有人劝说司马光弹劾王安石,但被司马光一口回绝了,他说:"王安石没有私心,确实为天下所想。"他不但没有上书弹劾,反而提出了辞呈。他对宋神宗说:"我和王安石,就像冰块和火炭不能在一起,夏天和冬天不能同时出现一样。"

司马光回家后开始著述《资治通鉴》,历经十几年时间完成,成就了北宋乃至整个华夏历史的辉煌。

司马光为了避免与王安石的争斗,辞职回家,闭门开始写作《资治通鉴》。该书是中国历史上第一部编年体通史,可与司马迁的《史记》媲美。

《资治通鉴》是一本长篇编年体史书,全书共计294卷,三百多万字,另附有《考异》和《目录》各三十卷,是司马光和他的助手刘攽、刘恕、范祖禹、司马康等人经过19年的艰苦努力编撰的一部规模空前的编年体通史巨著。记载了从周烈

明代仇英所作的《独乐园图》局部。独乐园是司马光隐居洛阳时建造的一座园林,共分为七部分,分别居住了七位当时著名的文人

王二十三年到五代后周显德六年,周世宗征讨淮南为止,跨越十六个朝代,共1363年的详细历史。目的是为了"鉴于往事,资于治道",故而取名《资治通鉴》。

该书采取详近略远的撰写策略,仅隋唐五代370余年的历史,就占了该书百分之四十的篇幅,具有非常高的史料价值。同时,该书独创的考异体例,为后世进行史学研究提供了一个新的方向,渐渐发展成史学研究的一个新方法——考异法。

小知识:

褚遂良(596~659)

字登善,浙江钱塘(今杭州市)人。唐初文学馆十八学士之一。博通文史,贞观十年(636年),由秘书郎迁起居郎。精于书法,与欧阳询、虞世南、薛稷并称初唐四大书家。传世之作有楷书《孟法师碑》、《雁塔圣教序》、《伊阙佛龛》。

朱熹为自己开脱是
理学在史学中的表现

> 理学属于儒学的一个发展阶段,是对儒学的极端化利用。程朱理学完全适应了当时封建社会转型的需要,为加强封建专制集权统治提供了强有力的思想武器,所以一经出现,立即赢得执政者的青睐,很快成为南宋后历代王朝的官学。

有一年,朱熹在宣扬自己的理学学说时,偏偏遇到一位不服教化的唐仲友。这位唐仲友是台州太守,竟然与妓女严蕊来往密切,不但互赠诗词,还经常见面谈心。朱熹十分震怒,认为他们的行为违背"存天理,灭人欲"的理学主张,就下令抓捕严蕊,要她供认与唐仲友之间存在两性关系。

按照当时的礼法准则,官员可以与妓女唱歌跳舞,却不能发生性关系。严蕊明白朱熹大人的意思后,一口否认这种说法。

朱熹大怒,当即命人严厉拷打严蕊,要她招认犯罪事实。严蕊大喊冤枉,拒不屈服。多日审讯没有结果,朱熹想出了新点子,他派人对严蕊说:"你何必这么死心眼,受这个罪?朱大人说了,只要你承认,他念你是个弱女子,会为你开脱罪责的。"

没想到话音未落,严蕊义正言辞地反驳道:"做人应该有良心,唐大人与我有来往不假,但他确实清白无辜,我怎么能空口白牙陷害他!对于没有发生的事情,我不会昧着良心瞎说,你告诉朱大人,就算他折磨死我,我也不会诬陷好人。"

朱熹见严蕊软硬不吃,简直气疯了,对她采取了各种酷刑。严蕊被折磨得死去活来,依然坚贞不屈。这件事情越闹越大,后来震惊了朝野,传到皇帝耳中。皇帝亲自过问此案,查清真相后,调离朱熹,为严蕊平反昭雪。

朱熹如此反对唐仲友与严蕊交往,却无法控制自己的情欲。几年后,他在武夷山讲学时,暗中与两位尼姑勾搭,竟然让她们怀孕在身。有人借机举报朱熹,反对他的理学主张,并把他告到皇帝那里。

皇帝知道朱熹是著名的大儒,理学代表人物,就好奇地问他:"先生既然口口声

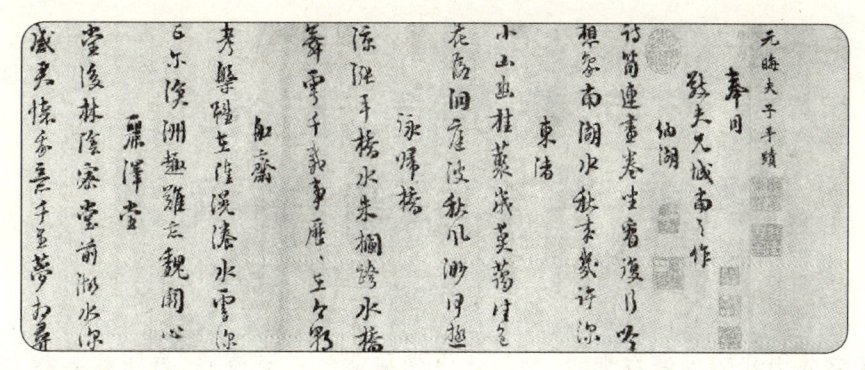

朱熹的书法

声宣扬理学,主张'存天理灭人欲',自己为何还要做出这等事来?"

朱熹听了这话,害怕皇帝严惩自己,慌忙叩头请罪:"我不过是草茅贱士,章句腐儒,学了一点伪学知识,就到处传扬,哪里适合明时之用……"几句辩解,救了自己的小命,却让程朱理学斯文扫地。

程朱理学也被称作程朱道学,产生于北宋,盛行于南宋,是宋明理学的重要流派之一,也是理学对后世影响最大的流派。它是由北宋的程颢、程颐兄弟二人创立,到南宋的朱熹时得到发展和完善的思想流派。到了元明清时期,正式成为国家的统治思想,可见程朱理学在历史上的作用非同寻常。

理学属于儒学的一个发展阶段,是对儒学的极端化利用。程朱理学完全适应了当时封建社会转型的需要,为加强封建专制集权统治提供了强有力的思想武器,所以一经出现,立即赢得执政者的青睐,很快成为南宋后历代王朝的官学。程朱理学的出现,标志着宋代理学思想体系正式形成,而朱熹学说,则标志着理学的成熟。

程朱理学把天理当成社会生活的最高准则,强调格物致知,主张去人欲,存天理,教导人们自觉遵守三纲五常。但其巨大的负面影响,逐渐使儒学陷入教条空洞的死胡同,成为束缚人性、以理杀人的统治工具,终于被人们所抛弃。

小知识:

宋祁(998~1061)

字子京,北宋安州安陆(今湖北安陆)人。天圣二年(1024年)与兄郊(后更名庠)同登进士第,奏名第一。章献太后以为弟不可先兄,乃擢郊为第一,置祁第十,时号"大小宋"。历任大理寺丞、国子监直讲、史馆修撰。与欧阳修同修《唐书》,书成,进工部尚书,拜翰林学士承旨。

169

黄宗羲的气节折射浙东学派的史学精神

> 以黄宗羲为代表的浙东学派,是清代史学研究的重要流派,包括黄宗羲、万斯大、万斯同、全祖望、章学诚、邵晋涵等一大批研究经学和史学的经史学派人士,因这些人士均是浙东人,而被称为浙东学派。

崇祯皇帝继位后,有位叫黄宗羲的浙东青年进京为父喊冤。他的父亲是东林党人,在天启年间遭受阉党所害。崇祯帝听了年轻人的诉说,准许重新审理旧案,替冤死者平反。

这天,公开审讯的日子到了,双方当事人来到公堂后,黄宗羲认出阉党党人许显纯,忽然从怀中拔出锥子,朝他身上一阵乱刺。许显纯躲闪不及,被刺得哇哇大叫。

又过了几天,审讯另一位阉党党人李实时,黄宗羲再次掏出锥子,对他又是一顿猛刺。这两件事轰动一时,黄宗羲成为闻名京都的人物。崇祯帝听说后,感叹道:"真是忠臣孤子。"

黄宗羲替父亲喊冤后,遵照父亲遗命跟随刘宗舟学习蕺山之学,并苦读史书,成为当时著名的反清复明组织"复社"领导之一。后来明朝灭亡,他隐居家乡,读书著述,钻研史学。

黄宗羲的道德、学识、气节,深受人们敬佩。有一次,他到嘉兴府范氏家中做客,范家人非常尊敬他,一致同意为他打开天一阁,让他阅读里面的藏书。天一阁是范家祖先的藏书宝地,后世子孙们担心书籍失散,约定共同管理,分别由各房子孙掌管阁门、书橱的钥匙。如果没有各房同时许可,任何人都不得擅自打开天一阁大门。

如今,范家人不但为黄宗羲大开绿灯,还请求他帮助整理藏书编目。

明思宗崇祯皇帝画像

黄宗羲的气节折射浙东学派的史学精神

黄宗羲在天一阁读到了很多典藏孤本,收获颇丰。这为他的史学理论提供了丰富的素养。当时清政府撰修《明史》,遇到较大的问题都去咨询他。黄宗羲除了史学成就外,还从民本立场出发,抨击君主专制制度,著述《明夷待访录》一书,成为中国思想启蒙第一人。

在清代浙东学派博大闳富的学术思想中,史学的成就最为突出。无论是该学派的奠基人黄宗羲,还是被称为该学派"殿军"的章学诚,都提出一系列独到而深刻的历史见解。在对清代浙东学派的学术研究中,学术界多偏重于史学的研究,这是合乎常理的事。

浙东学派对史学的研究自成一体,成就主要表现在以下几个方面:

首先,对明代的历史研究成绩斐然。例如黄宗羲所撰《弘光实录》、《行朝录》,以及《明文海》等著作,均具有很高的史料价值,为编修明代通史提供了大量的第一手数据。万斯同五百卷的《明史稿》就是《明史》撰写的蓝本。

其次,学术史研究贡献卓著。黄宗羲所著《明儒学案》,就是一部研究综述明代学术思想史的专著。他本着"一本万殊"的精神原则,客观对待明朝儒学的各家各派的学术思想倾向,相容并包,揭示了明代二百余年的学术思想发展的脉络线索,条理清晰,观点明确,是不可多得的学术史研究成果。

再次,史学理论的研究,其成果尤其引人注目。黄宗羲认为历史研究要"经世致用",万斯同主张"生之谓变",章学诚提出"六经皆史"。这些观点均反对泥古不化,针对当时脱离实际的考据学和空洞的说教理学展开了深入的批判,创造了全新的史学研究理论。

最后,对地方志的编撰和研究有了系统的创新,并将地方志作用于史学的重要部分加以撰写和研究。

小知识:

黄宗羲(1610～1695)

字太冲,号南雷,学者称梨州先生,浙江余姚黄竹浦(今明伟)人。明清之际的启蒙主义思想家、史学家、文学家、教育家与自然科学家,与顾炎武、王夫之并称明末清初三大思想家(或清初三大儒);与弟黄宗炎、黄宗会号称"浙东三黄";与顾炎武、方以智、王夫之、朱舜水并称为"清初五大师",亦有"中国思想启蒙之父"之誉。著有《明儒学案》、《宋元学案》、《明夷待访录》等。

171

罗贯中演义历史
使史学趋向复杂化

> "演义"者,据"史实敷衍成义"之义也。它由宋代的讲史话本发展而来,元末明初出现。其篇幅较长,或取材正史而做不同程度的虚构,或取材野史传说。故事内容侧重于朝代兴亡和政治军事斗争。

元末明初,兵荒马乱,一位自号"湖海散人"的知识分子游荡在山东、杭州、江西等地。他深入民间,搜集整理各地见闻,所获颇丰。特别是在杭州,当地汇集着许多杂剧作家,盛行说唱艺术。"湖海散人"很快与这些人成为朋友,他们谈论史书,交流写作技巧,创作了一批优秀作品。

不过,"湖海散人"的志向似乎并不在此,随着元末斗争日趋激烈,他积极地投入起义军中,并且怀着"以图王业"的雄心成为一方霸主张士诚的手下。无奈张士诚瞧不起知识分子,并不重用儒士。没有多久,他只好离开张士诚的军队,继续北上寻找契机。

这个时候,朱元璋已经占领大半个中国,"湖海散人"意识到自己的"王业"不可能实现,于是隐居杭州,闭门著书。他从小喜欢读《三国志》,加上多年来倾听艺人们说唱三国故事,以及参与过宏大战争的经历,让他决心重新勾勒一部生动的三国,留给后人观看。

在写作过程中,"湖海散人"经常出入茶馆,从艺人们口中发现老百姓对于三国的新见解。有一次,他听到周瑜的故事,不觉心动。据说周瑜有两个儿子,其中一个儿子因为触犯王法,被贬到杭州做普通百姓。他的生活拮据,难以为继,幸亏当地有位姓罗的地主收留他,并把女儿嫁给他。从此周家和罗家世代联姻,关系一直非常好。

也不知过了几世,周家和罗家的子孙中,各出了一位才子,两人相约进京赶考。没想到周家的才子高中榜首,成为当朝状元,而罗家的才子却名落孙山。这位周家的才子一时轻狂,便嘲笑罗家才子徒有虚名。罗家的才子很生气,回家后立誓断绝与周家来往。

"湖海散人"对这段传说颇感兴趣，他追溯历史渊源，联系当下战争和社会形势，想到经过漫长时间的洗涤，历史已经成为人们茶余饭后的谈资，于是整理编写出了一本以民间话本、戏曲为材料的小说故事——《三国志通俗演义》。

这个"湖海散人"就是大作家罗贯中。

刘玄德三顾茅庐请诸葛亮出山

依史而演义，是历史演义小说的一个主要特点，但依据史书的程度不同，作品的文学价值和史学意义也不同，有些抄袭通鉴史书的作品，价值则不高。例如《东西晋演义》，几乎就是史书的翻版，唯一可取之处只是创造了演义的一种文体而已。

既然称之为演义，其叙事必然要蕴含义理，这种义理就是作者要表达的立场、观点和态度。在《三国演义》中，作者有明显的抑曹扬刘倾向，这在某种程度上，加剧了史学研究的倾向化和复杂化。

演义的章回体，在一定程度上取法于通鉴的记事格式，但更通俗一些，以便于阅读。这种形式对历史故事的普及和传播有着很好的推动作用。演义的叙述方式，多是沿用通鉴的方式，以时间和史实为经纬来编撰历史故事，从而全面地反映某一历史时期的整个社会和人物的精神面貌。

历史演义是史学与文学的有机结合，目的是在增加历史性同时使历史更加艺术化，以便使人们更容易接受。

小知识：

罗贯中（约1330～1400）

名本，字贯中，号湖海散人，元末明初著名小说家、戏曲家，我国章回小说的鼻祖。一生著作颇丰，主要作品有：剧本《赵太祖龙虎风云会》、《忠正孝子连环谏》、《三平章死哭蜚虎子》；小说《隋唐两朝志传》、《残唐五代史演义》、《三遂平妖传》、《粉妆楼》、与施耐庵合著《水浒传》，以及代表作《三国演义》等。

梁启超将日文中的"历史"这一概念引入中国史学

> 中国近代史上著名史学家梁启超将日文的"历史"这一概念引进中国。从此，沿用几千年的"史"、"史学"就成为今天大家熟悉的"历史"、"历史学"。而他的《新史学》则成为中国史学发展的里程碑，奠定了日后史学发展的方向。

1899年冬天，逃亡国外的梁启超漫步在东京大街上。这个时候正是日军招募新兵、欢送老兵退伍的日子，街道上到处张贴着各种各样的宣传语，中间还夹杂着新兵们的"祈战书"。

梁启超一边观望，一边忍不住想："从古到今，中国诗歌中都在说从军多么苦，可是日本的诗歌从来都是说从军多么欢乐，这真是巨大的差别。"当时，为了配合军事行动，日本政府广泛开展有奖征集诗歌的活动，为其对外扩张做宣传。

梁启超来到日本已经一年多，国外的生活让他开阔了视野，特别是与日本人德富苏峰的交往对他的文体也产生了影响。德富苏峰是日本文学家，其创办的"国民丛书"风行日本，影响着在日本的中国知识分子。

晚清时期，中国掀起了"借途日本，学习西方"的热潮，受其影响，大批知识分子来到日本取经。日语是模仿汉语创造的文字，其中很多文字直接引用，只是读法有异。在日本期间，梁启超注意到日本文字的特点，编写了一本小册子《和文汉读法》，和文即日本文字，这本小册子就是告诉人们如何认读日文。

梁启超天性聪慧，不但很快认读了日语，还在德富苏峰影响下，先后写了多篇新文体的文章发表。1902年，他在横滨创办了著名的《新民丛报》，并且每期都要亲自撰写文章。他异常勤奋地工作，每天要写五千字以上，以至于亲朋好友的来信他都没有时间回复。

梁启超的文章文体新颖，言辞激烈，很快吸引了大批阅读者的目光，报刊发行量一路攀升。不久，梁启超在《新民丛报》刊登了一篇论史学的文章《新史学》，抨击中国传统史学。在这篇四万字的文章中，梁启超运用西方学者的历史哲学和史学方法论,提出了一些重要的史学理论,从而否定了传统史学着眼于撰写"中国史"的具体构想。

在此之前,中国从来没有"历史"这一说法,一直称呼为"史"、"史学"。由于梁启超熟读日文,了解到日文中有"历史"这一概念,遂将其引进中国。从此,沿用几千年的"史"、"史学"就成为今天大家熟悉的"历史"、"历史学"。

梁启超开启了近代史学的新时代,首先他就历史撰述的性质和范围,提出了有别于传统史学的新界定,认为史学的目的和范围就是以进化论为指导思想,考察和叙述种种历史的进化现象,叙述客观的历史进程。同时还强调了历史哲学和史学的社会作用,认为史学研究的目的就是使历史的客体和主体相结合,要寻找并获得一种理性的认识,从公理公例中得到启示,从而使史学有着应有的社会作用。

新史学十分重视史学与其他学科的关系,认为地理学、地质学、人种学、语言学、宗教、法律等,与史学都有着密不可分的关系,甚至心理学、伦理学、天文学、物理学和生物学也应该与史学有千丝万缕的关系,应该引入新的方法论,综合研究。

新史学对传统史学的批判非常猛烈,认为传统史学有四大弊端:帝王中心论,只知道有朝廷而不知道有国家;只知道有个人不知道有群体;只知道有历史史实,不知道史为今用;只知道有事实,不知道有理想。这四点切中传统史学的时弊,一经提出,立即得到很多史学研究者的响应,开启了史学研究的新风。

小知识:

詹姆斯·哈维·鲁滨逊(1863~1936)

美国现代史学大师。他与其影响下的同事和学生,如比尔德、贝克、巴恩斯、肖特威尔、海斯和桑代克等,一起组成了在20世纪上半期风云全美的"鲁滨逊新史学派"。这一学派的名称就来自于他挑战传统史坛的划时代名著《新史学》。

从黑格尔的赞语到
当代中国史学发展趋势

> 历史是多维体的,观察历史的视野也应该是多维化和立体化的。随着西方新史学的影响不断加深,中国史学也在向着多学科的综合研究方向发展,研究视角和研究方法,也正趋向于多样化。

1787年,在一年一届的中学生毕业演讲会上,一位神色拘谨、带着几分谦恭的学生登上讲台,面向诸位老师评委,开始演讲自己的文章。能否顺利进入大学校园,这次演讲起着主要作用。

登上讲台的学生大声地诵读出了自己文章的题目:《土耳其统治下的应用艺术与科学之衰落》。

话音刚落,在座的一位老师不由吃惊地瞪大了眼睛,他目不转睛地盯着讲台上的学生。他认识这个少年,而且曾经批阅过他的两篇文章,一篇是《论希腊和罗马人的宗教》,一篇是《论古代诗人的若干特征》。两篇文章都给他留下深刻印象。他惊叹这位十几岁的中学生竟然对古典文学、希腊和罗马的文化知识有着如此深入的了解,这可是一般中学生很难做到的事情。如今,这个学生又要论述自己对土耳其文化的看法,这简直是太神奇了。

讲台上的中学生并不知道老师的心思,他聚精会神地开始演讲自己的文章,他从奥斯曼帝国不重视科学文化造成的种种弊端,讲到符腾贝格如何重视文学、注重科学和艺术发展,侃侃而谈,叙述条理清晰,观点明确,引人入胜。

演讲获得了在座校长、老师的一致好评,他们同意这位学生可以获得政府提供的奖学金,进入大学深造。

这位才学出众、知识渊博的学生就是后来闻名于世的哲学家黑格尔。他进入了图宾根神学院,一所培养未来教师与牧师的古老学府。在这里,黑格尔用功读书,很少参加娱乐活动。为此,同学们曾经画漫画来嘲笑他。这天,黑格尔看到一幅画,画面上是一个驼背、拄着拐杖的小老头。对于同学们的讥讽,黑格尔宽容地笑笑,不做任何计较。不到两年时间,他完成了哲学硕士论文,放弃高收入的牧师职位,自愿到一些藏书丰富的家庭做教师。因为在这里他可以读到更多书籍,研究更深奥的学问。

果然,扎实的学习为黑格尔提供了最丰富的营养,他架构起自己的哲学与历史学理论世界,并著述大量作品,对以后的历史学产生深远影响。在研究中,黑格尔十分关注东方历史,认为"中国是历史的开端",历史是从东向西发展的。这种想法虽然有些片面,却将中国纳入西方哲学系统理论之内。从此,中国史成为世界史不可缺少的一部分。

黑格尔认为"中国是历史的开端",这句话很是耐人寻味,表面上看是在赞扬中国史学,其实不然。黑格尔的意思很明显,中国史还处于幼稚的发端时期,还停留在简单记事阶段。所谓历史是由东向西发展的,显然是说中国史学仅仅是历史的新生儿,欧洲史学才是世界史学的成熟阶段,才是世界史学的中心。

黑格尔对中国史学的评价虽然片面,但并非没有道理。他认为世界史研究不能没有中国史,就是在强调史学的起源。中古史学始终处于单一的视角里,古代史学家多以朝代史的眼光看待并记述历史,使历史出现了碎片化现象,这就使得简单化和平面化成为了中国史学的特点和局限。

历史是多维体的,观察历史的视野也应该是多维化和立体化的。随着西方新史学的影响不断加深,中国史学也在向着多学科的综合研究方向发展,研究视角和研究方法,也正趋向于多样化。

当代史学最重要的发展趋势表现历史哲学观的变化,它所注重的不再是构筑世界体系本身,而在于强调人的认识主体,在这一重新构建的历史体系中的作用,揭示人对世界的认识能力是可以随着历史变化的形势而不断得到提升的。

当代史学研究也会随着各种科学技术的发展,尤其是考古学、计算机和网络的迅速发展,找到新的史学研究方法。这必将填补很多古代史研究的空白和缺憾,使中国的史学研究融入整个世界的历史学之中,推动中国史学不断深入发展,并与世界史学相融合。

小知识:

汤因比(1889~1975)

英国历史学家。1919~1955年,汤因比长期担任英国伦敦大学教授,并多次参加政治和社会活动。他的一生著述很多,但全面反映他历史观点并使他成名的是一套十二卷本的巨著——《历史研究》。这部书被誉为20世纪最伟大的历史著作。

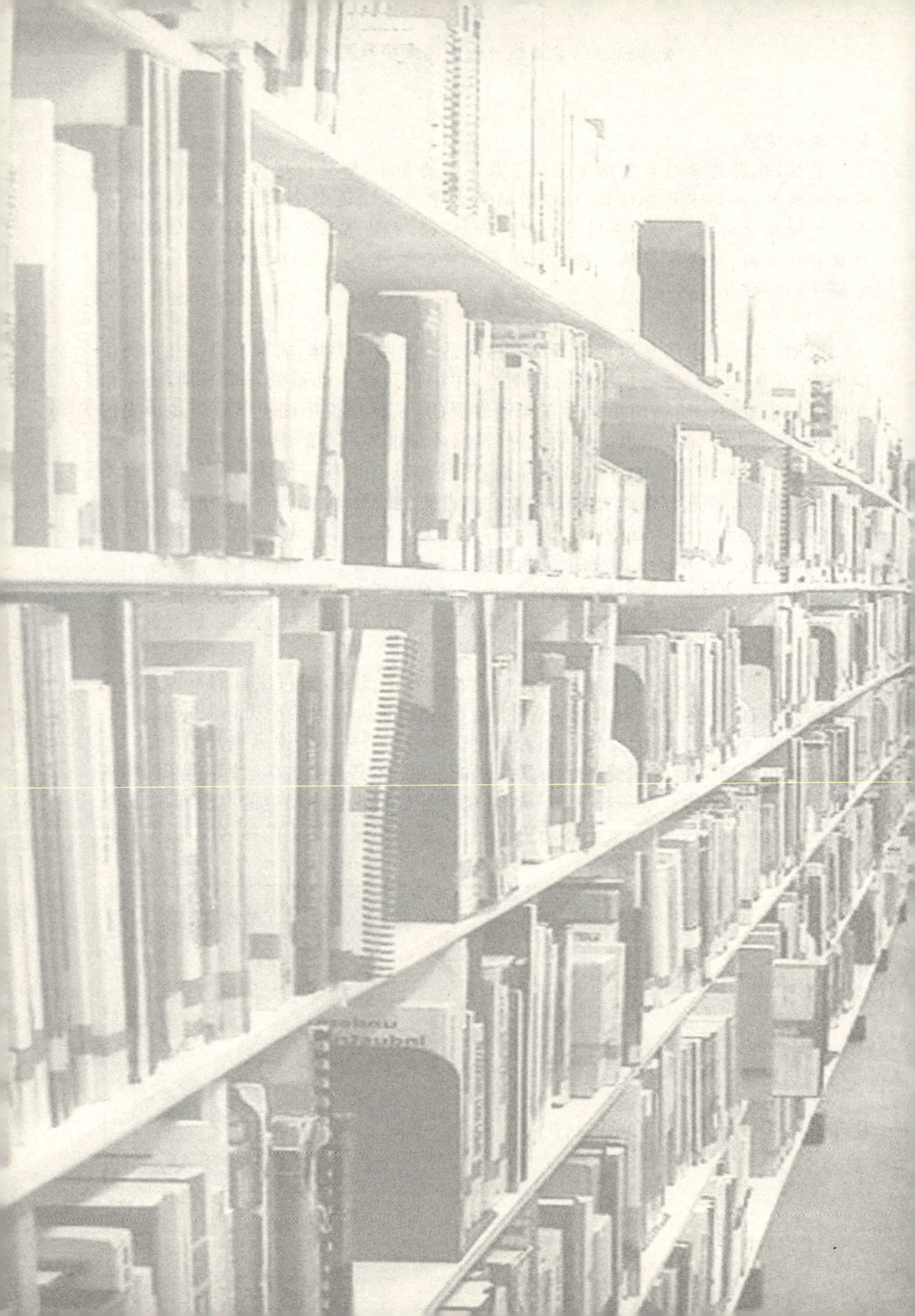

第五篇
世界历史发展及贡献

庄周梦蝶还是蝶梦庄周正是人类起源的自然说

> 在世界史上,关于人类的起源,众说纷纭,莫衷一是。最有说服力的学说是人类起源于自然,按照进化论的原理,由类人猿一步一步进化而来的。最早的类人猿是南方古猿,接下来是直立人,最后是智人,智人进化成了现代人。

有一天,庄周在床榻上休息时,不知怎么的忽然觉得自己来到河边,这里青草遍地,鲜花芬芳,令人心旷神怡。他走着走着,觉得累了,便躺到树下睡了起来。这时,庄周发现自己变成一只蝴蝶,追随着其他同类,翩翩飞舞,一会儿飞到花丛中,一会儿飞到树阴里,顽皮地嬉闹着,开心地追逐着,与蜜蜂说着悄悄话,与小鸟儿低声合唱,好不快活自在。

庄周梦蝶

过了一会儿,蝴蝶飞到小河边,它对着清清的河水自我欣赏,并停留歇息。

就在这时,突然一阵风起,随着沙尘飞扬,庄周努力睁开双眼。他吃惊地看到,自己的身体依然卧在床榻上,那只可爱的蝴蝶却不知哪里去了。

此时的庄周,百思不得其解,他不知道是庄周做梦梦见了蝴蝶,还是蝴蝶做梦梦见了庄周。

这个故事就是著名的《庄周梦蝶》。它提出一个重要的哲学问题,那就是人类如何认识真实的自己,如何认识人类的来源。人是不是蝴蝶变化而来,或者蝴蝶是不是由人变化而成,正是世界史要回答的问题。

庄周梦蝶还是蝶梦庄周正是人类起源的自然说

在世界史上,关于人类的起源,众说纷纭,莫衷一是。最有说服力的学说是人类起源于自然,按照进化论的原理,由类人猿一步一步进化而来的。

最早的类人猿是南方古猿,约公元前420万年前出现,其特征是头骨比人类的要小,脑容量也比人类的小,脑结构与人类相近,能够直立行走,并能使用简单的自然工具。接下来是直立人,大约在250万年前出现,这是人类家族内部的一次飞跃,更接近现代的人类。脑容量明显增大,脑结构进行了重组,开始有相当复杂的文化行为,大脑的两个半球开始出现不对称现象,具有了掌握有声语言的能力,适应性更强。

距今15万年左右出现的智人,则更加与现代人接近,介于原始人与现代人之间,是智人物种的起始阶段,并最终进化为现代人。现代考古学的进步,正在一步一步揭开人类起源之谜,相信不久的将来,人类的起源将不会再是个秘密,那时,整个世界史会添上最辉煌的一页。

小知识:

王夫之(1619~1692)

字而农,号㵎斋,别号一壶道人,世称"船山先生"。明末清初杰出的思想家、哲学家、史学家。与方以智、顾炎武、黄宗羲同称明末四大学者。王夫之学问渊博,对天文、历法、数学、地理学等均有研究,尤精于经学、史学、文学。主要著作有《周易外传》、《周易内传》、《尚书引义》、《张子正蒙注》等。

曼德拉永久性退休再次提醒人们历史学不应当热衷于民族主义

> 近代世界史的主流特征便是民族主义史学,在有着"历史学的世纪"之称的19世纪,史学家们写作的史书大量都是国别史。随着全球一体化的加剧,狭隘的民族史已经越来越不适应整个世界史学的发展,特别是新史学的兴起和快速发展,已经将其赶进了死胡同。

南非前总统曼德拉

1999年,南非总统曼德拉向全世界宣布,他将永远辞去总统一职,不再参加下一届总统竞选。曼德拉是南非的英雄,为了争取国家独立,化解民族怨恨,经历二十七年铁窗生涯才在民意支持下获得总统的职位。这样的声望和地位,是任何人无法比拟的,只要他不主动辞职,南非人民会拥护他继续留任。可是曼德拉说:"我老了,该回家了。"这句再普通不过的话,震撼了南非人民乃至全世界人民的心灵。当今世界争权夺利已经成为惯例,相形之下,曼德拉的这种行为真是令人难以置信。

然而,曼德拉真的辞去了职务。6月,南非首都举行了隆重的欢送仪式。成千上万的南非人民手举烛光,热泪盈眶,他们自发地唱起了雄壮的《曼德拉之歌》。

曼德拉为了向继任者表示支持和敬意,他带夫人提前五分钟来到会场。按规定,总统可以最后到场,可是他轻松地说:"我已经不是总统,我是一个老百姓。"曼德拉的故事曾经感动过全世界。他出生在一个酋长家庭,本来可以继承酋长职位,过着丰衣足食的生活。可是他为了"永不统治和压迫别人",放弃了酋长继承权,积极投入到黑人解放运动中,为此身陷囹圄,长达二十七年之久。

在漫长的监狱生涯中,曼德拉始终不忘为争取人们自由而努力。在多党谈判的艰难困境下,他顶着黑人解放阵线内部的压力,团结一切可以团结的力量,呼吁

曼德拉永久性退休再次提醒人们历史学不应当热衷于民族主义

黑人兄弟们:"不要把白人赶进大海,而要将武器扔到海里去!"曼德拉不计前嫌、海纳百川的气魄感染了政敌,获得了以德克勒克为首的白人势力的认可。在他的努力下,奇迹出现了,一场即将爆发的内战消弭于无形,种族隔离制度被彻底清除,南非第一次实现了多种族平等大选。

南非,这块曾是世界上种族冲突最激烈的地区,在曼德拉倡导下,迎接了崭新的未来。

曼德拉书写的是一部民族独立史,但民族史不应该是世界历史的主流。近代世界史的主流特征便是民族主义史学,在有着"历史学的世纪"之称的19世纪,史学家们写作的史书大量都是国别史,其中包括"科学史学鼻祖"兰克,他一生的学术生涯,也以民族史和国别史写作为主。

受到西方史学思想和倾向的影响,非西方地区的史学家们在改造本地区、本国传统史学时,也以民族史的尝试为主,这样做的目的如同曼德拉追求民族自由运动一样,是为了激发民族感情,驱逐西方殖民者,大量的民族史纷纷涌现。这使得民族主义史学成为近代史学的主要写作形式和研究目标,至今方兴未艾。

随着全球一体化的加剧,民族史已经越来越不适应整个世界史学的发展,以地区为中心、以文明为单位的族群中心主义史学写作和研究,越来越无法解决日益复杂的国际化形势带来的各种民族和国家问题。全球史学的多样化正在成为世界史学不可回避的发展趋势,特别是新史学的兴起和快速发展,已经把狭隘的民族史赶进了死胡同。

但是,世界民族大融合伴随的民族矛盾加剧,在另一方面继续把民族史推向史学的极端,当代史学流行的"越是民族的越是世界的"口号里,民族主义、民粹主义,越来越成为盘旋在史学头顶的阴云,挥之不去。

小知识:

黄仁宇(1918~2000)

祖籍湖南长沙,后入美国国籍,著名历史学家。他将宏观及放宽视野这一观念导引到我国历史研究中,从而高瞻远瞩地考察我国历史的"大历史"观,在史学界影响深远。所著的《万历十五年》一书受到广泛好评。

尼罗河馈赠的厚礼
造就古埃及文明史

> 古代埃及文明,在文字、历法、文学艺术、农业、建筑和科学领域均取得了巨大的成就,无论是对西亚还是北非,乃至整个欧洲文化,都产生了十分重要的影响。金字塔屹立至今,成为了世界文明的重要标志之一。

乌兹利斯是地神的儿子,他很有本事,教会了生活在尼罗河边的人们种地、做面包、酿酒,被人们奉为尼罗河神。乌兹利斯有位美丽的妻子伊兹斯,两人相亲相爱,共同护佑着尼罗河人们的生活。

幸福总是遭到嫉妒。乌兹利斯的弟弟塞特越来越不满,他试图杀害哥哥,夺取他拥有的一切。这天,塞特想好了计策,假意邀请哥哥共进晚餐,还找了很多神仙作陪。

晚餐开始前,塞特忽然像变戏法似的搬出一个好看的大木箱,他对来客说:"这个箱子是我送给各位的礼物。不过有个条件,谁能躺进去,谁才可以拥有它。"

客人们面面相觑,谁也不敢上前一试。这时,有人出面举荐乌兹利斯:"你是我们中最有本事的,一定可以获得宝箱。"

乌兹利斯经不住众人劝说,钻进木箱。让他万万没想到的是,等他进了箱子,塞特立即命人关闭木箱,上紧锁头,将箱子扔进了尼罗河中。

伊兹斯听说乌兹利斯被害,肝肠寸断,失声痛哭。她来到尼罗河边,顺着河水一路寻找丈夫的尸体。她哭得泪如泉涌,泪水落入尼罗河中,结果河水猛涨,汹涌泛滥。经过千辛万苦,伊兹斯找到了丈夫的尸体。塞特听说这个消息后,残忍地派人半夜盗走尸体,将它剁成十四块,并且扔到了不同的地方。

伊兹斯没有被塞特的残忍吓倒,而是继续寻找丈夫的尸体,她神奇地找回了丈夫的尸体碎块,掩埋到了不同的地方。此后她的儿子荷拉斯出世,在母亲教导下打败了塞特,将父亲的尸体碎块从不同地方挖出来,拼凑成完整的人体。这时,神灵附体,乌兹利斯复活了,他继续护佑着这块美丽的土地。

尼罗河馈赠的厚礼造就古埃及文明史

动人的传说告诉我们,神奇的尼罗河孕育了伟大的古埃及文明。尼罗河是古埃及文明的源头,它发源于非洲中部,长约 6 500 公里。古时候,尼罗河每年泛滥一次,大量的淤泥覆盖河谷,使河谷地区土地极其肥沃,农作物一年三熟,促进了农业生产的发展,也催生了古埃及文明的产生,是人类早期文明的代表。

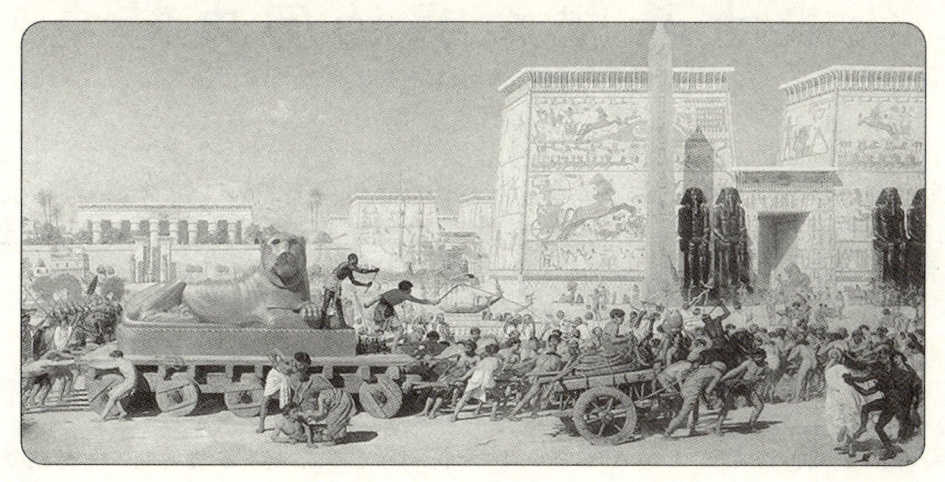

修建金字塔

到了公元前 332 年,古埃及已经经历了三十一个王朝,社会和政治状况相对比较稳定,前两个王朝被称为前国王时代,始创了法老专制统治制度,开始建立常备军,文化渐渐成熟。第三个到第六个王朝,定都孟斐斯,称做古王国时代。那一时期,埃及的法老们建造大量的金字塔,最大的一座建于公元前 3000 年,是胡夫王花费了 20 年时间,动用了十万人才完成,高达 140 米,宏伟壮观,至今仍然是世界建筑史上奇迹和谜团。

从第七个王朝开始,到公元前 332 年亚历山大大帝征服埃及为止,这一时期,内乱不断,外族侵略频繁,埃及文明从繁荣到衰落。亚历山大时代,埃及文明与希腊文明实现了大融合,使亚历山大城成为地中海经济文化的交流中心。

小知识:

费正清(1907~1991)

美国著名历史学家,中国著名问题观察家,我国近现代史研究领域的泰斗,"头号中国通"。重要著述有《美国与中国》、《剑桥中国史》等。

柏拉图和苏格拉底的谈话代表古希腊文明的历史特色

> 古希腊是西方文明历史的源头,从公元前800年到公元前146年,持续了大约650年的历史。古希腊人在哲学思想、政治制度、历史文化、文学诗歌、艺术戏剧、教育、建筑、雕塑等诸多方面和领域,均取得了辉煌的成就。

柏拉图是苏格拉底的学生。一次,他对老师说:"我觉得东格拉底这个人人品不好。"

苏格拉底奇怪地问:"你为什么有这样的看法?"

柏拉图回答:"因为他总是挑剔您的学说;这还不算,他还嘲笑您,说您的鼻子太扁了。"

"哦,"苏格拉底笑了,他语气缓慢地说,"你说得都没错。但我认为东格拉底这个人很不错。"

"为什么?"柏拉图追问,"您既然看到他的所作所为,为什么还认为他不错?"

苏格拉底依然微笑着说:"是啊,我看到东格拉底的所作所为,我看到他十分孝顺自己的母亲,他每天都无微不至地照顾老人;他还十分尊敬老师,从没有做出什么不恭的举动;他对朋友真诚而礼貌,经常指出他们的弱点,帮助他们改过;至于他对孩子们,我常常看到他们一起玩耍游戏;另外他对穷人更是富有怜悯心,有一次我亲眼看见他仅剩一枚铜钱了,但他遇到乞丐时,还是毫不犹豫地丢进了乞丐的帽子里……"

"可是,您该知道,"不等苏格拉底说完,柏拉图就打断他的话,"尽管他对其他人如此周到,可他对您却不怎么样!"

"是的,"苏格拉底站起身来,他慈祥地看了柏拉图一眼,然后拍拍他的肩头继续说,"这就是问题的所在。如果一个人站在自己的立场上看问题,那么常常会把人看错。所以,我看问题时,从来不看人对我怎么样,而看他对别人如何。"

苏格拉底和柏拉图师徒,是古希腊文明的杰出代表。古希腊是西方文明历史的源头,从公元前800年到公元前146年,持续了大约650年的历史。这一文明是在克里特文明和迈锡尼文明的基础上发展起来的,经历了黑暗时代后,建立了自己的城邦国家,发明文字。公元前776年举办第一次奥林匹克运动会,标示古希腊文

柏拉图和苏格拉底的谈话代表古希腊文明的历史特色

明进入兴盛时期。

大约公元前399年,苏格拉底因"不敬国家所奉的神,并且宣传其他的新神,败坏青年和反对民主"等罪名被判处死刑。在收监期间,他拒绝了朋友和学生要他乞求赦免和外出逃亡的建议,饮下毒酒自杀而死

古希腊最大的城邦国家是斯巴达和雅典。后来,希腊文明不断向外扩张,经过希波战争,希腊人控制了小亚细亚等地区,其中著名的战役就是马拉松战役,希腊进入雅典统治时代。伯罗奔尼撒战争后,斯巴达又成了希腊的主宰,亚历山大大帝时期,希腊人攻下了巴比伦,消灭了波斯帝国,古希腊历史结束,进入泛希腊化时代。公元前146年,恺撒大帝征服希腊,统治欧洲,古希腊文明彻底结束。

古希腊文明时期,经济高度繁荣,产生光辉灿烂的希腊文化,对整个欧洲乃至世界,都有着重要的影响。古希腊人在哲学思想、政治制度、历史文化、文学、艺术、教育、建筑、雕塑等诸多方面和领域,均取得了辉煌的成就,这一文明成果后来被古罗马人有选择地延续下去,成为西方文明史的精神源头和不竭的源泉。

小知识:
艾伦·约翰·珀西瓦尔·泰勒(1906~1990)
20世纪最著名和最具争议性的英国历史学家。他所著的《第二次世界大战的起源》一书,至今仍引起不少争论。

永远的特洛伊战争、永远神人不分的古希腊历史

> 希腊神话中的神与人同形同性,既有人的体态美,也有人的七情六欲,懂得喜怒哀乐,参与人的活动。神与人的区别仅仅在于前者永生,无死亡期;后者生命有限,有生老病死。这些神话具有明显的家族色彩,用血脉的纽带形成基本的脉络,看起来更像一部家族史。

一场盛大的婚宴开始,这是人类英雄帕琉斯和海洋女神忒提斯的婚礼,他邀请奥林匹斯山的诸多女神,唯独落下了纠纷女神艾里斯。艾里斯心怀怨恨,主动赶到现场并留下一颗写着"献给最美丽者"的金苹果。

天后赫拉、智慧女神阿西娜、美和爱的女神阿芙洛迪特都认为自己是最美丽的,为此她们展开一场持续的争夺,并请天父宙斯裁夺。宙斯不敢得罪她们中的任何一人,就让她们去找正在放牧的特洛伊王子帕里斯。

可怜的帕里斯从小就是个倒霉蛋,因为被人预言他会导致特洛伊灭亡,所以他虽贵为王子,却过着牧童一般的生活。三位女神找到他,各显神通,希望他能把金苹果给自己。帕里斯最终被阿芙洛迪特的许诺打动,她许诺将天下最美的女人嫁给他。帕里斯为了迎娶美人,将注定犯下弥天大祸。

阿芙洛迪特拿到了金苹果,立刻带着帕里斯来到斯巴达,他们见到了王后海伦——天底下最美的女人。在女神帮助下,帕里斯成功地诱惑了海伦,并把她带回特洛伊。斯巴达是希腊的一个城邦,王后被诱拐,激怒了全体希腊英雄,他们为了捍卫尊严,决定跨海远征特洛伊。

经过两年准备,希腊十万远征军在阿伽门农的指挥下,浩浩荡荡地开赴特洛伊海岸。至此,特洛伊战争正式上演。

这场因为天神引起的战争,时刻受到天神关注。天后赫拉为了惩罚帕里斯,不停地支持希腊军队;女神阿芙洛迪特则始终站在特洛伊一边。除了她们之外,由于各种复杂的原因,奥林匹斯山的众神全部卷入战争中。在神的参与下,特洛伊战争变得复杂莫测,双方互有胜负,持续九年多,仍然分不出输赢。

远在特洛伊的希腊军队有些支撑不住,伤亡加上思念家乡,军心动摇。阿伽门

农是位伟大的君主,他不想以失败告终,于是听取了奥德修斯的计谋,将阿基琉斯等希腊英雄们隐藏在一个巨大的木马中,把木马丢在海滩上之后,他带领军队假装撤退。

特洛伊人不知是计,将大木马作为战利品运进城中。夜里,埋伏在木马中的英雄们跳出来,打开城门,这时阿伽门农的军队一拥而入,他们内外夹击,终于攻下了特洛伊城。

古希腊神话是西方世界最早的文学形式,是西方文学艺术的源头。它产生于古希腊文明前,也就是公元前800年以前,是希腊原住居民在口口相传的基础上,长期集体创作的一种神话体系。这些神话具有明显的家族色彩,用血脉的纽带形成基本的脉络,看起来更像一部家族史。

帕里斯的裁决

古希腊神话大体分为神的故事和英雄传说两个部分,其中的神都是人格化的,有情欲、有善恶、有计谋,彼此都有血缘关系。但他们与人的区别也是显而易见的:这些神长生不老,具有超人的本领和神奇的威力,能够凭借好恶任意主宰人间生杀祸福。英雄传说是众神故事的延续,那些英雄人物都是神和人所生的半神半人,同样具有超过常人的才能和人类无法比拟的非凡的毅力,他们以不同的家庭为中心,形成许多相对独立的系统,同样具有家族史的特色。

很显然,古希腊神话是希腊上古时期的历史折射,反映了这一时期家族为中心的社会结构,诉说着家族光荣的传统和对无穷的统治力的希望和梦想,是希腊史的重要组成部分。

小知识:

汉斯·戴布流克(1848~1929)

德国军事史家。他是第一代的现代军事史学者之一,以批判验证古代文献作为他的研究方法,使用如人口统计学和经济学等辅助学科来达成对不同时代的分析与比较,以之探究军事机制的发展。主要著作是《战争艺术史》。

迦太基女王的爱恨情仇与古罗马史

> 古罗马文明继承了古希腊文明的传统,并逐渐产生自己的文明。王国制和共和制是早期罗马对欧洲政体的两大贡献,1世纪到2世纪是罗马帝国的黄金时期,局势稳定,经济文化都得到快速的发展,为欧洲文明持续进步的奠定了基础。

特洛伊失陷后,城内部分幸存者在埃涅俄斯的率领下乘船逃亡。他们历经千辛万苦来到迦太基港。这是狄多女王的领地。女王本是泰雅国的公主,因为丈夫被兄弟所杀,只好带着随从逃到迦太基。然而,当地人不愿意他们占领自己的地盘,提出只给狄多一块牛皮大小的地方。聪明的女王接受了这个要求,她让人把牛皮剪成一根根细细的长条,用这些皮条围成圆圈,得到了一大块地区。从此她定居下来,并成为当地女王。

女王盛情地款待埃涅俄斯和他的部下,并且义无反顾地爱上了英雄埃涅俄斯。她说:"英雄,请你带领你的部下定居下来吧,请你和我共同管理这块土地。"

埃涅俄斯是女神阿芙洛迪特的儿子,他在母亲的保护下,幸运地躲过了劫难,如今奉神的旨意带领子民逃亡。可是他被多情的女王吸引,坠入情网,与女王出双入对,暂时忘记战争的痛苦,以及自己肩负的使命。

一天,埃涅俄斯正在小憩,忽

迦太基女王狄多收留逃难的埃涅俄斯父子

然天后赫拉和小爱神厄洛斯出现眼前,对他说:"埃涅俄斯,不要忘了你的使命。去吧,离开这里,去建立罗马城。"

埃涅俄斯惊醒了,他来到自己的部下身边,决定离开这里继续前行,去寻找神为特洛伊人安排的新家园。他们悄悄离开迦太基,扬起风帆,继续航行。

狄多女王听说埃涅俄斯不辞而别,伤心欲绝。她来到海边,望着远去的船队,爱恨难消。美丽的女王命人架起火堆,她站到火堆上,一边拔出尖刀,一边对着埃涅俄斯的船队发出诅咒:"迦太基人记住,永生永世都要反对特洛伊人,与他们为敌。"说完,女王把尖刀刺向自己的胸口,倒在熊熊烈火之中。

这句咒语非常灵验。多年后,背弃了狄多女王的埃涅俄斯果然寻找到了新的家园,并且建立起罗马城。不过罗马人与迦太基人世代仇恨,多次发生战争,这也成为古罗马血腥历史的一部分。

关于古罗马诞生,如同故事所述,埃涅俄斯的后代罗莫洛和雷莫,于公元前753年4月21日建立了罗马城。罗马的意思是河畔之城,剔除神话的成分,罗马这个词来自居住在台伯河右岸的埃特鲁里亚人的语言。

罗马城的首批居民包括很多的民族,有拉丁人、埃特鲁里亚人和萨宾人,他们先后实行王国制和共和制。公元前3世纪后,罗马人战胜了高卢人,征服了意大利,并降服了希腊、西班牙、不列颠、日耳曼、小亚细亚、叙利亚和埃及等地区,建立起历史上最大的帝国之一——罗马帝国,恺撒大帝就是这一时期的杰出代表。恺撒之后,奥古斯都为罗马帝国的繁荣昌盛做出巨大的贡献,这一时期,古罗马人口不断增多,竞技场、大剧院、圆形露天剧场比比皆是,古罗马文明得到空前的发展。

罗马帝国分为西罗马和东罗马两个时期。476年,西罗马帝国最终灭亡,古罗马史也多是指西罗马帝国以及之前的那段时期。

小知识:

特奥多尔·蒙森(1817~1903)

德国历史学家。他最主要的成就是对古代罗马历史的研究,五卷本《罗马史》是他累积三十年的努力得以完成的史学巨著。其他重要著述还有《意大利南方方言》、《罗马编年史》、《罗马铸币史》、《民法集》、《拉丁铭文大全》等。

美丽的空中花园带你走进古巴比伦文明史

> 古巴比伦文明是两河流域文明的重要组成部分,古巴比伦王国是人们已知的历史最悠久的古代东方国家之一。公元前 18 世纪古巴比伦国王汉谟拉比统一了两河流域,建立起中央集权的奴隶制国家,从此开始了巴比伦王国对两河流域的全面统治。

新巴比伦国王尼布甲尼撒二世登基不久,迎娶美丽的米底公主米梯斯。公主美貌大方,可爱动人,深深地吸引着国王。国王为了让公主开心,想尽一切办法满足她的需求。尽管如此,时间长了,公主还是面露不悦。国王非常着急,小心地询问:"公主啊,你有什么不快,请对我明言。"

公主望着一马平川的国度,说出了心里话:"国王,我的家乡是山区,那里山峦叠翠,一年四季都是鸟语花香。可是我们现在生活的地方全是平原,连一个小山都见不到。我多么渴望能见到家乡的山岭、盘曲的山路,还有那些美丽的花草啊。"

国王明白了,原来公主是思念自己的家乡。为此,他找来最好的工匠,要求他们模仿米底山区的景色,在王宫内修建一座花园,让公主看到这座花园,如同回到自己的家乡。

工匠们心思巧妙,他们经过研究和计算,决定在王宫内建造起一座阶梯型花园。他们在花园内种满了奇花异草,还在园中开辟一条条幽静的山路,路旁常年流水不断,仿佛山间小溪。另外,花园中央还矗立着一座高高的城楼,比城墙高出许多。因此人们把这座美丽的花园称为"空中花园"。

花园竣工后,公主果然非常喜欢,她日日徘徊在花园内,行走于小溪边,赏花种草,再也不忧愁烦闷了。国王看到公主高兴,格外满意,也常常流连在花园内。此时的巴比伦在他统治下,国力强大,先后征服四周各国,巴勒斯坦、耶路撒冷、犹太,甚至埃及都被他征服了。巴比伦汇集着来自各地的商人,经济得到很大发展。

可是巴比伦奴隶主的残酷压迫,激起国民的反抗和外族的不满,特别是那些被

美丽的空中花园带你走进古巴比伦文明史

征服的国家,时时刻刻都在想着复仇。结果,尼布甲尼撒二世死后,敌人利用穿墙而过的幼发拉底河,偷偷进入城内,兵不血刃占领了巴比伦。

新巴比伦灭亡后,美丽的空中花园也被毁坏,沦为一堆荒丘。

空中花园是世界古代七大奇迹之一,也是巴比伦文明的重要象征。古巴比伦文明是两河流域文明的重要组成部分,古巴比伦王国是人们已知的历史最悠久的古代东方国家之一。

在新巴比伦王国时期,巴比伦古城有内外两道城墙,城里最壮观的建筑物,就是著名的"空中花园",以及图中所描绘的这座让上帝感到又惊又怒的巴别塔

公元前18世纪,古巴比伦国王汉谟拉比统一了两河流域,建立起中央集权的奴隶制国家,开始了巴比伦王国对两河流域的统治。汉谟拉比制订了世界上第一部比较完备的成文法典,史称《汉谟拉比法典》。那一时期,经济文化高度发展,尤其是在数学和天文学方面取得了前所未有的成绩。

巴比伦帝国又分为古巴比伦帝国和新巴比伦帝国两个时期,空中花园就是新巴比伦帝国时期所建。新巴比伦帝国存在时间很短,只有88年时间,由迦勒底人建立。

古巴比伦文明曾繁盛一时,到了新巴比伦时期达到顶峰。主要表现在五个方面:

① 在建筑方面取得辉煌的成就,古巴比伦城,城垣雄伟,宫殿富丽堂皇,是当时世界上最繁华的城市,也是中东最重要的商业城市。矗立其中的空中花园又称悬苑,远远望去如同悬浮空中。

② 政治制度、土地制度和祭司制度比较完善,保证了巴比伦王国的社会稳定和经济发展。

③ 学校教育得以开展,培养了大批文人,充任官员和从事各种职业。

④ 保留下众多的传说故事。

⑤ 数学和天文学取得很大的进步。

亚历山大东征促使第一部世界《通史》诞生

> 波里比阿所著《通史》是一部断代史,开始于公元前218年第二次布匿战争爆发,止于公元前146年迦太基灭亡和希腊各城邦被征服,共计70余年的历史。该书以罗马武力扩张和罗马政治制度演变为轴心,包括地中海沿岸各国、各民族的历史。

公元前338年8月,马其顿国王腓力二世出征前,对儿子亚历山大说:"我已经老了,没有几场仗可打了。你在家中要好好练习马其顿方阵的阵法,今后好接替我的事业。"腓力二世在希腊城邦混战中脱颖而出,利用强大的军事力量收复了一个个希腊城邦,从而确立自己在全希腊的霸主地位。

亚历山大征服印度

亚历山大听了父亲的话,当即表示不满:"这次您去攻打雅典,以后还要去征战波斯、印度,以及东方的很多国家,如果这些国家全部让您一个人征服了,我还有什么机会作战呢?"

腓力二世听了这话,哈哈大笑,他说:"好,有志气。你就跟随我出征吧。"从此,年仅18岁的亚历山大踏上战场,开始自己辉煌的征伐历程。

两年后,亚历山大继位,他继承并发扬父亲的遗志,于公元前334年开始了东征波斯帝国的战争。几经交手,他攻打下波斯帝国,占领了巴比伦、伊朗高原,而且攻占叙利亚,进入埃及。

这时的亚历山大一心想着统一世界,推行希腊文明,因此他继续东征,在公元前329年穿越兴都库什山,侵入巴克特里亚。当亚历山大看到富庶的印度河流域时，立刻被它吸引。他兵分两路，亲自带队来到印度河上游地区，并很快征服这一地区。当他雄心勃勃地打算征服恒河流域时，由于连年远征苦战，将士们早已疲惫不堪，他们不愿意继续打仗，厌战情绪迅速蔓延。恰在此时，瘟疫流行，死伤人数猛增。将士们不肯前行一步，他们要求："回家，回家！"

伟大的亚历山大不得不放弃自己的计划，带领军队撤离印度，返回巴比伦。这场罕见的、历时十载的东征终于结束。

亚历山大征服了大半个欧亚大陆，波里比阿为此写出了第一部"世界"的《通史》。波里比阿是公元前2世纪希腊最著名的历史学家，他所处的时代，正是罗马帝国征服世界的时候，波里比阿以一个败军之将的身份被押到罗马当人质。正是这一次人质经历成就了一个伟大的历史学家，促使他写出《通史》这部重要的史学著作。

《通史》是一部断代史，开始于公元前218年第二次布匿战争爆发，止于公元前146年迦太基灭亡和希腊各城邦被征服，共计70余年的历史。该书以罗马武力扩张和罗马政治制度演变为轴心，不仅记载了罗马征服迦太基、西班牙、希腊、小亚细亚、叙利亚、北非等，统一地中海地区、变成一统的帝国的整个过程和重大史实，还记载了他所知道的"世界"的历史，包括地中海沿岸各国、各民族的历史，被看成是一部跨越国界的"世界通史"。

《通史》中所载的历史史实，很多是波里比阿亲身经历过的。同时，由于他在罗马做人质期间，得到罗马统治集团的信任，得以经常出入罗马国家档案库，收集到很多第一手资料，并凭借他深厚的学术修养和远见卓识，《通史》所载历史真实可信，受到后世史学家的一致赞扬，被称做"历史学家中的历史学家"。在古代西方的史学家中，唯有他的《通史》最符合科学的史学方法的要求，成为了解古罗马帝国最珍贵的资料之一。

小知识：

波里比阿（公元前204～前122）

古希腊历史学家。公元前168年罗马人战胜马其顿之后，他作为阿卡亚联盟一千个贵族人质之一被带到罗马。来到罗马后，波里比阿成为小西庇阿的家庭教师，并成为罗马上层社会的一员。主要历史著作是《通史》，是人类最伟大的历史著作之一。

阿育王皈依
古印度的繁华时期

> 古印度文明最显著的特色就是宗教的特殊地位。印度教、佛教和伊斯兰教创造的灿烂文化构成印度文明的三大版图，三大教在建筑、雕刻、绘画等方面都创造出很多有艺术价值的传世珍品。

羯陵迦是位于孟加拉湾沿岸的一个城邦，实力雄厚，经济发达，凭借着优越的地理位置，海外贸易繁荣。阿育王十分垂涎这块土地，为了征服它，下令强攻。数次鏖战后，阿育王的部队占了上风，神勇的将士们冲入羯陵迦的首都，他们任意杀伐抢夺，刹那间，火光四起，哭嚎震天。

阿育王听说攻下了羯陵迦，非常高兴，亲自来到城内。他满面春风，希望得到当地人的拥护。可他进入城内，却看到尸体遍地，血流成河。一夜之间富庶的城邦被夷为废墟，羯陵迦的十五万臣民，在这场战争中死了十万。

十万无辜死者的灵魂成为阿育王心头挥之不去的乌云，他无法安眠，终日深陷在自我谴责之中。这位从少年时代就征战四方，为了争夺王位不惜杀害诸多兄弟，而且专门挑选最凶恶的酷吏设立"人间地狱"，并发动一系列统一南亚次大陆的战争，现在他深深地感到后悔，恻隐之心被唤醒。为了摆脱梦魇，他投身于佛法之中，与高僧彻夜长谈，反复领会佛教宣扬的生死轮回的思想。

终于，阿育王被佛法感召，他决心放下屠刀，改变统治策略。他宣布不再主动发起战争，以佛教作为国教。为了使诏令得以传达，他让人把佛法的精神刻在岩壁和石柱上。他本人亲自到各地去朝拜礼佛、修建佛塔，访问著名的高僧大德。据说，阿育王一共修建了八万多座舍利塔，多次对僧团施舍土地财物。

由于阿育王的大力供养，佛教得到飞速发展，不少外教徒看到其中的好处，纷纷混入佛教，致使僧团无法正常举行忏悔仪式。阿育王听说这一情况后，为了消除混乱，请著名高僧目犍连子弟须长老召集一千僧人，在华氏城举行盛大的法会。在长老主持下，这些僧人重新整理佛经，赶走外教徒，并编撰《论事》。

此后，阿育王派遣高僧们到全国各地宣扬佛法，他们的足迹遍及印度，东到缅甸、西到埃及、希腊，至此，阿育王从一名嗜杀成性的国王，转变成为人们心目中的"护法明王"。

阿育王是古代印度孔雀王朝著名的君王，是古印度文明的代表人物。印度是世界四大文明古国之一，早在公元前3500年前后，农业文明就已经遍布印度河平原，到了公元前2500年左右，印度河流域就出现了高度发达的城市文明，并开始使用文字。

公元前1500年左右，印度文明的中心由印度河向东推进到恒河流域，《梨俱吠陀》和其他吠陀经典问世，为印度哲学和文学的萌芽提供了深厚的土壤，这一时期被称为吠陀文明。它为印度教的发展和印度文明的崛起打下了坚实的基础。公元前6世纪，出现了各种哲学流派和社会学说，佛教也应运而生。

公元前3世纪，阿育王统治孔雀王朝，发动了一场大规模的兼并战争，建立印度历史上第一个大一统的专制帝国。3到6世纪，笈多王朝时期成为印度古代文明发展的黄金时期，婆罗门教经过长期的改革演化，逐渐发展成为印度教，哲学、文学、艺术、科学等诸多领域都取得很大的成就。直到10世纪，穆斯林侵入印度，印度文明开始衰落。

涅槃图

小知识：

托马斯·卡莱尔（1795～1881）

英国19世纪著名史学家。主要作品有《法国革命》、《论英雄、英雄崇拜和历史上的英雄业绩》、《过去与现在》等。

诞生在马厩的孩子创建基督教

> 基督教是以信仰耶稣基督为救世主的一种宗教，基督教的创始人为耶稣。耶稣死后，他的信徒们组成了奉基督之名敬拜上帝的团体，就是基督教。基督教的兴起，实际上开启了现代文明的大门，使自由、博爱的思想逐渐成为社会发展的精神动力。

在以色列北部的拿撒勒镇，生活着一位美丽的姑娘玛利亚，她与约瑟订婚不久。忽然有一天，她梦到有位天使造访自己，并告诉她："你将怀有圣灵的子孙，生下一个叫耶稣的男孩，他被称为圣者、天主的儿子。"天使走后，玛利亚果然怀了身孕。

未婚先孕，这让玛利亚的未婚夫约瑟很气愤，他打算暗中解除婚约。然而他的这个想法还没有施行，天使就前来造访他。天使告诉他："你的未婚妻从圣灵受孕，将生下天主的儿子。"约瑟不敢违背天使的旨意，遂打消了毁约的念头。

当时，按照规定，生产需要回到原籍登记人口。眼看着玛利亚临盆的日子快到了，约瑟和玛利亚开始返乡旅程。他们的原籍在伯利恒镇，该镇位于以色列东部偏南地区。两人打点行装，一路奔波，傍晚时分来到一座小城投宿。没想到各个客栈人满为患，没有他们住宿的地方。没有办法下，约瑟把玛利亚安顿在客栈的马厩中，准备明早再做打算。谁料这天夜里玛利亚分娩了，生下一个男婴。

玛利亚把孩子放在马厩里，权当孩子的摇篮，然后爬到一棵树下休息。这时，孩子说话了："请你摇动那棵树，摘下树上的果实。"

玛利亚大惊，孩子却安抚她："不要惊慌，我是天主的儿子。我叫耶稣。"

母子二人交谈的时候，从郊外赶来几位牧羊人，他们跑到马厩里，兴奋地说："天使指示我们来拜见马槽中的圣婴。"他们见到小耶稣，纷纷叩拜行礼。

过了不久，玛利亚母子回到伯利恒，这天忽然从东方来了几位博学之士，他们辗转经过耶路撒冷来到伯利恒，朝见圣婴耶稣。

他们见了耶稣,声称他会成为以色列的国王,然后飘然离去。

基督教是以信仰耶稣基督为救世主的一种宗教,发源于公元1世纪的巴勒斯坦犹太人社会。它继承了犹太教耶和华上帝和救世主弥赛亚等一些宗教概念,并把《希伯来圣经》尊奉为基督教圣经旧约全书,由于弥赛亚希腊文翻译为基督,所以称为基督教。

基督教的创始人为耶稣,生于巴勒斯坦北部加利利的拿撒勒,父亲叫约瑟,母亲就是故事中的圣母玛利亚。耶稣30岁左右开始传教布道,很快名声大振,在民众中影响很大。这使得罗马帝国祭司团感到非常恐慌,害怕他得罪了罗马政府而使犹太公会失去自己的权力和地位。因此,在犹大的告发下,犹太总督彼拉多逮捕了耶稣,最后把他钉死在了十字架上。

三博士来朝

耶稣死后,他的信徒们组成了奉基督之名敬拜上帝的团体,就是基督教。到5世纪,基督教从以色列传播到希腊罗马各个地区。313年,君士坦丁大帝,终于颁布《米兰诏书》,承认基督教为罗马帝国所允许的宗教。476年,罗马帝国分裂为东西罗马帝国后,基督教也分为罗马天主教和东正教两个派别。

基督教创立之初之所以会吸引众多教徒改信基督教,不仅是因为基督教从事了帮助穷人的慈善事业,还因为基督教为人们提供了一条脱离罗马残酷生活的希望之路,这迫使罗马残酷的政治开始向人们妥协,并因基督教的深入人心而渐趋衰退,最终走向灭亡。基督教的兴起,实际上开启了现代文明的大门,使自由、博爱的思想逐渐成为社会发展的精神动力。

小知识:

阿历克西·德·托克维尔(1805~1859)

法国历史学家、社会学家。主要代表作有《论美国的民主》第一卷、《论美国的民主》第二卷、《旧制度与大革命》。

神魔合体的奥古斯丁创立世界史理论

> 奥古斯丁认为,历史的过程不再是人类的目的,而是上帝的目的的具体实践,人类是一个整体,都朝着上帝为人类规划的目标前进,最终到达上帝之城。为此,世界历史显然已经不再是对世界背景下的人类事件的记述,而是历史探索的中心所在。

386年的一天,有个人发疯似的在意大利米兰的大街上狂奔,他跑进花园,一边捶胸顿足,一边痛哭流涕。有人认出了他:"那不是奥古斯丁吗?"他们追随着奥古斯丁来到花园,关切地询问:"到底发生了什么事?"

夜幕降临,奥古斯丁的情绪慢慢平复,他对朋友们说:"啊,在我虔诚地忏悔时,我看到了主,他引导着我。他要我读使徒保罗的书,对我大声唱:'拿着,读吧!拿着,读吧!'我感觉仿佛一道光照进我的心房,驱散了一切疑团。"他决定接受洗礼,全心全意献身给基督教会。

在此之前,奥古斯丁是位摩尼教徒,教授雄辩术,基督教的强烈反对者。

不久,奥古斯丁接受米兰大主教安布罗西为他主持的洗礼,投身基督教会。奥古斯丁成为虔诚的基督教徒,他不遗余力地打击摩尼教,名声随之鹊起。391年,希波城主教接纳他做自己的助手。四年后,主教去世,奥古斯丁成为新主教。

这个时候,基督教是罗马的国教,他们利用一切机会迫害不信仰基督教的人们。奥古斯丁积极参与这些活动,主张杀害不少其他教派的教徒。哪里有压迫哪里就有反抗,异教徒们团结起来反抗基督教,并于411年在迦太基举行的宗教会议上,勇敢地和奥古斯丁展开舌战。

不过,他们低估了奥古斯丁的能量。这位新主教把一场辩论变成了审判大会,他指责反抗者是"罪魁祸首",强烈地支持奴隶主的压迫统治,主张对其他教派的人没收财产、实施肉刑等。

奥古斯丁积极打击异教徒,残酷地迫害了很多人,并创立了"恐怖有益"和"强

神魔合体的奥古斯丁创立世界史理论

迫进来"两项著名的原则为基督教徒们奉行,不断地对付异端邪说。

奥古斯丁还创作大量著述,系统地分析阐述宗教思想和历史哲学,成长为基督教正统派的神学体系集大成者。在他的著述中,《忏悔录》和《上帝之城》最为著名。特别是《忏悔录》,详尽地分析解剖自我。在这本书里,人们看到一个基督教徒的内心世界,就像是神与魔鬼的合体,他一面鼓吹宗教狂热,却一面不停地残害其他教派的人。而他个人的性情,更是具有两面性:他一方面放纵于性欲,17岁就与人生下私生子;一方面他虔诚向上,追求真理。也许这是继承了父母双方的品性。他的父亲坚决反对基督教,为人懒散偷安,苟且于世俗情乐。而他的母亲是位忠诚的基督徒,每天都要为儿子在神的面前痛哭流涕地代祷。

奥古斯丁是欧洲中世纪基督教神学、教父哲学的重要代表人物。在罗马天主教系统,他被封为圣人和圣师,并且是奥斯定会的发起人

中世纪的欧洲,由于基督教取得了万流归宗的地位,基督教的史学思想也开始广泛影响史学的发展,它打破了传统史学以世界为背景,以地理上的文明中心为历史诉说中心的世界史格局,将所有的人、所有的民族都纳入上帝的名义下而进行规划撰写。为此,奥古斯丁创立了世界史理论,并通过其著作《上帝之城》阐述这一观点。

奥古斯丁认为,历史的过程不再是人类的目的,而是上帝的目的的具体实践,人类是一个整体,都朝着上帝为人类规划的目标前进。所有的民族,无一例外都在这个队伍之中,他们从地上之城出发最终到达上帝之城。为此,世界历史显然已经不再是对世界背景下的人类事件的记述,而是历史探索的中心所在。

为了构筑奥古斯丁的世界史框架,他的弟子奥罗修斯撰写了《反世俗的历史》一书,记载了从创世纪到410年之间的世界历史。同时,基督教史学家还创造了一种统一的纪年法——基督教纪年方法,用来统一编纂基督教编年史。在具体叙述世界历史时,普遍采用四大帝国分期法,即亚述、波斯、希腊、罗马四大帝国。

在基督教思想体系和价值观的牢牢控制下,中世纪的史学家们几乎都是来自基督教虔诚的僧侣。他们用编年体的形式,记述着世界上发生的各个重大政治事件,揭示上帝对人类历史的主宰和支配力量,里面充满了神秘主义、经院哲学、僧侣理想和基督教神学史观影响下的神的足迹、妄言轻信和荒谬怪诞。

《一千零一夜》让人了解到信奉伊斯兰教的阿拉伯帝国

> 阿拉伯帝国是指 632 年到 1258 年中世纪时期,西亚阿拉伯人建立的一个信奉伊斯兰教的帝国,西方史书称之为萨拉森帝国,是继亚历山大帝国和罗马帝国后又一个地跨亚、非、欧三大洲的帝国,也是世界历史上东西方跨度最长的帝国。

很久以前,在古阿拉伯的一座海岛上,有个美丽的国家名叫萨桑。萨桑的国王叫山努亚。有一天,他和弟弟萨曼外出游玩,不知不觉走进一片草原。这里临近大海,风光秀美。正当兄弟俩欣赏美景时,忽然间海水喧哗,从中冒出一个巨大的黑色水柱。紧接着,水柱中走出一个身着巫衣的女子,她面色阴郁,手指山努亚国王说道:"陛下,请你记住一句话,天下所有的女人都是不可信任、不值得依赖的。"说完,她忽然不见了,水柱也慢慢消失。

山努亚国王惊奇地看着这一幕,心情变得非常不爽。不久他和弟弟赶回王宫,想起巫衣女子的话,于是大开杀戒。他先杀了自己的王后,接着杀了宫女、奴仆。从此,他从内心深处厌恶女性,存心报复,想出一条毒计。他每天迎娶一位新娘,陪伴他度过一夜良宵后,第二天他就杀掉再娶。

山努亚国王成为一个杀人恶魔,他不停地娶,不停地杀,日复一日,年复一年,持续了三个年头,他整整杀掉一千多位新娘。

国王的残暴让人心恐慌,谁也不敢把女儿嫁给他了,不少人拖儿带女离开萨桑,远赴他乡。丞相看到这种情况,忧心忡忡,却无计可施。这天,他正在树下叹息,大女儿桑鲁卓翩翩而至,施礼后说道:"父亲,请您允许我嫁给国王吧。"

丞相大惊:"不,太危险了!"

桑鲁卓嫣然一笑:"父亲,您不用担心,我不会有任何危险。相反我主动嫁给国王,为的就是拯救千千万万的女子,让她们不再遭受杀戮之苦。"

丞相最终同意了女儿的请求,将她送进王宫。桑鲁卓早就知道国王嗜杀的事情,但她聪明机智,已经想好了对策。结婚的当天晚上,她开始给国王山努亚讲故事。她的故事生动感人,深深地吸引了国王。她讲了一夜,故事还没有讲完,国王听得入了迷,怎么舍得杀掉桑鲁卓,于是允许她第二天晚上接着讲。就这样,桑鲁卓每天为国王讲一个故事,她的故事无穷无尽,一个比一个更精彩。

桑鲁卓讲啊讲,一直讲了一千零一夜。国王山努亚被这些精彩的故事打动了,他发誓说:"以安拉的名义起誓,我决心不杀你了,与你白头偕老。而且我要让人把这些动听的故事记录下来,永远留存下去。"

阿拉伯帝国是指632年到1258年中世纪时期,西亚阿拉伯人建立的一个信奉伊斯兰教的帝国,西方史书称之为萨拉森帝国。帝国延续600多年,最强盛时面积达到2 339平方公里,东起中国边境和印度河,西到大西洋沿岸,南接阿拉伯海,北部陲在里海岸,是继亚历山大帝国和罗马帝国后又一个地跨亚、非、欧三大洲的帝国,也是世界历史上东西方跨度最长的帝国,1258年被成吉思汗创立的蒙古政权所灭。

610年,穆罕默德在沙特阿拉伯的麦加复兴了阿拉比亚的一神教伊斯兰教,自称是亚伯拉罕宗教的继承者、阿拉伯和犹太人的祖先,遵循亚伯拉罕的遗命传播伊斯兰教。到穆罕默德去世的632年,统一的阿拉伯国家已经在阿拉伯半岛建立,是一个共同信仰伊斯兰教、政教合一的政权。之后,阿拉伯人打着圣战的旗号,开始大规模向外扩张,先后占领了西亚、北非、中亚和西班牙等广大地区,形成一个横跨三大洲的庞大的帝国。

阿拉伯帝国建立以后,统治者被称为哈里发,集政治、宗教大权于一身,主要有神权共和时期和两个世袭王朝,即倭马亚王朝和阿拔斯王朝。由于阿拉伯帝国独特的地理位置,它的兴起改变了周边许多民族的发展历程,在中世纪的历史上,有着非常重要的影响。

文学是阿拉伯人最具特色、最引以为豪的领域,《天方夜谭》(即《一千零一夜》)既是阿拉伯伊斯兰文化的杰出代表,也是世界文学史上一颗璀璨的明珠。

> **小知识:**
> **伊本·赫勒敦(1332~1406)**
> 中世纪阿拉伯著名哲学家、历史学家、政治活动家。他总结当时历史研究的最新成果,克服阿拉伯史学家注重历史现象铺陈的弱点,把哲学和历史学结合,探索历史发展的规律和历史现象的内在联系,开创性地提出了新的历史观及研究方法,把历史科学提高到一个新水平。现存的著名历史哲学巨著是《阿拉伯人、波斯人、柏柏尔人古今历史大纲》。

东天皇与西天皇
印证中日交往史

中日交往历史悠久,有历史记载的中日交往始于东汉时期。隋唐时期,两国交往达到最频繁时期。十多年间,双方互派使团往返十余次,日本派出的使团又称为遣唐使。最有影响力的事件是753年鉴真东渡日本,从此佛教在日本开始广泛传播。

608年春天,一个微风徐徐的日子,日本人小野妹子在洛阳城内觐见了隋炀帝。小野妹子将携带的国书呈交上去,隋炀帝命大臣诵读国书,开头一句为:"日出之处天子致日落之处天子无恙。"

隋炀帝

听到这里,隋炀帝极为不悦,命令道:"以后蛮夷之书,如果再有如此无礼的写法,就不要上奏了!"在他乃至当时所有中国人的心目中,全世界只有一个皇帝,那便是隋炀帝,其他任何地方的国王,都不过是朝臣罢了。

小野妹子谨慎地与隋朝君臣周旋,而后得到隋炀帝许可,派裴世清与他一同前往日本访问。当中国使团浩浩荡荡来到日本时,日本上下一片慌乱,他们紧张地准备船只,修建码头,迎接来自大隋的使者。

裴世清和小野妹子见到了日本皇帝。不知为何,小野妹子没有递交隋炀帝授予的国书,他说:"国书丢失了。"

日本皇帝一听,十分震惊,按照规定,丢失国书是要判刑的。他还没有开口,身边的圣德太子开口了:"茫茫大海,水火无情,想必丢失一两件东西,也是常事。"当时朝政由他主持,所以他这么说,小野妹子的判刑也就免了。原来,隋炀帝在回敬的国书上,并没有对等地称呼日本国王,而是把他看作属下,小野妹子当然不敢把这样的国书呈交上去。他回来后,与圣德太子密谋,编造出这样的谎言。

虽然小野妹子丢了国书,可是裴世清身为使臣,不能不递交国书,当他把国书呈上去时,日本的君臣看了一眼,都默默不语。原来上面写着"皇帝问候倭皇"几个字。在隋炀帝看来,这是他派人问候属下的举动,而不是两国平等交往。日本君臣当然不知道,这也是小野妹子与裴世清磋商的结果。本来国书的内容为"皇帝问候倭王",他们担心日本皇帝不满意,所以在"王"字上面加了个"白"字,这才变成了"倭皇"。

虽然国书明显地显示出两国地位不平等,日本还是忍受了,不仅如此,裴世清回国时,他们回敬的国书上改变最初的写法,换成"东方天皇敬启西方天皇"的字样。尽管这样,由于有了上次的经验,裴世清还是没有把这封国书交给隋炀帝。

这是一个有关中日交往的故事。中日交往历史悠久,传说中秦始皇时代,就曾派徐福等人东渡日本,开始了两国的外交往来。有历史记载的中日交往始于东汉时期,即东汉光武帝建武中元二年,日本国派使臣朝见光武帝,接受汉朝册封,正式与中国建立外交关系。

隋唐时期,两国交往达到最频繁时期。十多年间,双方互派使团往返十余次,日本派出的使团又称为遣唐使。最有影响力的事件是753年鉴真东渡日本,从此佛教在日本开始广泛传播。日本从唐初派出遣唐使开始,到894年,二百六十余年间,共十一次派出遣唐使,是中日两国进行外交、文化和经济联系的重要渠道和纽带,极大地促进了两国外交关系的发展。那一时期,日本曾十三次向唐朝派遣使者、留学生和学问僧,最多的一次达到五百多人,主要来中国学习生产技术、哲学历史、政治经济制度、文学艺术、建筑技巧和生活习俗等方面文化知识。

自从两国交往以来,贸易不断。从汉代时开始,中国的铁器、铜器、丝织品、茶叶、瓷器等就源源不断地销往日本。元朝时期,中国雕印工匠远赴日本,帮助日本发展印刷业。当然,两国军事冲突也相伴而来。明朝时期,日本武士开始骚扰中国边境,戚继光抗倭就是一次典型的军事冲突。清朝以后,冲突加剧,先后发生了甲午中日战争和震惊世界的抗日战争,为中日交往蒙上了挥之不去的阴影。

小知识:

家永三郎(1913~2002)

日本著名历史学家。他为坚持历史真相而和日本政府斗争了四十载,在日本史方面研究范围很广,成果卓著,留下了《革命思想的先驱》、《太平洋战争》等多部史学著作。

巴里卡卡发明灌溉的故事
揭开美洲古代史一角

> 美洲印第安人的文化摇篮是墨西哥,在墨西哥先后出现了奥尔梅克文化、玛雅文化和阿斯特克文化,对世界文化史做出了卓越的贡献,是世界文化史的重要组成部分。南美洲的安第斯高原,是美洲印第安文明的一个发源地,最著名的是印加文化。

巴里卡卡是位神秘的少年,他无父无母,据说是从蛋中孵化而生。特殊的身世让他与众不同,具备许多常人没有的能力。有一次,巴里卡卡路过一个村庄,正赶上狂欢的节日,他很高兴,也加入欢乐的人群中。可是这个村庄的人都是势利眼,他们看到巴里卡卡衣衫褴褛,蓬头垢面,都瞧不起他,赶他离开这里。有位心地善良的姑娘看不过去,可怜巴里卡卡,偷偷拿给他一罐啤酒。

巴里卡卡知恩图报,他感激姑娘,便告诉她一个秘密:"你赶紧躲起来吧,五天后,你们的村庄会毁灭。"

果然五天之后,狂风大作,整个村庄转眼间被夷为平地,除了那位姑娘,其他人都丧失了性命。

巴里卡卡还到过一个村落,在村头他看到一位哭泣的少女,好心地上前询问她为什么哭。这位少女名叫周克·苏索,她告诉巴里卡卡:"天气太干旱了,一滴雨也不下,现在村里缺水严重,地里的玉米都要干死了。"巴里卡卡听了这话,知道这位美丽的少女十分勤劳,不由得爱上了她,对她说:"你放心,只要你能爱我,我会想办法让你们得到很多水。"周克·苏索也喜欢这位少年,答应了他的要求。

巴里卡卡非常高兴,他来到远处大山里的小溪边,望着清清的河水想:"如果能够把这些水存起来,输送到村落里,不就可以灌溉田地了吗?"于是他请来山里的小鸟、昆虫,还有蛇、蜥蜴,请它们帮忙扩宽河床。然后他修建了一个闸门,阻截住水流。慢慢地,闸门内的水越来越多,水位越来越高。这时,他从闸门到田间修建了一条长长的运河。等到运河通了,他打开闸门,就见水流快速地顺着运河源源不断地淌进了田地里。

从此,当地人们学会了灌溉田地,巴里卡卡也和美丽的周克·苏索结了婚,他们定居在雅纳卡卡山上,这里正是科科查洛河床发源的地方。

巴里卡卡灌溉的故事发生在古代美洲,直到15世纪末西欧殖民主义者入侵之前,由于地理环境原因,美洲的历史一直独立地发展着。那时候,南北美洲都生活着印第安人,他们创造了著名的印加文化和玛雅文化。

美洲印第安人的文化摇篮是墨西哥,在墨西哥先后出现了奥尔梅克文化、玛雅文化和阿斯特克文化,对世界文化史做出了卓越的贡献,是世界文化史的重要组成部分。从公元前1000年起到15世纪,人们已经开始从事简单的农业生产,发明了象形文字、计数法和历法,用巨石雕刻祭坛、石碑和人头像,建造金字塔和庙宇,其中玛雅文化是墨西哥乃至北美洲古典文化的最高峰,有着杰出的成就。

南美洲的安第斯高原,是美洲印第安文明的一个发源地。从公元前1000年开始,先后出现了查文文化、莫奇卡文化、提华纳科文化和奇姆文化等。到了15世纪和16世纪初,印加帝国时期的印加文化有着辉煌的成就。最有名的是他们的巨石建筑,其中太阳门由重达百吨的巨石雕成,上有太阳神像和人体浮雕,是美洲建筑史上的一绝,仅将巨石从数公里外运来,就需要数百人有组织地来完成。

哥伦布发现新大陆后,16世纪初,西班牙殖民者先后入侵中、南美洲,受到了印第安人的坚决抵抗,在墨西哥曾发生夜袭西班牙军队的事件,被称为"西班牙人忧伤之夜"。但整个美洲很快成了西班牙殖民者的天下,古代美洲文明彻底覆灭。

小知识:

奥斯瓦尔德·斯宾格勒(1880~1936)

德国著名历史学家,历史形态学的开创人。他震惊全球的《西方的没落》堪称不朽的史学经典。还著有《普鲁士人民和社会主义》、《悲观主义》、《德国青年的政治义务》、《德国的重建》、《人和技术》等。

史诗性电影画面是欧洲战争胜利的结束也是刚刚开始

> 欧洲战争,是17世纪上半段发生在欧洲长达三十年的一次全欧洲国际性大混战,是当时欧洲两个强国集团——代表旧教势力的哈布斯堡集团和代表新教势力的反哈布斯堡集团之间为争夺欧洲霸权而展开的激烈争斗。

塞西尔·B.德米尔是位著名的电影大师,有一次,他为了拍好一部反映欧洲战争的史诗性电影的一个场景下了很大工夫。德米尔安排六部摄影机拍摄全景,另外五部摄影机负责近景,整个场面十分宏大。

拍摄活动从早上六点就进入彩排阶段,一直到了傍晚时分,先后进行四次。德米尔又一次巡视现场,感觉满意了,这才下令开拍。

拍摄现场变得异常火爆,演员、剧组人员各就各位,投入摄制中。一百名扮成士兵的临时演员手握武器,从山下往上攻击。另外一百名士兵则从山上向下冲,双方展开激烈的"搏杀",互不相让。

这时,在另一个拍摄现场,二百名奴隶正在费力地搬动巨大的石碑,他们似乎用尽了力气,然而身边的罗马指挥官却不停地斥骂着他们,鞭打着他们。与此同时,影片中的主要角色登场亮相,在周围的呐喊声中,他们的说话声被淹没了……

由于众人投入演出,这场戏前后用了十五分钟就拍完了,德米尔高兴地大喊一声"停",然后满意地对着助理们说:"太好了!"

"是啊,"助理们表示赞同,"场面如此壮观,真是出人意料。完美的收场,真是无可挑剔。"

德米尔转身向着摄制组的负责人打招呼,对他们做出表示胜利的手势,告诉他们,今天的任务已经完成,大家可以收工回家了。远在山头的负责人看见这个手势,格外兴奋,抓起身边的喇叭大喊:"各位各位,一切就绪,准备开拍!"原来,他以为刚才的表演也是彩排,所以根本没有进行拍摄。

史诗性电影画面是欧洲战争胜利的结束也是刚刚开始

电影所反映的欧洲战争,是17世纪上半段发生在欧洲,长达三十年的一次全欧洲国际性大混战,是当时欧洲两个强国集团——代表旧教势力的哈布斯堡集团和代表新教势力的反哈布斯堡集团之间为争夺欧洲霸权而展开的激烈争斗。

战争起因是德国各诸侯因为不同宗教信仰分别组成了新教联盟和天主教联盟,为了彼此的利益,寻求外国势力的支持,进而形成两大集团。由奥地利、西班牙和德意志天主教结成的联盟,他们得到罗马教皇和波兰的支持,被称为哈布斯堡集团;由法国、丹麦、瑞典、荷兰和德意志新教结成的联盟,得到英国和俄国的支持,被称为反哈布斯堡集团。战争起因是捷克爆发的反对罗马帝国任命天主教徒为捷克国王的民族起义。

整个战争经历了四个阶段:第一阶段是捷克巴拉丁时期;第二阶段是丹麦时期;第三阶段是瑞典时期;第四阶段是法国瑞典时期。战争以反哈布斯堡集团的最后胜利而结束。这场战争结束了自中世纪以来"一个教皇、一个皇帝"统治欧洲的局面,使德国四分五裂,神圣罗马帝国也只剩下个躯壳,天主教在欧洲失去了地位。西班牙失去了传统强国的地位,代之而起的法国迅速成为欧洲霸主,荷兰正式独立,瑞典成为北欧强国。

这次战争促使世界军事技术的迅猛发展,滑膛枪和火炮得到极大的改进,开始实行标准化,炮兵成为独立的兵种,战术、军事制度等均发生了革命性变化,涌现出一大批杰出的军事专家和军事将领。

小知识:

雅各布·布克哈特(1818~1897)

瑞士最多才多艺的历史学家,欧洲近代文化史学和艺术史学的集大成者。主要历史著作有《君士坦丁大帝时代》、《意大利文艺复兴时期的文化》和《希腊文化史》。

文艺复兴刺激史学走上新台阶

> 文艺复兴是指起源于13世纪末、盛行于16世纪的欧洲的一场思想文化运动，带来了科学和艺术的彻底革命，揭开了欧洲近代史的序幕，是中古时代和近代的分界，也是一个"出现巨人的时代"。

少年时代的但丁，曾经有过一次刻骨铭心的爱情。有一次，他跟随父亲参加朋友聚会，认识一位叫贝阿特丽齐的美丽少女。但丁对她一见钟情，难以忘怀。可是贝阿特丽齐并没有嫁给但丁，而是遵从父命另嫁他人，而且不久后就病亡了。

但丁哀痛不已，将自己几年来写给贝阿特丽齐的情诗结集出版，取名《新生》。这是西欧文学史上第一部公开隐秘情感的自传性诗作，也是"温柔的新诗"诗派的重要作品之一。它成为欧洲文艺复兴的萌芽。

促使文艺复兴萌发的但丁不仅在文学史上作出贡献，还积极投身反对封建贵族的斗争，反对教皇对佛罗伦萨的管辖。由于斗争失败，他遭到驱逐流放。后来军人掌控佛罗伦萨，宣布但丁可以回归家乡，不过条件是交付罚金，而且还要在头上撒灰、脖子上挂刀，游街一周。

但丁听了这样的条件，立即回信表示：这不是我返回国家的路！如果损害我的名誉，那么我绝不会踏上佛罗伦萨的土地！难道我在其他地方就不能感受日月光明吗？难道我不向佛罗伦萨的市民卑躬屈膝，我就无法接触宝贵的真理吗？可以明确地告诉你们，我不愁没有面包吃！

但丁流亡各地，以写作排解忧愁，写就名作《神曲》，里面涉及到与他有关的各

但丁

文艺复兴刺激史学走上新台阶

色人物,其中他把贝阿特丽齐安排到天堂最高的境界,以示对教皇的揶揄嘲讽。

但丁是文艺复兴时期最著名的诗人。文艺复兴是指起源于13世纪末,盛行于16世纪欧洲的一场思想文化运动,带来了科学和艺术的革命,揭开了欧洲近代史的序幕,是中古时代和近代分界。兴起原因是13世纪末期的一些先进知识分子,借助研究古希腊、古罗马艺术文化,通过文学艺术创作,进而宣传人文主义精神的一次借古扬今行动。

文艺复兴运动兴起的背景是西欧中世纪特别的"黑暗时代"。基督教会是当时社会的精神支柱,并建有一套严格的等级制度,上帝是绝对的权威。文学、艺术、哲学等死气沉沉,科学受到压制,黑死病蔓延欧洲。人们生活压抑恐慌,渐渐便开始怀疑宗教神学的权威;同时商品经济萌芽,社会财富增加,人们迫切需要摆脱宗教思想束缚,寻求思想解放,追求人文主义精神的思想境界。为此,人们开始借助古希腊和古罗马的艺术成就,寻找新的思想和文学艺术突破口。

文艺复兴运动前后持续了近三百年时间,在思想、哲学、文学艺术等方面均取得了巨大的成就。特别是重视人性、肯定人的价值,具有很大的号召力,对当时的政治、经济、科学、哲学、艺术,以及人们的世界观都产生重大的影响,是一个"出现巨人的时代"。产生了但丁、彼特拉克、薄伽丘等文学巨匠;达·芬奇、拉斐尔、米开朗基罗等艺术大师;哥白尼、布鲁诺、伽利略、开普勒等天文学家;哥伦布、麦哲伦等航海家,众星璀璨,蔚为大观。

小知识:

钱穆(1895~1990)

现代历史学家,国学大师。江苏无锡人,字宾四。他所撰写的《国史大纲》,采取绵延的观点了解历史之流,坚持国人必对国史具有温情和敬意,以激发对本国历史文化爱惜保护之热情与挚意,阐扬民族文化史观,被公推为中国通史最佳著作。

查理一世被绑上断头台的欧洲革命运动

> 英国内战是 1642 年到 1648 年,英国议会派和保皇派之间发生的一系列武装冲突和政治斗争。内战中,以克伦威尔为代表的新兴势力,掀开了欧洲军事史新的一页,对英国和整个欧洲都产生了巨大的影响。

1649 年 1 月 30 日,伦敦白厅前的广场上,人头攒动,拥挤异常,大家窃窃私语,心情异样。他们正在观看一场罕见的处决,被处决的人是现任国王查理一世。

查理一世继承了一个处于转型期的国家:新兴工商业贵族势力兴起,传统的君权受到挑战。然而查理一世是一位固执的君权至上者,他为了掌控权力,解散议会;为了扩充军队解决财政难题,不断地巧立名目、增加赋税;还颁布各种罚款条例,毫不节制地扩大工商业专卖权,垄断市场。

在查理一世的疯狂举动下,新兴工商业阶层遭到残酷盘剥,工商业萧条、物价上涨,矛盾加剧。人们的反抗情绪持续上升,终于爆发了苏格兰人起义、爱尔兰民族起义。

为解决政治危机,查理一世被迫召集关闭的议会会议。在新议会里,新兴贵族代表的国会要求限制国王权力,遭到查理一世反对。双方无法调节,内战一触即发。

1642 年 1 月,查理一世亲自带着手下闯进下院,要抓捕五名议员领袖。可是议长针锋相对,说他只听从议会的命令,拒绝交给国王五名议员。查理一世碰了一鼻子灰,悻悻而去。望着他的背影,议员们高声呼喊:"特权!""特权!"抗议查理一世的粗暴行为。

查理一世当然不会就此罢休,他立即组织人马展开搜捕活动。这一举动激怒了伦敦市民,成千上万的人们涌上街头,他们声援议会,反对君权。查理一世被迫逃出伦敦,纠结西部和北部军队,公然挑起内战。

内战期间,乡绅出身的铁骑军首领克伦威尔异军突起,接连击败查理一世的军队,最终歼灭对方主力,俘获了查理一世。在他主持下,议会做出判决:查理一世作为暴君、叛徒、国家的敌人,应该被斩首。

查理一世被送上了断头台,这位君王没有人们想象的那么恐慌,他表现得相当镇静,将自己的圣乔治勋章移交给主教,然后对众人说道:"我希望,在不久的将来你们能够宽恕那些把我送上断头台的人,因为他们的声音并不属于他们自己。宽恕是君王的特权,现在,我将它留给你们。"

念念不忘君权的查理一世被处决了。此后在英国人民的努力下,君主制被取消,资产阶级登上历史舞台。

英国是欧洲资本主义的摇篮。到了17世纪,农业经济开始崩溃,圈地运动使资本主义原始累积完成,商品经济蓬勃发展,社会经济结构发生了本质性变化,以查理一世为代表的旧有政治体制已经不能适应新的社会形势的发展要求,社会矛盾日益突出,在这种情况下,酝酿已久的矛盾和冲突终于爆发。

这次冲突,首先表现在议会和保皇派之间的政治斗争,最终演变成为一场战争。第一次内战就分成了两个势均力敌的阵营,以查理一世为代表的旧贵族、官僚势力,被称为保皇派;由新贵族、资本家、城市平民、手工业等组成的支持议会的一派,被称为议会派。1642年,战争爆发。1644年底,战争结束。议会派取得胜利,查理一世被囚禁。这一次战争,克伦威尔一战成名,特别是指挥马斯顿荒原之战使他的部队赢得了铁骑军的美誉,并决定了战争的胜负。

1648年,再次爆发第二次内战,克伦威尔指挥议会军取得了普雷斯顿大捷,保皇派彻底被消灭,查理一世被送上断头台,内战彻底结束,英国宣布成为共和国。

小知识:

傅斯年(1896~1950)

字孟真,山东聊城人,祖籍江西永丰。著名历史学家。他主张"上穷碧落下黄泉,动手动脚找材料",重视考古材料在历史研究中的作用。主要著作有:《东北史纲》(第一卷)、《性命古训辨证》、《古代中国与民族》(稿本)、《古代文学史》(稿本)。

差点被吊死的伏尔泰创作第一部真正的世界史

> 启蒙运动,通常是指18世纪初到法国大革命期间,新思维、新思想不断涌现,并与理性主义一起构成的一个较为长期的文化运动。法国是启蒙运动的中心,伏尔泰是法国启蒙运动的领袖,提出天赋人权、自由、平等、博爱的思想。

伏尔泰常把教皇比作"两足禽兽",把教士称做"文明恶棍",因此得罪了当局,几度被捕入狱,最后被驱逐出境。

1725年,流亡的伏尔泰来到英国。一天中午,他在伦敦的大街上散步时,被几个喝醉酒的英国人逮住。他们把伏尔泰捆起来,押上了绞刑架。这时有人主张放了他,理由是:他是一个与政治无关的学者,不该判死刑。

另一些人却主张绞死他,理由是:他是法国人,我们憎恨所有的流着法国血液的人,一切法国人都是罪魁祸首,不可饶恕。

大家在绞刑架下面情绪高涨,各持己见、众说纷纭,伏尔泰的命运在生死线上徘徊。听到大家激烈的商讨着关乎自己生死存亡的大事,伏尔泰说话了:"大家先静一静,请允许我这个将死的人也说几句话好吗?"

大家不再争论,一齐把目光转向伏尔泰,伏尔泰对着大家深鞠一躬说:"各位朋友,我知道你们憎恨法国人,所以你们想惩罚我,因为我也是法国人,可是我已经受到惩罚了,因为我出生在法国,我今生注定不会成为一个高贵的英国人,这惩罚难道还不够吗?"

众人听了,随即哄堂大笑,最后他们放了伏尔泰。

1778年2月,流亡28年的伏尔泰终于又回到了故乡巴黎,消息传开,全城都轰动了,一些只闻其名未见其人的年轻人常常为了见他一面而把他的住处围得水泄不通。

短短几个月以后,伏尔泰尿毒症再次发作,体温也不住地上升。他的朋友不忍心看他这般痛苦,就给他吃了三片镇静剂。吃过药的伏尔泰神情恍惚,意志迷乱,

差点被吊死的伏尔泰创作第一部真正的世界史

这时三个神父趁机跑到病榻前问他,是否承认基督的神圣,这时只见伏尔泰猛然从床上翻身起来,一把推开了神父,说:"你们还是让我安静地死去吧。"

伏尔泰是18世纪法国启蒙运动的旗手,他亲自开启了一场引领世界走向现代文明社会的思想意识大革命。启蒙运动,通常是指18世纪初到法国大革命期间,新思维、新思想不断涌现,并与理性主义一起构成的一个较为长期的文化运动。

启蒙运动的目的是引导世界走出当时充满传统教义、非理性、盲目信念的专制的黑暗时期,启蒙者大多是宗教怀疑派、文艺批评家和政治改革派。他们不再以宗教辅助文学与艺术复兴,而是以经验、理性思考等使知识系统独立于宗教的影响,重新建立道德、思想和美学的新体系和新方式。

法国是启蒙运动的中心,伏尔泰是法国启蒙运动的领袖,他的思想对18世纪的整个欧洲都产生了巨大的影响,后人称"18世纪是伏尔泰的世纪"。启蒙运动覆盖了自然科学、哲学、政治学、经济学、历史学、文学艺术、伦理学、教育学等各个知识领域,为美国独立战争和法国大革命提供了理论框架,直接导致了资本主义和社会主义的兴起,并引发了全球性的资本主义经济时代的到来。

启蒙运动的矛头,直接指向了封建社会制度和封建社会精神支柱天主教会,为法国大革命打下了坚实的思想基础,大力提倡的天赋人权、三权分立思想很快在欧美传播开来,自由、博爱、平等的人生观逐渐深入人心,对欧美资产阶级革命有着积极的推动作用,促进了欧洲乃至整个世界的发展和进步。

小知识:

伏尔泰(1694~1778)

18世纪法国启蒙哲学、文学和史学的首席代表,科学和理性主义史学学派创始人。他首创历史哲学概念和纵横比较史学方法,打破基督教欧洲中心论和历史循环论,将印度、阿拉伯、中国和美洲历史纳入宏观视野,并进行微观考察。所著的《风俗论》是近代第一部世界史和文化史巨著。

华盛顿的独立之路
让美国屹立于世界之巅

> 美国独立战争也被称做"北美独立战争",指 1775 年到 1783 年,英国与北美洲殖民地人民之间爆发的战争,以英国宣告投降撤出北美洲、美国宣布独立而结束,是世界上影响最大的一次民族独立战争。

华盛顿披上自己的军大衣走出营房,他看到不远处有几个士兵在修筑堡垒,便朝他们走过去。还没到跟前,他就听见一个士兵在大声地吆喝着,而另外两个士兵抬着一块大石头在使劲地往上搬。眼看就要把石头放到位置上了,两个士兵却没了力气,他们放下石头,累得气喘吁吁。这时那个指挥者说:"别停下,继续干。"

两个人又搬起石头。这时正巧华盛顿赶到,他用肩膀顶住石头,三个人一起把石头放到了位置上,那两个士兵用感激的目光看着华盛顿,嘴里连说谢谢。

华盛顿转身问那个指挥者:"刚才你怎么不帮忙?"

"你难道没看出来吗?我是下士。"那个指挥者很不以为然地背对着华盛顿说。

"看衣服,你是下士,我还是上将呢,不过以后有这样的事情,别忘了叫上我帮一把。"

刚才那个傲慢的指挥者看着华盛顿的衣服,才知道眼前的是华盛顿,顿时羞愧得无地自容,这时旁边的士兵也没想到帮忙的竟然会是华盛顿,他们情不自禁地送给华盛顿一阵热烈的掌声。

战争结束了,1783 年 12 月 23 日,美国人民将铭记这一天,因为美国独立战争之父大陆军总司令乔治·华盛顿将军将在这一天交出委任状,并辞去他现任的所有公职。

整个交还仪式只进行了短短的几分钟,但是却足以使整个美国为之动容,为之感慨。

首先华盛顿稳健地走进大陆会议室,在自己的位置上坐了下来。这时由会议长作介绍。当介绍到华盛顿时,他站起身来朝大家深深地鞠躬。然后是华盛顿在交还前做的一次简单的讲话,讲话的语气一如他平时的平和谦虚:"亲爱的朋友们,我们伟大的国家已经独立了,我现在已经完成我的使命,我已经很累了,该到退出这个历史舞台的时候,请允许我交出所有的职务,回到我的故乡,安享余生。"

交出了职务,65岁的华盛顿回到了久别的故乡,坐在久违的葡萄架下,儿时的那棵无花果树仿佛比原来更加茂盛了,华盛顿拥抱妻子动情地说:"从今天开始,我们又重新恢复了宁静的生活。"

描绘美国独立战争的名画《华盛顿渡过特拉华河》

华盛顿是美国的开国元勋,他领导美国人民取得独立战争的胜利,并建立了美利坚合众国。美国独立战争也被称做"北美独立战争",指1775年到1783年,英国与北美洲殖民地人民之间爆发的战争,以英国宣告投降,撤出北美洲,美国宣布独立而结束,是世界上影响最大的一次民族独立战争。

由波士顿倾茶事件引发,以1775年莱克星顿的枪声为序幕的北美独立战争分为三个阶段进行。1775年到1778年为战略防御阶段,主战场在美国北部,英军占有优势,这期间,美国大陆会议透过《独立宣言》,宣告美利坚合众国诞生。1779年到1781年,以萨拉托加大捷为转折点,进入战略相持阶段,战场转移到美国南方,美军开始以弱胜强。1781年到1783年,为战略反攻阶段,约克镇战役后不久,1782年英美签署《巴黎和约》草案。1783年9月3日,英国正式承认美国独立,美国独立战争彻底结束。

美国独立战争胜利,使美国摆脱了英国的殖民统治,实现了国家的自由和独立,铲除了英国殖民时期留下的众多落后的法律,为美国经济的高速发展扫清了障碍,也为拉丁美洲各国的民族独立运动提供了可借鉴的范本,并推动了18世纪欧洲的革命。美国《独立宣言》、1787年宪法,以及所确立的世界上新型的政治体制,都是推动现代文明社会发展的重要动力,是世界文明进步不可多得的宝贵财富,是人类文明的珍贵遗产。

小知识:

温斯顿·丘吉尔(1874~1965)

英国传记作家、历史学家、政治家。他所著的《第二次世界大战回忆录》,曾荣获1953年诺贝尔文学奖。

君子之争抗议希特勒发起的世界大战

> 第二次世界大战是人类有史以来规模最大、损失最为惨重、伤亡人数最多的一次全球规模的战争。它爆发于1939年9月1日，结束于1945年9月2日，交战双方为德国、意大利、日本组成的轴心国与以美国、苏联、英国、中国为首的同盟国。

　　1936年的奥运会选择在柏林举行，希特勒高傲地向十二万人宣布奥运会的开始，他要以东道主的身份在这个奥运会上向世人显示只有伟大的雅利安人种才是最优秀的。

　　来自美国的黑人田径赛的选手杰西·欧文斯向来有黑色闪电之称。在美国大学生田径运动会上，他一鸣惊人，在四十五分钟内连创五项世界纪录、平一项世界纪录，创造了世界田径史上空前绝后的神话。德国的跳远项目种子选手是鲁兹·朗，按照希特勒的指示，鲁兹·朗在这次奥运会上一定要打败杰西·欧文斯，这是证明他们种族具有高贵血统的最好方式。

　　为了表示自己的不屑一顾，更是为了抗议希特勒的这种想法和做法，杰西连报了四个项目，跳远是其中第一项。

　　满怀信心的希特勒在运动场上亲自为自己的选手加油。通过初赛，两位选手都顺利地闯入决赛。这时，该杰西上场了，由于心情紧张，他在起跳时压线了，这次成绩被宣告作废。第二次，他吸取了上次的教训，不敢再压线了，在起跳线外就开始起跳，却不幸跳出了最差的成绩。

　　这时，运动场上的希特勒认为己方优势已定，便起身离开了运动场。就剩最后一跳了，杰西在起跑线迟疑不定。这时，鲁兹·朗朝他走过来。这是自己的老对手，杰西当然认识他，但是不知道他此时来做什么，正疑惑时，只见鲁兹·朗面带笑容地说："我在赛场上也遇到过这种情况，把握不准起跳的位置，你拿一条毛巾放到起跳线外，然后你每次都从那个地方起跳就可以了。"

　　杰西照着鲁兹·朗的话做了，他这象征尊严而又充满激情的最后一跳，几乎打破了奥运会纪录,以绝对的优势获得了跳远冠军。

坐在贵宾席上的希特勒脸色铁青,表情凝固了,看台上下,群众的掌声与欢呼声一阵强过一阵,像潮水一般经久不息,而鲁兹·朗也跑过来,拉起杰西的手,高高地向看台上的群众举起。

第二次世界大战爆发的原因是20世纪30年代发生的全球经济危机,德意日为摆脱经济危机沉重打击,转嫁危机结果而发动的战争。经过长达六年的战争,以德意日轴心国投降,同盟国全面获胜而结束。

战争范围几乎波及了世界各个角落,战火燃烧到欧洲、亚洲、非洲、美洲、大洋洲,以及太平洋、大西洋、印度洋、北冰洋。作战区域面积达到了2 200万平方公里,先后有六十一个国家和地区被卷入,二十亿以上的人口参战,交战双方动员总兵力达到一亿人,直接军费开支达到三万亿美元以上,军民伤亡九千余万人,物质损失总价值四万亿美元。

这次战争对世界影响非常巨大:

首先,世界政治格局发生了巨变,形成以美国为首的资本主义和以苏联为首的社会主义两大阵营的对峙,造成约半个世纪的冷战局面。

第二,军事上形成以美国为首的北约和以苏联为首的华约两大军事集团,出现了美苏两个超级大国。

第三,世界经济模式发生分化,以苏联为首的社会主义国家实行计划经济,以美国为首的资本主义国家实行自由主义经济。

第四,出现了大规模的杀伤性武器,尤其是核武器,导致美苏开始军备竞赛。

第五,共产主义思想和自由民主的思想成为意识形态领域直接对垒的两种思想。

小知识:

约翰·赫伊津哈(1872~1945)

荷兰历史学家。他独创的史学核心理论"均衡论"和"游戏论"产生了重要的国际影响,所著的心态史代表作《中世纪的衰落》强调文化结构即历史结构,提出"文化只存在于历史整体之中"的论断,直接影响当代心态史学的发展。

照片风波表现了
联合国在世界的作用

> 联合国是一个由主权国家组成的国际组织。它成立于1945年,总部设于美国纽约,设有联合国大会、联合国安全理事会等各种机构,美、俄、英、法、中为五大常任理事国,联合国秘书处处理联合国日常行政事务。

联合国第四任秘书长曾颁布过一条特殊的禁令,每一位派驻联合国总部的各国记者,都严禁在安理会会议厅拍照。这条禁令说起来有些不可思议,可是它又的确不失为一个明智之举。因为有两个国家的外交官曾经被判失职受到各自国家严厉的指控,而起因就是他们在安理会会议厅的一张合影。

事情的起因很简单,两个国家的外交官在安理会会议厅偶然相遇,短暂的问候完毕,他们便紧紧地拥抱在一起。这看起来不算什么,可是这两个外交官各自代表的国家之间素来不和,而他们的拥抱无疑被披上了浓重的政治色彩。一位眼疾手快的美国记者抢先抓拍了这难得的瞬间,而后便发表在美国某权威刊物上。很快,他们这张在一些政治家眼里意义非同一般的照片便在他们各自的国家引起了不小的波澜。

他们先是被各自的国家召回,随后一个被就地免职,另一个被指控出卖国家。因为当时两个国家正为了一块无主之地进行领土之争,发生了激烈的军事冲突。可是当问及他们拥抱的原因时,得到回答却是大大地出乎人们的意料,这两位外交官说他们从小就是好伙伴,曾一起从小学读到了大学,一起走过的岁月里他们结下了深厚的友谊。可是后来因为种种原因天各一方便再也没有联系上。谁也没有想到在分别十八年以后,他们会在安理会会议厅不期而遇,熟悉的面孔一下子唤醒了所有的记忆,他们又怎能不紧紧地拥抱。

知道这一个特殊的背景以后,联合国的高层便竭力向两国的首脑求情,最后终于又恢复了这两个外交官的职务。为了谨慎起见,联合国随后决定,以后严禁各国的记者在安理会会议厅拍照。

第二次世界大战中，同盟国胜利，联合国最终成立。联合国这一名称，是由第二次世界大战期间美国总统罗斯福提出的。1942年1月1日，正在对德义日轴心国作战的美、苏、英、中等同盟国二十六个国家代表，在美国华盛顿发表了《联合国家宣言》。1945年4月25日，在美国旧金山召开了"联合国家国际组织会议"，来自五十多个国家的代表参加会议，并在6月16日签署了《联合国宪章》。同年10月24日，美、俄、英、法、中和其他众多的签字国递交批准书后，联合国宪章开始生效，正式宣告联合国成立。1946年1月10日至2月14日，第一届联合国大会第一阶段会议在英国伦敦举行，五十一个创始会员国的代表参加会议，联合国正式开始开展工作。1947年联合国大会决定10月24日为联合国日。

联合国是当今世界上最具代表性和权威性的国际组织，也是最大、最重要的国际组织，其国际集体安全机制的功能为缓和国际紧张局势、解决地区冲突、维护世界和平，发挥了重要的作用。

同时，联合国在协调国际经济关系，促使世界经济一体化，加强科学技术、文化教育交流方面，也有着积极的作用。

小知识：

伊曼纽尔·沃勒斯坦（1930～ ）

美国著名历史学家、社会学家、国际政治经济学家，新马克思主义的重要代表人物，世界体系理论的主要创始人，反全球化运动的领导者之一。他著述丰富，影响最大的著作是其耗费三十多年心血的《现代世界体系》（三卷）。此外还有《自由主义以后》、《历史资本主义和资本主义文明》、《乌托邦幻想，还是21世纪的历史选择》、《沃勒斯坦精粹》、《所知世界的终结：21世纪的社会科学》等。